保育者と学生・親のための

乳児の絵本・保育課題絵本ガイド

福岡貞子・礒沢淳子
［編著］

ミネルヴァ書房

ない実態は、現在もあまり変わりがないように思います。保育の課題は園によりさまざまですが、「今、子どもに読み聞かせたい保育課題絵本に、どのような本があるのか」の問いかけに、本書のようなガイドブックの存在は、保育者の強い助けとなり、保育活動を豊かにしていくことにつながると確信します。

私達の「絵本研究会」で乳幼児の絵本研究を始めたのは、六年前です。最初は「赤ちゃん絵本」といわれる「子どもがはじめて出会う絵本（四・五か月から十五か月頃まで）」をテーマに、七十冊の絵本リストを作成、保育所の乳児保育、および家庭における「絵本の読み聞かせ」の実態調査を実施し、平成十八～二十一年度の「日本保育学会」において研究報告を、さらに平成十九年度と二十一年度には「自主シンポジウム」を開催しました。

本書の構成は、四章からなり、一章はカラー刷りの「保育課題絵本ガイド」です。「保育課題」として、(1)子どもが初めて出会う絵本、(2)一・二歳児の絵本、(3)いのち・からだ・びょうきに関する絵本、(4)おかあさん・おとうさんに関する絵本、(5)きょうだい・ともだちに関する絵本、(6)おじいちゃん・おばあちゃんに関する絵本、(7)障害のある人にかかわる絵本、(8)世界の人々（異文化理解）に関する絵本、(9)ことば・もじ・かずなどに関する絵本、(10)しぜん・かがくに関する絵本、(11)園行事にかかわる絵本をあげました。美しいカラフルな絵本の表紙を見ているだけで、気持ちが癒され、豊かな思いにいざなってくれる魔法のようなもので、何度見ても見飽きることがありません。

二章は、各保育課題絵本の解説（捉え方）とリストです。「保育課題絵本リスト」を(1)～(11)に分類し、五五〇冊以上の絵本を紹介しています。本書に紹介しているそれ以外の絵本については、(12)その他の絵本としてリストを作成しています。執筆者の絵本研究・保育経験などはさまざまで、したがって、課題絵本に対する考え方、主張に個性が見られる解説となっています。とくに(10)しぜん・かがくは、安部富士男氏に解説をお願いしました。加えて、佐々木宏子氏の「私の薦める課題絵本」では、新しい絵本が紹介されており、課題絵本に対するイメージが一層拡がり、深められることでしょう。また、(9)ことば・もじ・かずなどに関する絵本、(10)しぜん・かがくに関する絵本では、まず分類方法に悩み、種類も数も非常に多く、惜しみながら五十冊から外れた本がたくさんあったことは残念です。

三章は、「保育課題絵本による実践事例」です。絵本の大好きな保育者が子どもと一緒に絵本を読み合っている実践は、生き生きと躍動しながら活動が展開している様子が読む者の心を捉えます。子ども達が、どのようにして、その絵本と出会い、感動体験を遊びに取り込み、創造活動が生み出されていくのかよくわかります。

四章では、「子どもと絵本」に関する理論、研究、実践をまとめています。絵本の研究者である佐々木宏子、正置友子両氏の執筆を得られたことは幸甚の至りです。さらに、ブックスタート活動に最初に取り組んだ北海道恵庭市の実践、また、二十年以上も続く「地域絵本文庫」の岡山市の実践、新しい試みの「絵本で子育て」センターの絵本講師養成活動などを紹介することで、絵本にかかわる理論や課題、実践に触れることができます。

「絵本とは、子どもにとって何であるかという問題を考えるとき、私は〝楽しみ〟の一語につきると考えている。一冊の絵本で心からの喜びを感じ、驚きを感じる中で、子どもは充実感、満足感を味わう。その楽しさや満足感が深ければ深いほど、その一冊の絵本は子どもの心に残り、子どもの成長につれてその体験の意味が鮮明になり、深められ、さらには、そのことが、その子の人間的成長を促す力となる」と、松居直氏が『絵本をみる眼』（一九七八年）の序章に書いています。

乳幼児期は耳の時代であるといわれ、耳から人間らしい優しい気持ちを込めた語りかけを、どのぐらい聞いて育てられるかが、言葉の教育には大切なのです。それが人間の言葉の体験の基礎を育んでいく重要な課題となります。そのために、子どもと大人が相互に「楽しく絵本を読み合い」その喜びを共有したいと思います。

二〇〇九年四月

編者　福岡貞子
礒沢淳子

もくじ

はじめに　i
本書の見方・活用の方法　vii

第1章　保育課題絵本ガイド……1
(1) 子どもがはじめて出会う絵本―5か月～15か月頃　2
(2) 一・二歳児の絵本　4
(3) 「いのち・からだ・びょうき」に関する絵本　6
(4) 「おかあさん・おとうさん」に関する絵本　7
(5) 「きょうだい・ともだち」に関する絵本　8
(6) 「おじいちゃん・おばあちゃん」に関する絵本　9
(7) 「障害のある人」にかかわる絵本　10
(8) 「世界の人々（異文化理解）」に関する絵本　11
(9) 「ことば・もじ・かず」に関する絵本　12
(10) 「しぜん・かがく」に関する絵本　14
(11) 「園行事」にかかわる絵本　16

第2章　保育課題絵本の解説・ガイド・リスト◎絵本を探すときに便利で役立つ……17
(1) 子どもがはじめて出会う絵本―5か月～15か月頃　18

(2) 一・二歳児の絵本　22
(3) 「いのち・からだ・びょうき」に関する絵本　26
(4) 「おかあさん・おとうさん」に関する絵本　30
(5) 「きょうだい・ともだち」に関する絵本　34
(6) 「おじいちゃん・おばあちゃん」に関する絵本　38
(7) 「障害のある人」にかかわる絵本　42
(8) 「世界の人々（異文化理解）」に関する絵本　46
(9) 「ことば・もじ・かず」に関する絵本　50
(10) 「しぜん・かがく」に関する絵本　54
(11) 「園行事」にかかわる絵本　58
(12) その他の絵本リスト　62

第3章　保育課題絵本による実践事例 ● 絵本の読み聞かせからイメージが拡がる……63

(1) 『いないいないばあ』大好き（〇歳児）……村崎千津子　64
(2) 『はけたよはけたよ』―ぼくにもできるかな？（二歳児）……谷口ナオミ　66
(3) 『ぽんたのじどうはんばいき』の劇遊び（三歳児）……陸奥田尚子　68
(4) 『ぐりとぐら』の運動会（三歳児）……藤澤　彩　70
(5) 『はらぺこあおむし』の表現遊び（三歳児）……川越恵美子　72
(6) 『おおきくなるっていうことは』―年中組のルール……阪上節子　74
(7) オモニは、日本語がよくわかりません（四歳児）……堀　千代　76
(8) 『いっぽんばしわたる』の表現遊び（五歳児）……蒲池房子　78
(9) 『じゅげむ』を読み合う（五歳児）……蒲池房子　80
(10) 『ねずみのいもほり』から拡がる活動（四歳児）……藤井康子　82

(11) 「ダンゴムシ」を飼う（四歳児）……池川正也 84
(12) 「ザリガニ」を飼う（五歳児）……小板橋康利 86
(13) 「ヤギ」と生活して（五歳児）……樫野弘子 88
(14) 『おおきなきがほしい』の実践（五歳児）……樫野弘子 90
(15) たっちゃんの大好きな絵本――障害のある子どもとともに……堀　千代 92
(16) 『さっちゃんのまほうのて』からイメージを拡げる（五歳児）……合志　薫 94
(17) Kちゃんと絵本――絵本を通して人とのかかわりを拡げる……守　里恵 96

第4章　子どもと絵本●絵本にかかわる理論・実践・活動……99

(1) 子どもの育ちと絵本……佐々木宏子 100
(2) 赤ちゃん（〇～二歳）と絵本を読むということ――未来に生きる幼い人たちへの贈り物……正置友子 106
(3) 「乳児保育」と絵本……福岡貞子 115
(4) 絵本文庫「えぱみなんだす」の一年間……伊丹弥生 123
(5) ブックスタート活動――「北海道恵庭市」の実践を通して……梶浦真由美 130
(6) 「絵本で子育て」センターの活動……高梨香寿子 134

おわりに 139
保育課題絵本リスト索引 i
絵本名（五十音順）索引 vii

本書の見方・活用の方法

保育者・学生、保育者養成校で学生指導にかかわる教員、絵本のことを研究している人などが、「このような絵本」を読みたい、知りたい、探したい、購入したいと思ったとき、まとめて情報を提供してくれるガイドブックがあれば、どんなにか便利で、役に立つことでしょう。そして、その人の活動を活性化することにより、子どもと絵本のかかわりを拡げていくことにつながります。子どもたちは、絵本の読み聞かせによってたくさんの感動を呼び起こし、疑問・探求心の芽生え、イメージの拡がり、充実感を持つなどの経験へといざなってくれるでしょう。

1．「保育課題絵本」について

保育活動において、ぜひ取り入れたい、子どもの育ちに必要なものとして経験させたいことを「保育課題」と考えます。つまり、「保育課題絵本」とは、子どもにぜひ読み聞かせたい絵本のことになります。私たちは、保育課題絵本として第1章の(1)～(11)各節題のとおり十一の分野を考えました。

(1)子どもがはじめて出会う絵本（5か月～15か月頃）／(2)一・二歳児の絵本／(3)「いのち・からだ・びょうき」に関する絵本／(4)「おかあさん・おとうさん」に関する絵本／(5)「きょうだい・ともだち」に関する絵本／(6)「おじいちゃん・おばあちゃん」に関する絵本／(7)「障害のある人」にかかわる絵本／(8)「世界の人々（異文化理解）」に関する絵本／(9)「ことば・もじ・かず」に関する絵本／(10)「しぜん・かがく」に関する絵本／(11)園行事にかかわる絵本

2．第1章「保育課題絵本ガイド」の絵本紹介について

① 各「保育課題絵本」は、子どもの大好きな絵本、保育者や親たちに読み聞かせて欲しいと考える絵本を選択しました。

② 「保育課題絵本」リストの中には、品切れで重版未定、また絶版になっている絵本も数冊含まれています。それらは、保育所、幼稚園、小学校、地域の図書館などに所蔵され、今も多くの人々に読み継がれている絵本であり、「保育者が子どもに読み聞かせたい絵本」として紹介しています。

③ 第1章は、カラー刷りで、一ページに七～九冊の絵本の内容を簡潔に紹介し、絵本の作者（文・絵）、出版社、出版年を明記しています。絵本の作者（文・絵）の漢字・かな文字表記については、絵本の表紙の表記に従っています。絵本によっては、出版年により表記が異なるものがあります。

保育課題絵本のうち、(1)子どもがはじめて出会う絵本／(2)一・二歳児の絵本／(9)「ことば・もじ・かず」に関する絵本／(10)「し

ぜん・かがく」に関する絵本の四つの分野については、それぞれカラー刷りを見開き二ページにして、十七～十八冊の絵本を紹介しています。

3．本文中の『絵本名』と番号の見かた

① 本文中の絵本名には、全て「保育課題絵本リスト」分類番号と五十冊の番号を付けています。第2章の各保育課題絵本リストを見ると作者（文・絵）、出版社、初版年が分かるようにしています。

例：『**いないいないばあ**』(1-3)は、保育課題別分類番号(1)「子どもがはじめて出会う絵本―5か月～15か月頃」、リスト番号の3番。

② 絵本の作者の「文・絵」の表記は、各絵本の表紙の表記文字（漢字・かな）に基づいていますが、初版とそれ以外の版で表記が異なる場合もあります。

③ 初版年については、絵本の「奥付」に記載しているコピーライト＝Ⓒに従っています。

④ 乳幼児向きの「月刊絵本」として出版され、その後一般に出版されたものは、「月刊絵本」の出版年を初版年としています。福音館書店の絵本には、該当する絵本がたくさんあります。

4．各「保育課題絵本リスト」五十冊、合計五百九十冊について

① 各「保育課題絵本」リスト五十冊の選定基準は、ⓘメンバーの推薦する絵本、ⓘⓘロングセラー絵本、ⓘⓘⓘ新刊絵本で評判のよい絵本です。現物を手に取り、メンバーの協議により何度も絵本の差し替えを行いました。

② リストに加えたい絵本が多数ある場合は、ⓘぜひ子どもに読み聞かせて欲しいもの、ⓘⓘ保育課題絵本として大切な絵本であるが、保育活動で取り上げられていない絵本、ⓘⓘⓘ保育者やお父さん・お母さんに、ぜひ読んで欲しい絵本を基準に選びました。

③ 同じ絵本を、他の課題でも選定しているため、重複するものも一部含まれています。

④ 「保育課題絵本リスト」(1)～(11)以外で本書のどこかで取り上げている絵本は、(12)「その他の絵本」として一覧表にしてあります。おもに第2章のなかで佐々木宏子氏の「私の薦める課題絵本」として紹介されている絵本、第4章「子どもと絵本」で取り上げている絵本となります。

⑤ 絵本の索引は、「保育課題絵本リスト索引」と「絵本名（五十音順）索引」の二種類を作りました。「保育課題絵本リスト」に紹介している絵本のページは、すべてゴチック文字にし、ページを探しやすいようにしてあります。

第1章
保育課題絵本ガイド

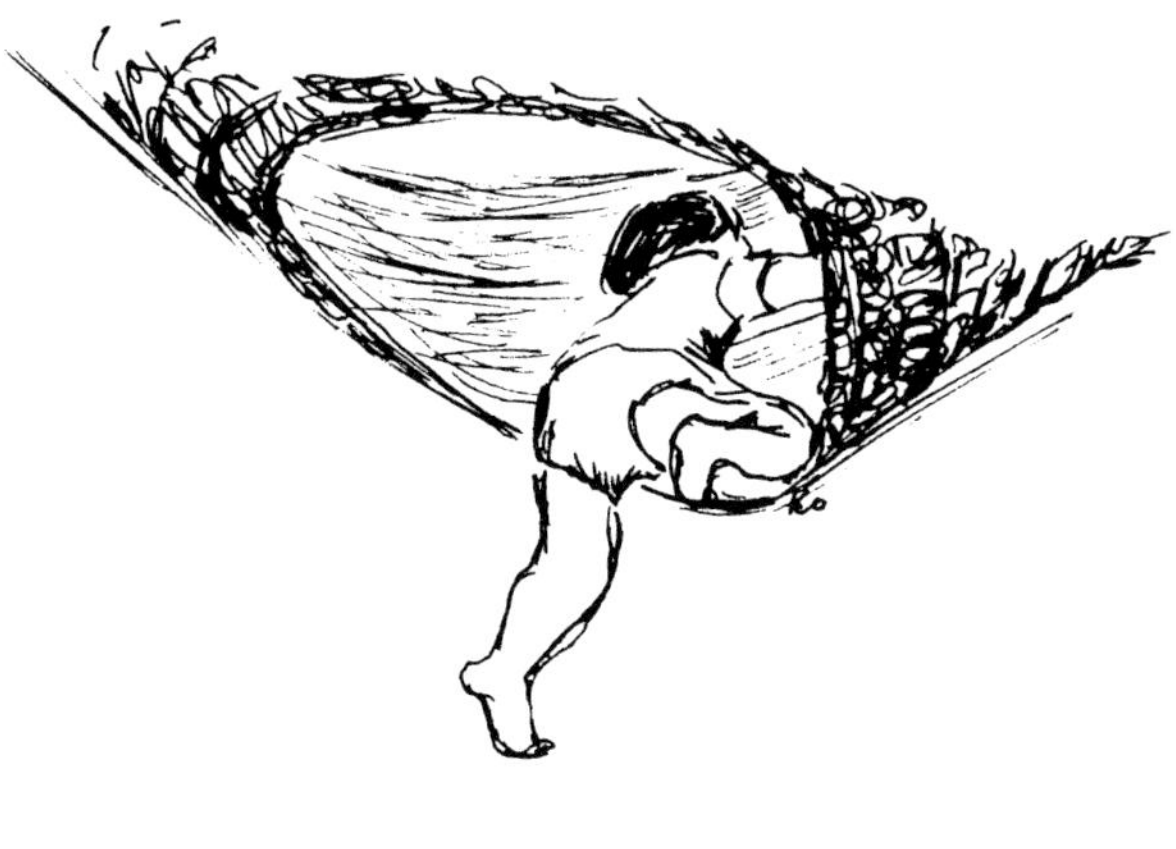

見ているだけで楽しくなるカラーの絵本ガイド

じゃあじゃあびりびり

水が「じゃあじゃあ」、紙を「びりびり」、イヌが「わんわん」オノマトペ（擬音・擬態語）は乳児が喜ぶ言葉です。赤ちゃん絵本の３冊セットの１冊。

●まついのりこ
●偕成社　●1983

もこ もこもこ

「しーん」「もこもこ」「ぽろり」「ぱちん！」と弾けるシンプルな絵と言葉。読み方でイメージが変わります。保育園の乳児が大好きな絵本。

●たにかわしゅんたろう（作）
●もとながさだまさ（絵）
●文研出版　●1977

ととけっこうよがあけた

わらべ唄には、子どもが心地よく感じるリズムやメロディがあります。絵も色彩も美しく、朝の「おはよう」の呼びかけに使いましょう

●こばやしえみこ（案）
●ましませつこ
●こぐま社　●2005

声に出すと、イキイキはずむオノマトペ（擬音・擬態語）

いないいないばあ

昔からの伝承遊びの一つで、赤ちゃんが大好きな最高の遊びです。「くまちゃんがほらね」「いないいない、ばあ！」ママも赤ちゃんもアハハ…と笑う。最初の１冊。

●松谷みよ子（文）　●瀬川康男（絵）
●童心社　●1967

いやだいやだ

ルルちゃんは「いやだ、いやだ」って言うのよ。「それなら、おいしいおやつもいやだっていうよ」美しい貼り絵といきいきした言葉に引きつけられます。

●せなけいこ
●福音館書店　●1969

じどうしゃ

表紙のダンプカーが土砂をおろしている絵を喜びます。乳児に適したのりもの絵本が少ない中で、白地に自動車だけを描いたシンプルな構成がわかりやすい。43年のロングセラー絵本。

●寺島龍一（画）
●福音館書店　●1966

40年のロングセラー絵本もたくさんある

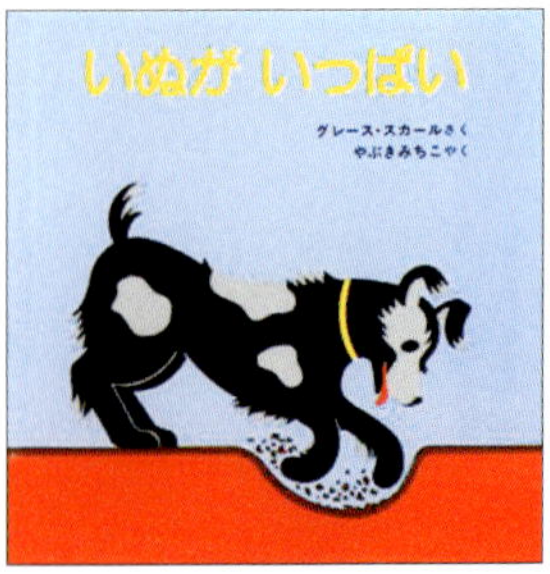

いぬがいっぱい

元気なイヌとしょんぼりイヌ、はらぺこイヌとお昼寝イヌ、「ワンワン、おねんね」と語りかける。子どもは満足するまで同じ場面を見ています。

●グレース・スカール
●やぶきみちこ（訳）
●福音館書店　●1986

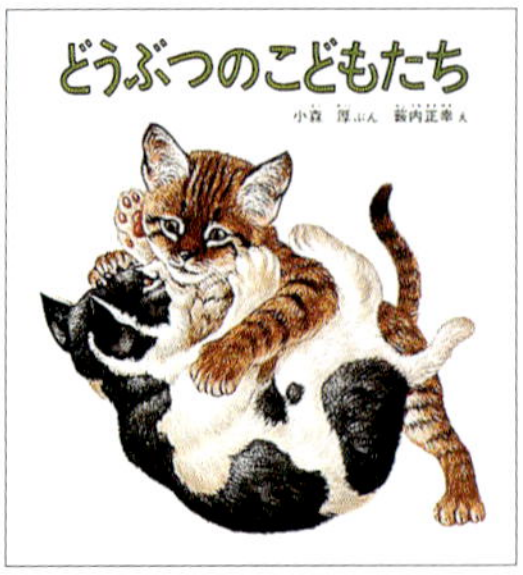

どうぶつのこどもたち

動物の子どもがじゃれ合っている可愛い絵に惹かれる。キリンの縦長の場面では、上部の顔と下の足を交互に見る。藪内の動物絵本は多い。

●小森厚（文）
●藪内正幸（絵）
●福音館書店　●1982

ひよこ

トコトコトコ「ヒヨコちゃんどこへ行くの？」卵が割れてヒヨコが生まれた。ママを探してトコトコ歩きます。２・３歳児も大好きな絵本です。

●中川ひろたか（文）
●平田利之（絵）
●金の星社　●2008

大好きな大人と一緒に優しい動物を見たいの

いないいないばー Peek-a-Boo

「いないいないばあ」は英語でPeek-a-Boo、世界中の赤ちゃんの大好きな遊び。上野紀子の絵が優しい。2冊目の『いないいないばあ』を楽しみましょう。

●なかえよしを(作)
●上野紀子(絵)
●ポプラ社　●2003

おっぱい

ゾウのおっぱいは大きいの。ママのおっぱいは、軟らかくて温かいの。二つのおっぱいに、そーっと顔を近づけてニコッとします。

●みやにしたつや
●すずき出版　●1990

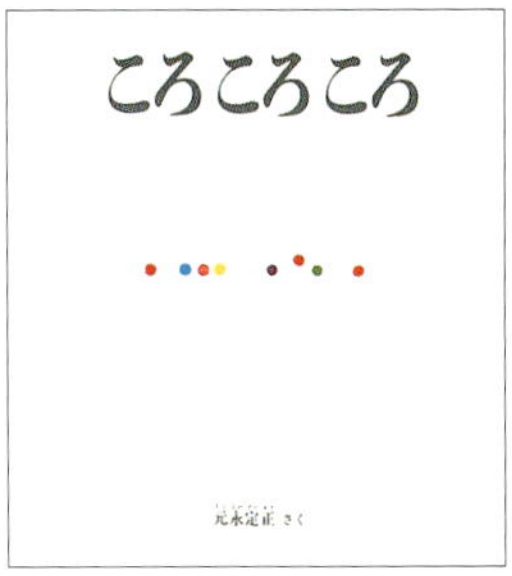

ころころころ

きれいな小さな玉が、ころころころと階段へ、でこぼこ道、坂道を転がって行く。子どもの表情や反応を見ながら、声や読み方を変えると楽しい。

●元永定正
●福音館書店　●1982

同じ題名や題材の絵本がたくさんあり、どれも楽しい

のりものいっぱい

タクシー、バス、ヘリコプターなど、たくさんの乗物が登場。目玉のついた乗物は、ユーモラスで、子どもも大人も楽しくなります。

●柳原良平
●こぐま社　●2003

ぶーぶーじどうしゃ

バス、パトカー、救急車など生活の中で見かける自動車が、見開き頁いっぱいに描かれた写実的な乗物絵本。ボードブックなので自分でめくれる。

●山本忠敬
●福音館書店　●1998

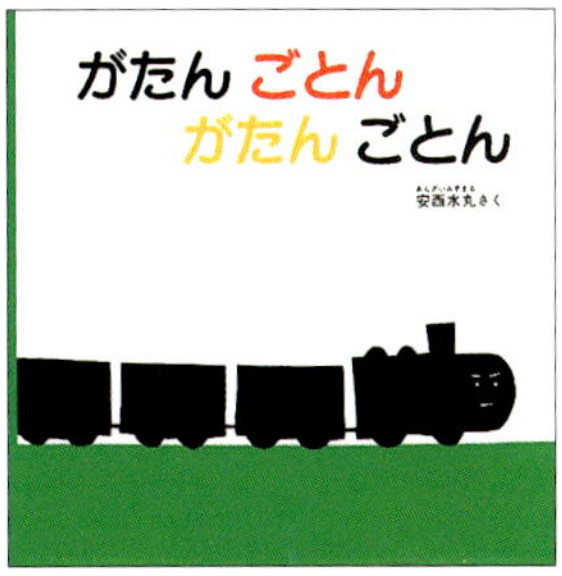

がたんごとん　がたんごとん

小さな汽車に、哺乳瓶が「のせてくださーい」。次はリンゴとバナナが「のせてくださーい」。着いたら「ぴょーん」と降りて、がたんごとん…。

●安西水丸
●福音館書店　●1987

大好きな、のりもの絵本は少ない

くだもの

子どもの好きなリンゴ、バナナなどが、写実的で美しく描かれています。子どもが大好きな絵は切ったリンゴを「はい、どうぞ」と渡す場面。

●平山和子
●福音館書店　●1981

おたんじょうび

この小さな字のない絵本は乳児室の人気もの。食べものが次々出てくると、体を揺らして大喜び。「アッアッ」「ワーワー」と指さします。

●まついのりこ
●偕成社　●1974

ブルーナの0歳からの本2
たべもの・おもちゃ

ページを開くとパタパタパタと伸びて立つ。乳児の好きな食べものと玩具をシンプルな線で描く。3か月の乳児も寝たまま、じっと見いっている。

●ディック・ブルーナ
●福沢周亮(指導)　●講談社　●1984

くだものやお菓子の絵本が大好き

赤ちゃんの絵本の読み聞かせは、認知の始まる5・6か月頃から…

ぐりとぐら
お料理すること、食べることが大好きなぐりとぐら。大きな卵を見つけて、どうするの？　ママも小さい頃読んでもらった大好きな絵本です。
●なかがわりえこ(文)
●おおむらゆりこ(絵)
●福音館書店　●1963

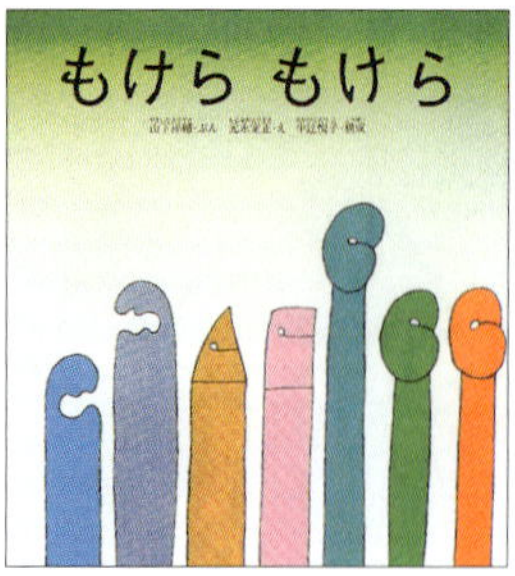

もけらもけら
もけらもけら、でけでけ、てぺぱてぱたぴて、面白い絵に添えてリズミカルな言葉が踊ります。くり返し声に出して言うと笑い出してしまいます。
●山下洋輔(文)　●元永定正(絵)
●中辻悦子(構成)
●福音館書店　●1977

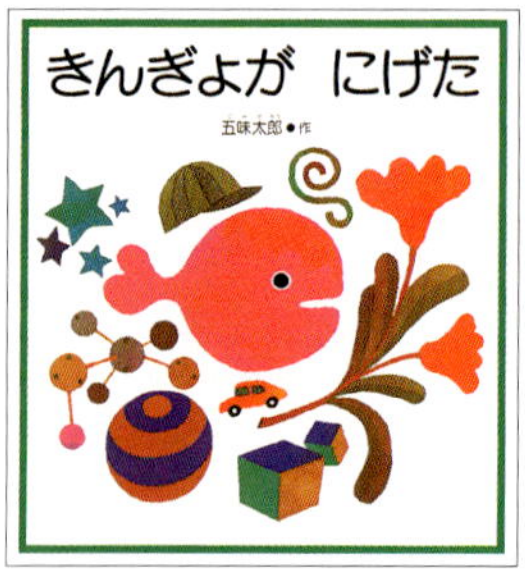

きんぎょがにげた
金魚鉢からキンギョが逃げた「どこへ行ったの？」「キンギョはどれ？」花、くだもの。洋服、おもちゃも窓から逃げます。「アッ、いたいた！」
●五味太郎
●福音館書店　●1982

◆聞いて楽しい、まねして嬉しい、くり返し言葉◆

うんちがぽとん
まあくんはおばあちゃんからオマルをもらいました。「でた？」まだまだ、「でたかな？」まだ〜、ある日とうとうオマルの中にうんちがでたぞ！
●アロナ・フランケル(文・絵)
●さくまゆみこ(訳)
●アリス館　●1982

はけたよはけたよ
一人パンツがはけないタッくん、お尻を出したまま外へ。動物達がじろじろ…。何でも自分でやってみたいの、でもできないの。
●かんざわとしこ(文)
●にしまきかやこ(絵)
●偕成社　●1970

さあ　おでかけ
パンツはいて、シャツ着て、ズボンも靴下もはいて、帽子かぶって靴はいたら、「いってきまーす」。クマの子の喜ぶ顔は親も子も嬉しい。
●やまだうたこ
●ブロンズ新社　●2004

◆自分でしたいけど、まだうまくできないの◆

はるにれ
ハルニレの美しい姿を四季の変化で捉えた写真絵本です。「大きな木だね」「きれいね」と子どもに語りかけることで場面の美しさが伝わります。
●姉崎一馬(写真)
●福音館書店　●1981

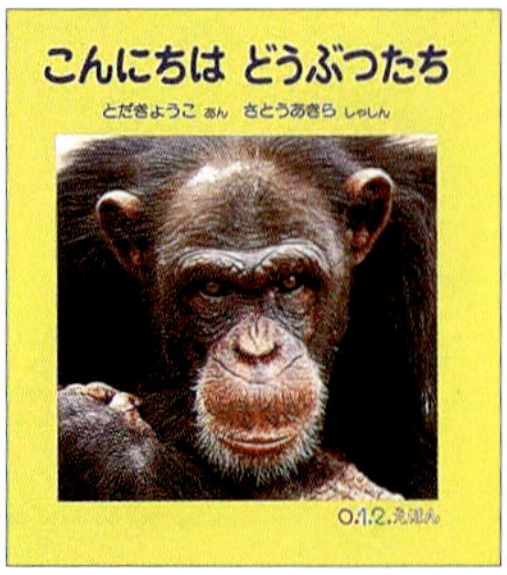

こんにちはどうぶつたち
動物達の顔だけをアップにする発想がユニーク。じっとこちらを見つめる動物の優しい眼差しに思わず「こんにちは」をする。
●とだきょうこ(案)
●さとうあきら(写真)
●福音館書店　●1998

ねんね
キツネ、ペンギン、シロクマ、などが気持ちよさそうに眠っています。「そろそろねんね、よしよしねんね」のくり返しが、ねんねタイムにぴったり。
●さえぐさひろこ
●アリス館　●2004

◆赤ちゃんにも美しい写真絵本の動物や自然に触れさせたい◆

(2)

一・二歳児の絵本／福岡貞子

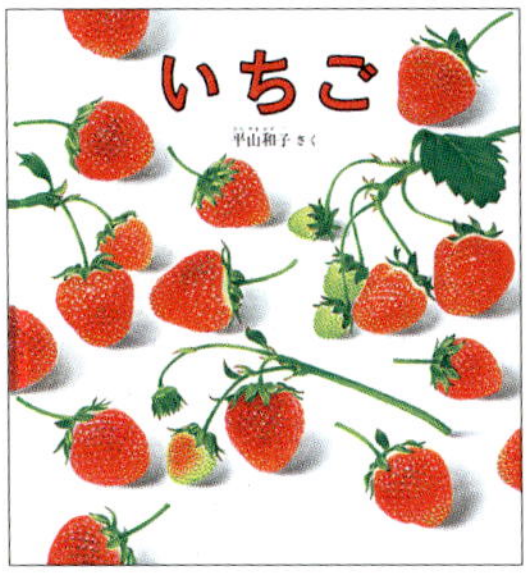

いちご

大好きなイチゴ。赤いイチゴと緑の葉っぱがとってもきれい。「あまくなったかな？」「もうちょっとです」のやりとりが優しく響きます。

●平山和子

●福音館書店　●1989

おいしいおとなあに？

うどんはツルツル、ツルルルル〜。ジュースはゴクゴク、チュー、チュルルルル〜。美味しそうに食べる様子と音が聞こえてくるようです。

●さいとうしのぶ

●あかね書房　●2002

はらぺこあおむし

お腹がすいたアオムシは、いろいろなものを次々と食べ続けます。鮮やかなコラージュが美しい。穴に指を入れたり、引っ張ったりして遊びます。

●エリック・カール

●もりひさし(訳)

●偕成社　●1976

◆―― たべものの絵本が大好き ――◆

ごあいさつあそび

コイヌのコロがやってきて、「こんにちは」と頭を下げる、縦開きの仕掛け絵本。きむらゆういちのあかちゃんのあそびえほんの１冊。

●きむらゆういち(作)

●偕成社　●1988

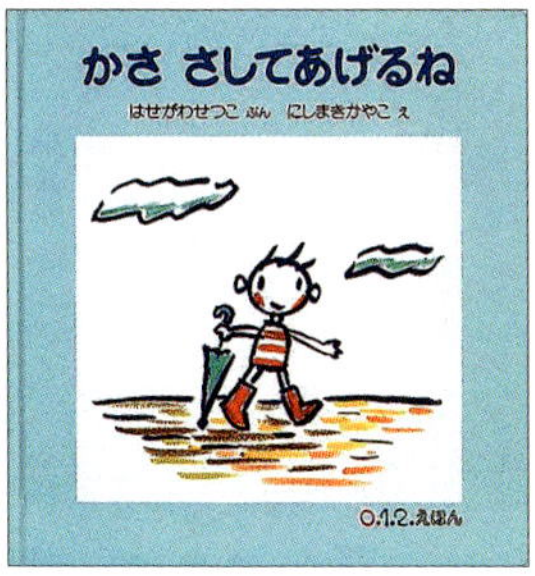

かささしてあげるね

ゾウの背中の雨は、ピッチャン、パッチャン。キリンの雨はピロリン、ポロリン。「かささしてあげるね」。子どもの絵のようなクレヨン画の本。

●はせがわせつこ(文)

●にしまきかやこ(絵)

●福音館書店　●1995

めのまどあけろ

「めのまどあけろ、おひさまてってるぞ」朝の目覚め、着替え、ごはん、遊びなど一日の様々な場面を詩で綴る。リズミカルで快い言葉を語りかけよう。

●谷川俊太郎(文)

●長新太(絵)

●福音館書店　●1984

◆―― まねをしたり、言葉のやりとりが、大好き ――◆

おおきなかぶ

おじいさんが「おばあさんやーい」と呼びました。孫もイヌもネコもネズミも「うんとこしょ、どっこいしょ」とカブを抜きます。みんなよく知ってるお話。

●ロシア民話、A. トルストイ(再話)

●内田莉莎子(訳)　●佐藤忠良(画)

●福音館書店　●1962

しろくまちゃんのほっとけーき

「ポターン、ドロドロ、ピチピチ」のケーキが焼き上がる音は本当に美味しそう…。２・３歳児になっても大好きな絵本です。

●わかやまけん

●こぐま社　●1972

あかちゃんのいちにち

チュウチュウ哺乳瓶、フカフカおふとん、ガラガラ、ぱかぱかエプロン。赤ちゃんの生活に必要なものが次々現れ、最後はすやすやぬいぐるみ。

●ながおひろすけ

●PHP 研究所　●2003

〔品切れ・重版未定〕

◆―― くり返しや簡単なストーリーの絵本も大好き ――◆

赤ちゃんの絵本は幼児も大人も楽しめる、素晴らしい絵本です

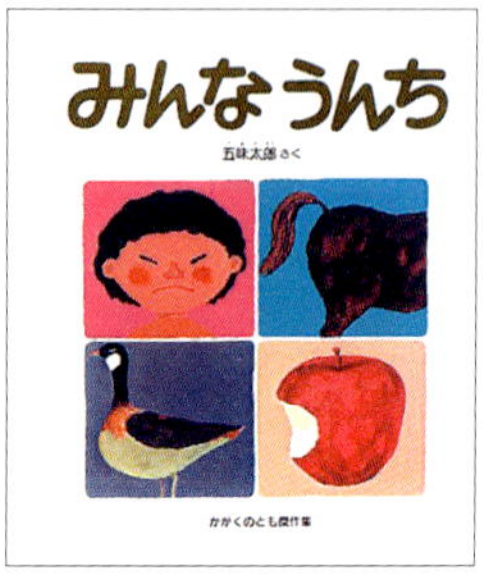

みんなうんち

ゾウは大きいウンチ、ネズミは小さなウンチ。なんてシンプルでユーモラスな言葉でしょう。大人も子どもも笑いながら「うん、うん」と納得するのです。

●五味太郎

●福音館書店　●1977

わにさんどきっ
　はいしゃさんどきっ

ワニさんが虫歯になってしぶしぶ歯医者さんに行きます。歯医者さんは遊びたいのに、ワニさんが来たので、「どきっ」ワニさんも歯医者さんを見て「どきっ」ふたりの奇妙なやりとりが始まります。

●五味太郎　●福音館書店　●1984

あやちゃんのうまれたひ

もうすぐ“あやちゃん”の誕生日です。お母さんがあやちゃんの生まれた日の様子を話してくれました。ほのぼのとしたぬくもりが伝わります。

●浜田桂子

●福音館書店　●1984

つかまり立ちをするところ

あかちゃんてね

「あのねママのおなかに赤ちゃんがいるんだよ」さわったらムクムク動いたの。赤ちゃんは約３kgで生まれ、１年で３倍になります。赤ちゃんが１か月ごとに成長していく様子を定点撮影をしています。４頁分の横長写真がすごい！

●星川ひろ子・星川治雄

●小学館　●2005

おへそのあな

生まれる前から気になるね。家族の会話や生活の音や匂いから、赤ちゃんの誕生を待ちわびている様子がわかります。「あした、うまれていくからね」。

●長谷川義史

●BL出版　●2006

どうぶつえんのおいしゃさん

動物園の獣医さんの仕事ぶりと、動物の特徴がわかりやすく描かれています。獣医の仕事や動物の生態に興味をもつきっかけとなるでしょう。

●降矢洋子　●増井光子(監修)

●福音館書店　●1977

ちのはなし

人間にとっても動物にとっても大切な血。自分の体の中を血がどのように流れていて、どんな役割をしているのかをわかりやすい言葉と図で説明しています。

●堀内誠一

●福音館書店　●1978

おとうさんのえほん

子ども思いの優しいお父さん、おちゃめなお父さんが次々登場。あ、これ私のお父さんそっくり！というお父さんがきっと見つかります。

●高畠純
●絵本館　●1991

とうさんまいご

デパートで僕がおもちゃを研究しているうちに…いつのまにか、父さんまいご。ページをめくるたび、切り抜かれた部分に父さんの影が。でも、なかなか父さんは見つかりません。

●五味太郎
●偕成社　●1983

パパにはともだちがたくさんいた

ある夏の日、突然パパが亡くなりました。僕たちはパパの仕事場に行き、パパの友達に会いパパの仕事のことを知りました。生きる希望、喜び、人のつながり。

●すえもりちえこ(文)
●つおみちこ(絵)
●すえもりブックス　●1995

きょうはなんのひ？

お母さんはまみこの可愛い作戦に振り回されます。お母さん、お父さんをびっくりさせたい、喜んでもらいたいという子ども心がぎっしり詰まった１冊。

●瀬田貞二(作)　●林明子(絵)
●福音館書店　●1979

せんたくかあちゃん

たくましく元気いっぱいのせんたく母ちゃん。洗えるものを全部干してしまったら、カミナリが落ちてきた！可愛く変身したカミナリさん。

●さとうわきこ
●福音館書店　●1978

かあさんのいす

ビンがコインで一杯になったら、ふわふわのきれいで大きな椅子を買うのです。世界中で一番素敵な椅子…食堂で働くお母さんとわたしの物語。

●ベラ B.ウィリアムズ(作・絵)
●佐野洋子(訳)
●あかね書房　●1984

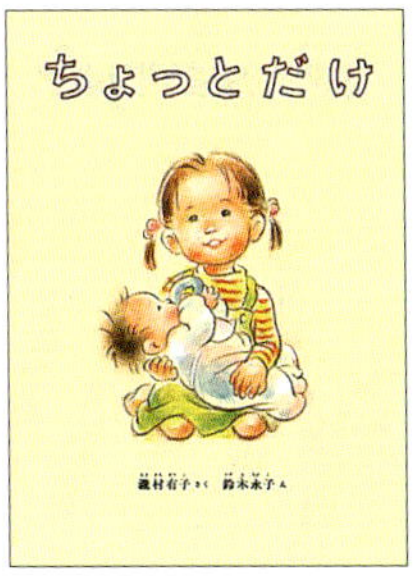

ちょっとだけ

なっちゃんはお姉ちゃん。ママと手をつなぎたいけどママは赤ちゃんを抱っこしてる。なっちゃんは眠たくなって、「ママちょっとだけだっこして」。ママはいっぱい抱っこしてくれました。

●瀧村有子(作)　●鈴木永子(絵)
●福音館書店　●2004

パパ、お月さまとって！

ふわふわ浮かぶ雲や、まばゆい星に手が届かないかな。夢を叶えてくれるお話。大きく開くページが空の高さ、月の大きさを実感させてくれる。

●エリック・カール(作)
●もりひさし(訳)
●偕成社　●1986

ねえとうさん

クマの子のお願いを「よしよし」と、父さんは、何でも叶えてくれます。父さんってすごいな。「僕、父さんの子で嬉しいよ」お父さんに誇りと憧れを抱きます。

●佐野洋子
●小学館　●2001

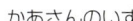

くまのコールテンくん

デパートの玩具売り場で、いつも誰かを待っているひとりぼっちのクマくん。とれたズボンのボタン探しの冒険の末、やっと優しい女の子と友達に。

●ドン・フリーマン
●まつおかきょうこ(訳)
●偕成社　●1975

あさえとちいさいいもうと

迷子になった妹を心配して探すあさえ。お姉ちゃんとしての健気な責任感や優しさなどが絵からにじみ出ています。あさえの表情や仕草に温かみを感じ、読む人を引き込んでいきます。

●筒井頼子(作)　林明子(絵)
●福音館書店　●1979

ともだちや

さびしがりやさんと友達になってあげようとキツネが始めた「ともだちや」。友達とかかわる心地良さを共感できる。和洋両方の味を合わせ持った独特な画風も素敵。

●内田麟太郎(作)　降矢なな(絵)
●偕成社　●1998

きつねのかみさま

りえは自分の縄跳びをキツネの子が「神様がくれた」と喜ぶのを見て、優しく微笑む。「お姉ちゃんはキツネの神様だぁ」と言う弟。幻想的な展開の中に余韻が残ります。

●あまんきみこ(文)
●酒井駒子(絵)
●ポプラ社　●2003

はしって！アレン

いつもお兄ちゃん達の遊びに合わせようと必死に走るアレン。ある時転んだのがきっかけで、みんながアレンに共感してくれる素敵な時を過ごしました。

●クライド・ロバート・ブラ(文)
●市川里美(絵)
●舟崎靖子(訳)
●偕成社　●1980

とくべつないちにち

転校生のアルノは初めての登校にドキドキします。心配そうなアルノの表情が、友達とのかかわりを通して変化していく様子が、クレヨン画のタッチで描かれています。

●イヴォンヌ・ヤハテンベルフ
●野坂悦子(訳)
●講談社　●2005

よもぎのはらのおともだち

仲良しの二人がちょっとしたことからケンカ別れに。それを見ていたネズミの家族が心配して家に招待してくれたおかげで…。気持ちを言葉で伝えることは大切。

●あまんきみこ(作)
●やまわきゆりこ(絵)
●PHP研究所　●1985

あたしもびょうきになりたいな！

病気になった子ネコのきょうだいにみんなが優しく接するのをみて、自分も病気になりたいと思っていたけど…。子ネコの表情がユーモラスで楽しい。

●フランツ=ブランデンベルク(作)
●アリキ=ブランデンベルク(絵)
●ふくもとゆみこ(訳)
●偕成社　●1983

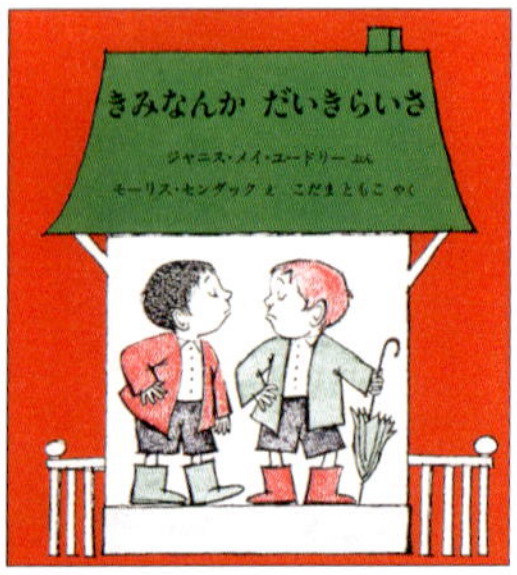

きみなんかだいきらいさ

友達だったら時にはケンカもするし、大嫌いになることだってある。でも本当は大好きなんだ、仲直りしたいという子どもの心が短い文章や絵からわかる。

●ジャニス・メイ・ユードリー(文)
●モーリス・センダック(絵)
●こだまともこ(訳)　●冨山房　●1975

おばあちゃんが
いるといいのにな

顔を見ているだけでホッとするおばあちゃん。寂しいときずっとそばにいてくれる、悲しい時優しく慰めてくれるそんなおばあちゃん。

●松田素子(文)
●石倉欣二(絵)
●ポプラ社　●1994

おじいちゃんが
おばけになったわけ

死んだはずのおじいちゃんが夜になってエリックの所にやって来ます。お化けになって忘れ物を捜しているのです。

●K・フォップス・オーカソン(作)
●E・エリクソン(絵)
●菱木晃子(訳)
●あすなろ書房　●2005

おじいちゃんのまち

一人暮らしをしているおじいちゃんに「一緒に暮らそう」と言いますが、おじいちゃんは町から出たくないようです。その町にはどんな魅力があるのでしょう。

●野村たかあき
●講談社　●1989

おばあちゃんすごい！

保育園にやってきたおばあちゃんはコマ回し、お手玉、けん玉もとても上手、園長先生も遊ぶ時は子どものようです。おばあちゃんとそっくりなんだ！

●中川ひろたか(文)
●村上康成(絵)
●童心社　●2002

ばあちゃんのなつやすみ

夏休みに遊びにくる孫たちを、「まだかまだか」と楽しみに待っているおじいちゃん、おばあちゃんの気持ちが伝わってくる。昔懐かしい田舎の情景は読む人の心をホッと和ませます。

●梅田俊作・佳子(作・絵)
●岩崎書店　●1980

こんとあき

生まれた時におばあちゃんにもらった縫いぐるみの「コン」。大切にしていたのに手が破れてしまいました。「おばあちゃんなら直してくれる」。電車に乗っていきます。

●林明子
●福音館書店　●1989

いいからいいから

いいから、いいからの一言は人の心を穏やかにし安心させます。家にやってきた雷の親子がおへそを取っていきます。あら大変！どうするの？

●長谷川義史
●絵本館　●2006

じいじのさくら山

嬉しいことがあるたび桜の木を植えるじいじ。木や花を愛する気持ちが孫にも伝わり、じいじに代わって桜の木を大切にする。満開の桜の絵に感動。

●松成真理子
●白泉社　●1994

おばあちゃん

赤ちゃんのようになってしまった働き者のおばあちゃんを、家族が暖かく見守っていきます。まるい身体のおばあちゃんの姿からほのぼのとした雰囲気が伝わります。

●大森真貴乃
●ほるぷ出版　●1987

14の心をきいて

クマのゴンタは耳の不自由な子ども達の通う学校へ転校してきました。ケンカばかりしていたゴンタは、次第に心を開いていきます。子どもの思いを優しい心の耳で聴いてみましょう。

●つちだよしはる
●PHP 研究所　●2002

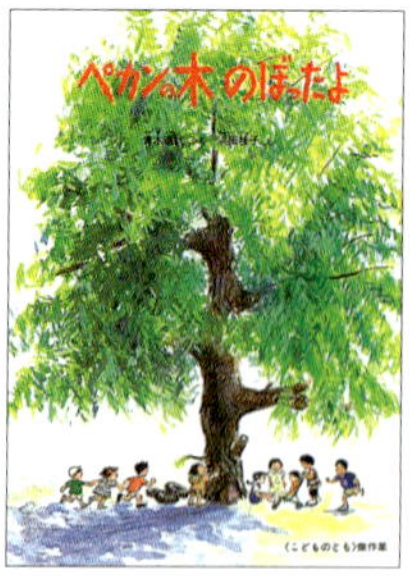

ペカンの木のぼったよ

りんちゃんは体を動かしたり、話をするのが不自由です。園庭のマットの上で、みんなの木登りを見ていたりんちゃんも登りたいよね。りんちゃんと子ども達の交流が優しく胸に響きます。

●青木道代(文)　●浜田桂子(絵)
●福音館書店　●1996

みえないってどんなこと？

「みえないって、朝になっても夜のままなのかなあ」子ども達はアイマスクをして触ったり、匂いを嗅いだり、全盲のめぐみさんと遊びながら考えます。ワークショップから生まれた写真絵本。

●星川ひろ子(写真・文)
●岩崎書店　●2002

こわいことなんかあらへん

重い知的障害のあるやよいちゃんは、みんなに「こわい」、「きたない」といじめられます。どんな子どもとも手をつなぐことができたら嬉しいのになあ。全頁に障害のある子ども達の思いがにじみでています。

●福井達雨(編)　●馬嶋克美(絵・字)
●偕成社　●1981

たっちゃんぼくがきらいなの
—たっちゃんはじへいしょう

僕、たっちゃんと遊びたいのに手をつないでも逃げちゃう。突然大きな声を出すたっちゃん。「どうして？」自閉症についての理解を助けます。

●さとうとしなお(作)
●みやもとただお(絵)
●岩崎書店　●1996

おとうさんといっしょに

いつもお母さんの自転車で行く保育園に、お父さんと一緒に車いすに乗って行きました。あきひさくんは、少し恥ずかしくて、ドキドキする体験をしながら…。

●白石清春(作)
●いまきみち・西村繁男(絵)
●福音館書店　●1987(1993)

ぼくのおにいちゃん

「なんで みんなの お兄ちゃんと違うの？」「人にはもち味ってのがあって、みんな違う味がするんだよ」とパパが言いました。重い障害のある兄の姿を、弟の目を通して語る写真絵本。

●星川ひろ子(写真・文)
●星川治雄(写真)
●小学館　●1997

ベルナもほいくえんにいくよ！

みきたのママは目が見えないので、ベルナが目の代わりです。保育園の先生が「犬を連れてきてはダメ」と言うので、ママは困りました。でも盲導犬はかみついたりしない犬です。

●ぐんじななえ(作)
●ひだかやすし(画)
●ハート出版　●2002

さわってごらん だれのかお？

目の不自由な子どもと、見える子どもが一緒に遊べるバリアフリーの絵本。障害のある人たちの不便さに気付き助け合う芽を育てるきっかけになります。

●なかつかゆみこ
●岩崎書店　●1999

(8) 「世界の人々（異文化理解）」に関する絵本／堀 千代

せかいのひとびと

肌の色や言葉、好きな食べ物など、世界にはさまざまな民族、風習、文化などがあることを、やさしく説明し、違っていることの素晴らしさを伝える大型絵本。

●ピーター・スピアー(絵・文)
●松川真弓(訳)
●評論社　●1982

スーホの白い馬

スーホという、貧しい働き者の羊飼いの少年がいました。ある日、生まれたばかりの小さな白い子馬を見つけ、大切に育てました。モンゴルの楽器「馬頭琴」の由来を伝える、悲しくも美しい物語。

●大塚勇三(再話)　●赤羽末吉(画)
●福音館書店　●1967

アンナの赤いオーバー

戦後の物のない時代に、１枚のオーバーを手に入れるのは大変なことでした。手間をかけ、長い間待つことを楽しんで出来上がったアンナのオーバーです。実話を元にしたお話。

●ハリエット・ジィーフェルト(文)
●アニタ・ローベル(絵)
●松川真弓(訳)　●評論社　●1990

世界あちこちゆかいな家めぐり

世界には、いろいろな家がある。土の中に作った家、モンゴルのパオ、キノコの形をした屋根の家。知らないこと、不思議なことのイメージが広がる。

●小松義夫(文・写真)
●西山晶(絵)
●福音館書店　●1997

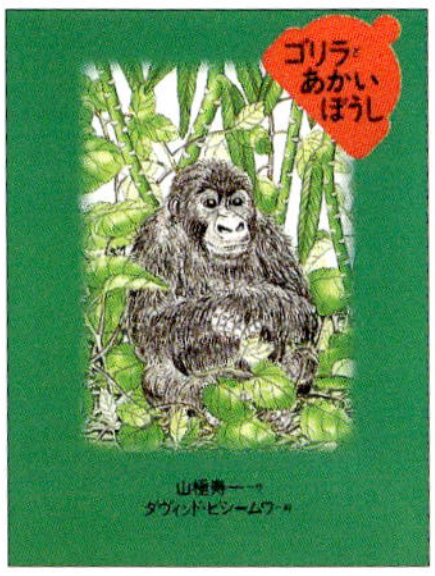

ゴリラとあかいぼうし

男の子は赤い帽子をなくしてお父さんに叱られます。帽子は森のゴリラの子どもがかぶっていました。さあ、どうなるでしょう。

●山極寿一(作)
●ダヴィッド・ビシームワ(絵)
●福音館書店　●2002

せかいいちうつくしい村へかえる

戦争で破壊されたアフガニスタンのふるさとへミドラーは帰って来ました。焼け跡のスモモの木に小さなつぼみがついています。会いたかった友達のヤゴに出会えるでしょうか。

●小林豊
●ポプラ社　●2003

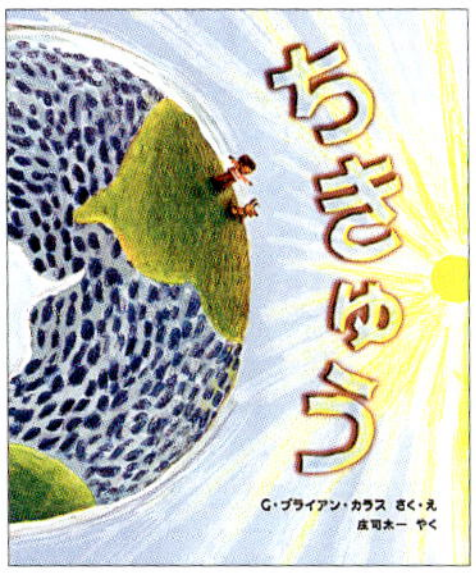

ちきゅう

夕暮れ時、影が長く伸びるのは、地球が動いているから。「夜から昼、夏から冬へ、僕たちは、いつも地球を旅しているんだ」。宇宙と地球の仕組みを描いた絵本。

●G・ブライアン・カラス(作・絵)
●庄司太一(訳)
●偕成社　●2007

だいすきなもの―ネパール・チャウコット村のこどもたち

地面がすき。地面がないと、ぼくたちは歩くことだってできないもん。チャウコット村の子どもたちのだいすきなものが紹介されています。みんなの好きなものはなあに。

●公文健太郎(写真)
●偕成社　●2007

こどもがはじめてであう
せかいちず 絵本

世界地図の中の日本はとても小さい。世界で一番高い山はエベレスト、一番長い川はナイル川、カンガルーはどこにいるのかな？僕の行ってみたいところはアルプス。

●とだこうしろう
●戸田デザイン研究室　●1992

高畠純の あいうえお

「あ」あひる、「い」いぬと身近な動物が描かれています。ページごとに短い言葉がそえられていて楽しさ２倍です。

●高畠純
●絵本館　●1997

ことばのえほん あいうえお

早口ことばでも無く、ごろ合わせでも無い。韻を楽しみ、だじゃれを楽しみ、不思議な話が続きます。子どもはそれぞれお気に入りのページのまねをします。

●五味太郎
●絵本館　●1992

話す力が身につく
　あいうえおのほん

アリ、アサガオ、アヒルなど場面から「あ」のつくものを見つけて楽しみます。ひらがなの筆順がわかる本。

●巻佐千夫(作)
●木曽健司(絵)
●ひかりのくに　●2000

ひらがなとカタカナのあいうえお

かぞえてみよう

１月から12月の場面にあるものの数を探して数えて楽しみます。季節の移り変わりと１つずつ増えていく絵に見入っています。

●安野光雅
●講談社　●1975

かぞえておぼえる かずのえほん

テレビ、かさなど身の回りにある物が描かれています。「ひろくんのへやにはえほんが50さつ…かぞえてみよう」と読むと、「１・２・３…たくさんやな～」。

●高瀬めぐみ(編集)　●島田ゆか(絵)
●すずき出版　●1996

とけいのえほん

１日24時間の時間の流れが、シンプルな絵で表現されています。静かな時、元気に遊んでいる時など自分の生活と重ねて場面から読みとります。

●とだこうしろう
●戸田デザイン研究所
●1995

おもわずかぞえたくなるかずの本

いっぽんばし わたる

ヘビがからんで渡る。アリはたくさんでびっしり渡る。一本橋の渡り方はいろいろ。動作を表すリズミカルな言葉は表現遊びに発展していきます。

●五味太郎
●絵本館　●1979

ことばがいっぱい 言葉図鑑①
　うごきのことば

「これ、なにしているところ？」絵を見て子どもの動きを言いあてて遊びます。まだ字の読めない子どもも一緒に楽しみます。

●五味太郎(監修・制作)
●偕成社　●1985

すみません あいさつの絵本

すみません、ごめんなさい、みんなと一緒に生活するうえで、短いけれどとっても大切な言葉、それが挨拶。人をつなぐ言葉の大切さを考えたい絵本。

●川端誠
●理論社　●1992

うごきの言葉とあいさつの言葉

となりのイカン

怒られて家を飛び出したイカンやアカンをマイネが追いかけて、旅に出る。けんかしてる人を止める3人。いろいろな国の人が仲良くなれますように。

●中山千夏(文)
●長谷川義史(絵)
●自由国民社　●2004

発見する喜びが芽生える
　みぢかなマーク

普段、何気なく見ているマーク。家やお店、道路のどこにあるのか探してみよう。たくさん見つかると面白いよ。

●鎌田達也(編集)
●ひかりのくに　●2005

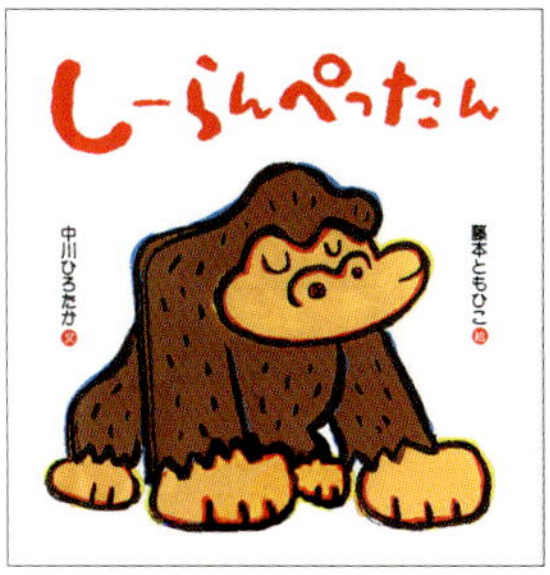

しーらんぺったん

しりとりの絵本と思いきや、かずを数えて、英語の勉強。ゴリラの仕草がにくめない。歌もついていて、思わず口ずさんでいます。

●中川ひろたか(文)
●藤本ともひこ(絵)
●世界文化社　●2007

マークもいろいろ世界のことばもいろいろ

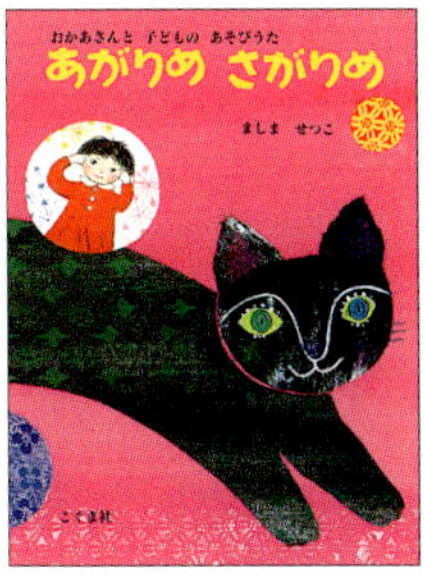

あがりめ　さがりめ
　─おかあさんと子どものあそびうた

よく知られているわらべうたに絵を添えて紹介しています。大人が絵本をめくり、子どもと一緒に遊びが始まります。赤ちゃんも思わずニッコリ！。

●ましませつこ(絵)
●こぐま社　●1994

あそびえかきうた
　ぼうが一ぽんあったとさ

ぼうが一ぽん〜昔から誰もが口ずさむ節を付けて、言葉を唱えながら絵を描いていく面白さ。歌いながら覚えます。

●よしだていいち(編)
●しのはらよしたか(絵)
●らくだ出版　●1982

ころころラッコ こラッコだっこ

新しいタイプの早口言葉で、子どもの好きなリズミカルな表現が多く絵もユニーク。さあ、チャレンジ！

●石津ちひろ(文)
●藤枝リュウジ(絵)
●BL 出版　●2003

昔から歌いつがれた絵描き歌・歌遊び

かさぶたってどんなぶた

お茶の時間、りょくちゃ、こうちゃ、ウーロンちゃ、おしゃべりぺちゃくちゃ。有名な詩人18人の詩は大人も思わず口ずさみたくなります。

●小池昌代(編)
●スズキコージ(絵)
●あかね書房　●2007

しりとりあそびえほん

大小、季節などテーマ別のしりとりは子どもの心をとらえます。リュックサック、クワガタ、最後のジュースの次は、なに？

●石津ちひろ(文)
●荒井良二(絵)
●のら書店　●2002

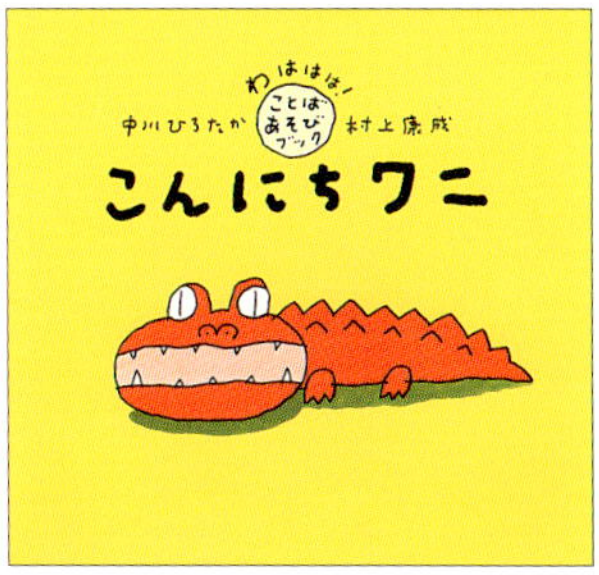

こんにちワニ

表紙から引き込まれます。赤いワニが本当に挨拶をしているようです。読み進めると、だじゃれが続々出てきます。

●中川ひろたか(文)
●村上康成(絵)
●PHP 研究所　●1999

聞いておもしろい歌って楽しいしりとり歌遊び

どうぶつのおかあさん

あかちゃんの絵本として人気の高い絵本。動物の表情や生態が実に豊かで可愛いらしさの中にもそれぞれの動物の特徴が描かれていています。

●小森厚(文)
●藪内正幸(絵)
●福音館書店　●1977

雪の上のなぞのあしあと

大雪の後の夜、動物園の雪の上に、見たこともない足跡が無数についていた。何の足跡だろうと捜し続け、ついに足跡の主を発見！さて、その正体は？

●あべ弘士
●福音館書店　●1989

はじめてのかり

壮大なアフリカの大地を若いライオンが初めての狩りをします。見開き画面一杯に描かれている絵から、動物の躍動感、広い草原のダイナミックさに心が躍ります。

●吉田遠志　●ベネッセ　●1982初版
〔●リブリオ出版　●2001再刊〕

ちびっこかたつむり

ちびっこカタツムリが冒険をします。自然の中で出会う生き物達が本当に会話をしているようです。カタツムリは毎日ちょっとずつ大きくなっていきます。

●七尾純(文)　●久保秀一(写真)
●偕成社　●1987

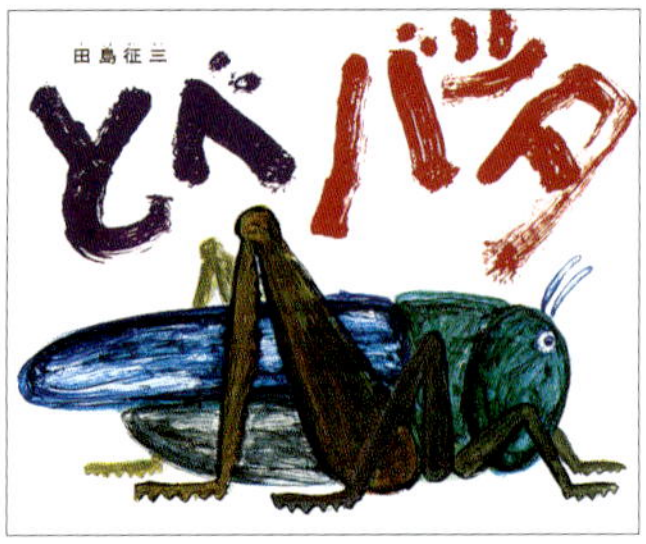

とべバッタ

恐ろしい天敵に食べられないように、小さなしげみに隠れていたバッタが決心して大空にはばたく。田島征三の油絵風の力強いタッチの絵は迫力満点。

●田島征三
●偕成社　●1988

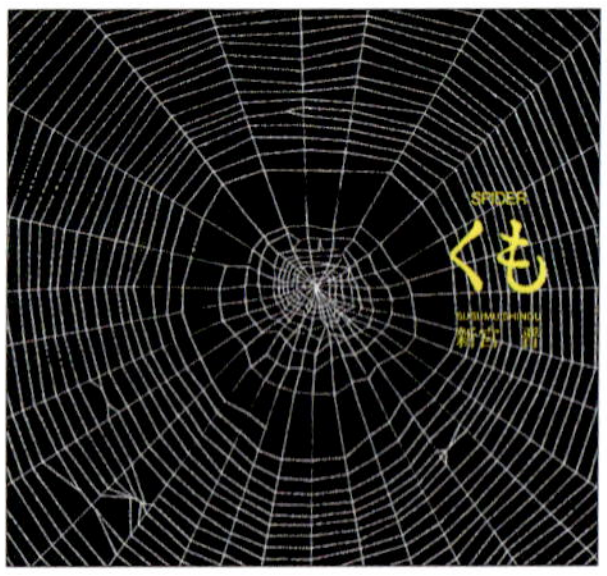

くも

よく見るクモの巣は、気持ちの悪いものとして子ども達はみていますが、クモの巣の形や作り方に興味をもち観察するようになるでしょう。

●新宮晋
●文化出版局　●1979

力強くて魅力的な動物や虫たち

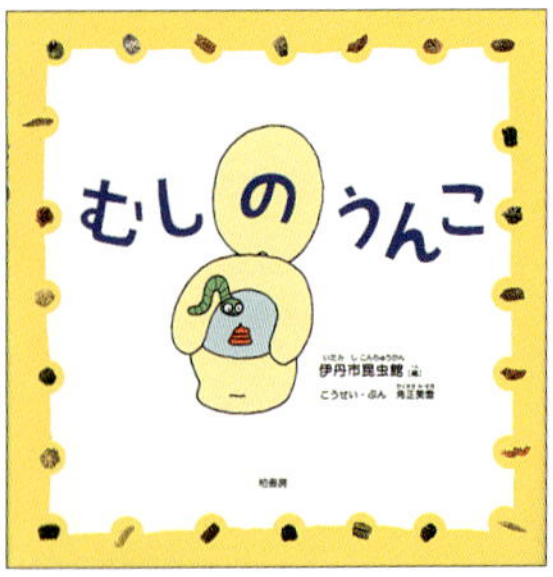

むしのうんこ

「木の下に小さな黒い種が落ちているよ！」調べてみると、虫のうんこでした。へんてこな形のうんこに子どもの興味は深まっていく。

●伊丹市昆虫館(編)
●角正美雪(構成・文)
●柏書房　●2005

ぼく、だんごむし

子ども達の大好きなダンゴムシは、枯葉、死んだ虫、紙も食べる。家の近くに住みつくのは、コンクリートを食べるため。ダンゴムシはエビの仲間で甲殻類です。

●得田之久(文)
●たかはしきよし(絵)
●福音館書店　●1980

地面の下のいきもの

普段は見ることができない場所。だから魅力的！そこに生きる生き物に興味を持ちます。子どもの好奇心を満たしてくれる本。

●大野正男(文)　●松岡達英(絵)
●福音館書店　●1988

⑩「しぜん・かがく」に関する絵本／池川正也

なつのあさ

まだ完全に覚めきっていない早朝の景色を男の子は「しろい」と表現します。その中を走る汽車、遠くにある街を想像する姿から、ゆったりとした時間が流れていることが感じられます。

●谷内こうた
●至光社　●1970

森のはるなつあきふゆ
　―オシギッパのもりでみつけた

森は鳥やけもの、虫たちにとって住む場所でキノコなどの食べ物も豊富で、いのちがあふれています。その森の変化をじっくりと追うことができます。

●岸田衿子(文)　●古矢一穂(絵)
●ポプラ社　●1994

ゆきのひ

朝、目が覚めると一面の雪。雪で遊ぶ赤いマントを着たピーターの姿が躍動感をもって伝わります。

●エズラ=ジャック=キーツ
●きじまはじめ(訳)
●偕成社　●1969

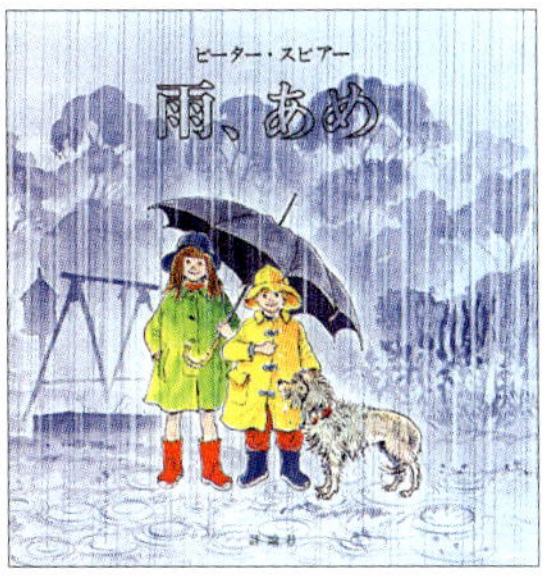

雨、あめ

大雨の中で雨粒に光るクモの巣を見つめる子ども達の表情、勢い良く流れる水にピチャピチャと足をつける。そしてたっぷり楽しんだ後の入浴。歓声と表情から子どもの気持ちがわかり、いろいろな音が聞こえてきます。

●ピーター・スピアー　●評論社　●1984

棚田を歩けば

青い空に緑の棚田は雄大で美しく心が洗われます。棚田には小さな生き物がたくさんいます。ベトナムやイラン、マダガスカルにも棚田があります。

●青柳健二(文・写真)
●福音館書店　●2007

にじ

空にきれいな七色の虹。見る角度によって見え方がちがう。噴水やホースの水しぶきが太陽にあたるとどこでも虹を作ることができます。

●さくらいじゅんじ(文)
●いせひでこ(絵)
●福音館書店　●1992

◆―――すばらしい　**大自然の変化とかがく**―――◆

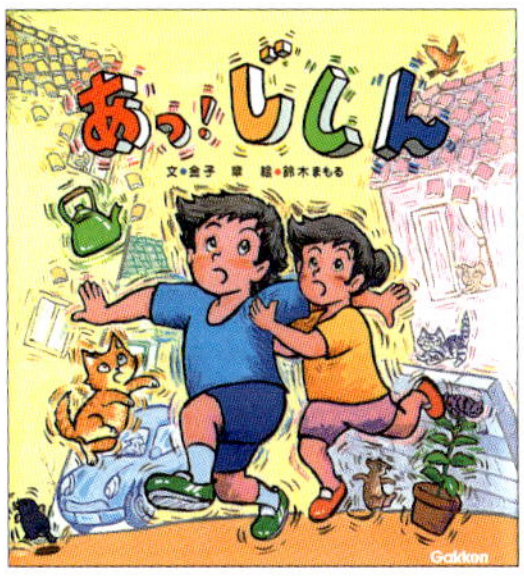

あっ！じしん

地震はとても恐ろしい災害です。地震はなぜ起こるのか？その時どうすればよいのか？子どもなりに理解できます。

●金子章(文)
●鈴木まもる(絵)
●Gakken　●2004

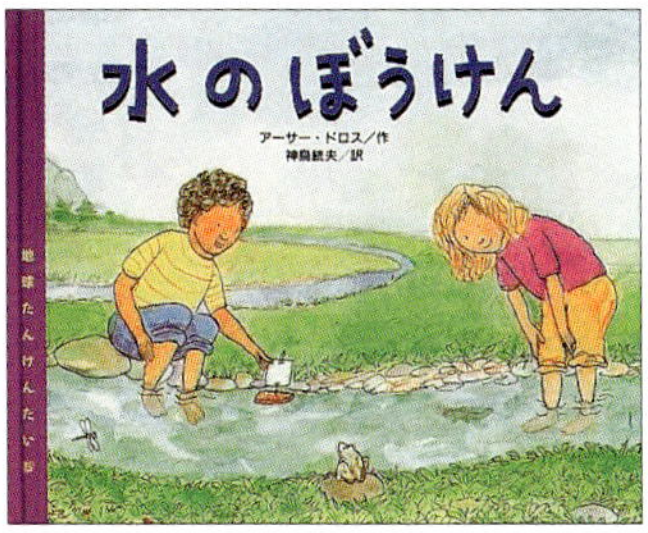

水のぼうけん

水はどこで生まれてどこへ流れて行くのか。読み手が水になって、その冒険に参加しているような視点で描かれています。日本の川と少し違う景色も面白い。

●アーサー・ドロス(作)
●神鳥統夫(訳)
●リブリオ出版　●2002

杉山きょうだいの
　しゃぼんだまとあそぼう

大きなしゃぼん玉、小さなしゃぼん玉。子どもはしゃぼん玉が大好き。もっと大きなしゃぼん玉が作りたいな！

●杉山弘之(文)　●杉山輝行(絵)
●福音館書店　●1990

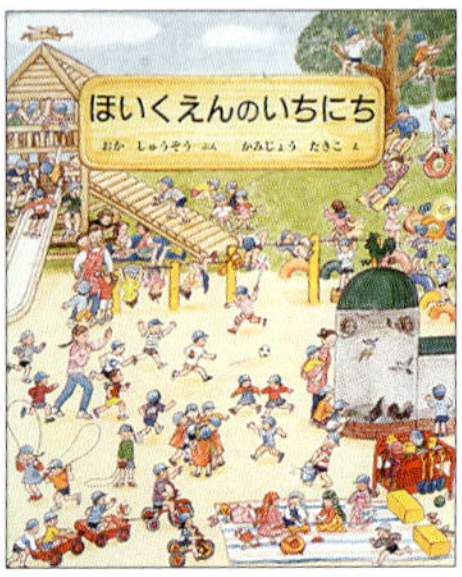

ほいくえんのいちにち

子ども達の元気な声で始まる保育園の１日の生活の流れが、温かく描かれています。子ども達が帰った後の静かな保育園。「またまたあした」…。

●おかしゅうぞう(文)
●かみじょうたきこ(絵)
●佼成出版社　●1995

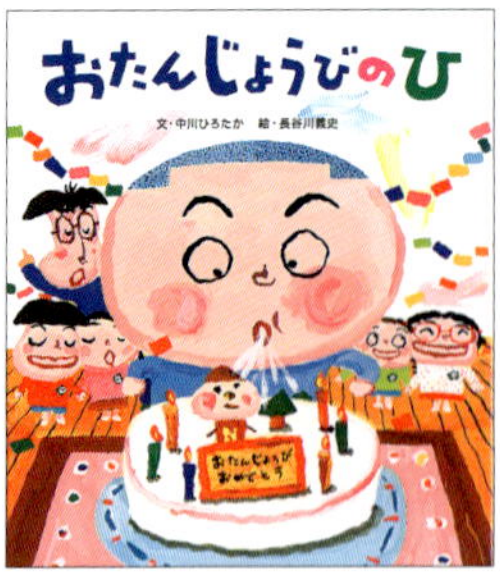

おたんじょうびのひ

誕生会の日、子ども達は生まれた日や、赤ちゃんのときの話を家で聞いてきます。ユーモラスな内容から、命のつながりや成長の喜びが温かく感じられる。

●中川ひろたか(文)
●長谷川義史(絵)
●朔北社　●2006

しんちゃんのはなび

花火大会に連れて行ってもらうしんちゃんの踊りたくなるような嬉しい気持ちが周りの大人にも広がります。夜空に満開の花火の迫力が感動的！

●新沢としひこ(文)
●あべ弘士(絵)
●童心社　●1998

14ひきのおつきみ

高い高い樹の上に集まった14匹のネズミの家族がお団子、クリ、ドングリも供えてお月見。「たくさんの実りをありがとう」と満月の光につつまれて祈る情景が美しく心にしみます。

●いわむらかずお
●童心社　●1988

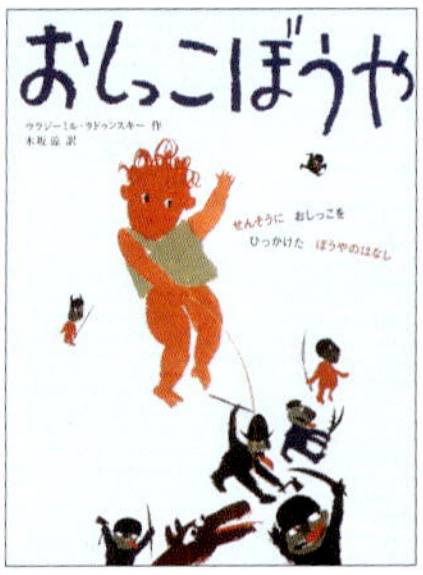

おしっこぼうや

「小便小僧」の銅像の由来を知っていますか。小さな坊やが戦争におしっこをひっかけ、大人達はバカバカしくなって戦争をやめました。痛快なお話の中に、戦争の愚かさを訴えている。

●ウラジーミル・ラドゥンスキー(作)
●木坂涼(訳)
●セーラー出版　●2003

ぐりとぐらの１ねんかん

大好きなぐりとぐらが１月から12月まで、季節の変化を楽しみながら園生活を積み重ねていく様子がよくわかります。

●なかがわりえこ(作)
●やまわきゆりこ(絵)
●福音館書店　●1995

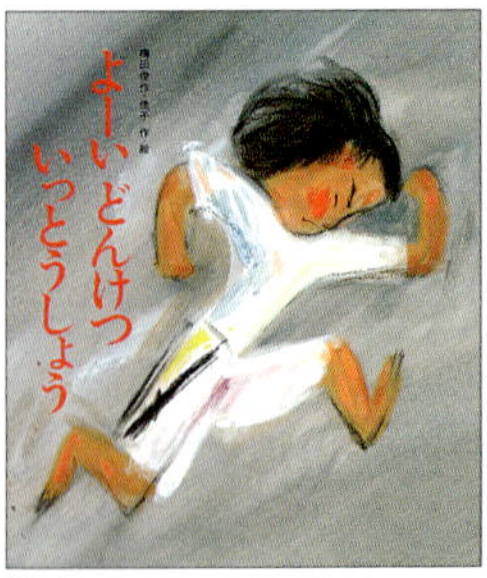

よーいどんけついっとうしょう

50ｍ走の前、緊張してオシッコに行ったとき、けがをして泣いている子の世話をしている間に僕の列はゴール…。僕は一人で走った。涙があふれる僕を先生は優しく励ましてくれた。

●梅田俊作・佳子(作・絵)
●岩崎書店　●1985

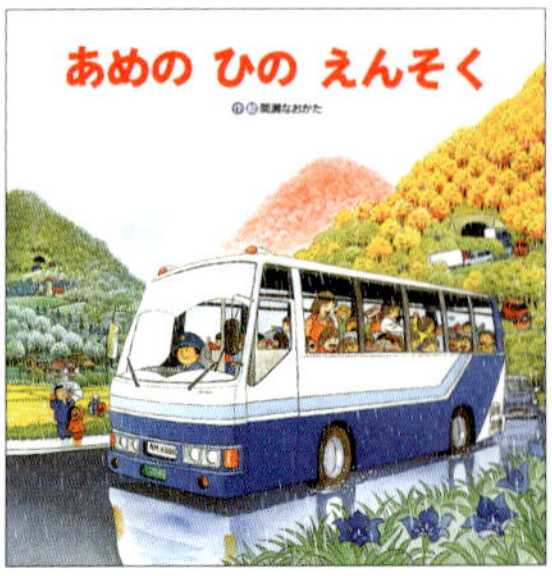

あめの ひの えんそく

楽しみにしていた遠足、雨の中を子ども達の気持ちを乗せてバスは走ります。ブドウ山に着くころ、雨は上がって虹が…。ページをめくるたびに変わる景色と仕掛けにワクワクします。

●間瀬なおかた
●ひさかたチャイルド
●2003

一年生になるんだもん

来年一年生になるさっちゃんが、入学式を心待ちにする様子が細やかに描かれています。入学前健診に行く頃、小学校の話をしながら嬉しそうに読んでいます。

●角野栄子(文)
●大島妙子(絵)
●文化出版局　●1997

第２章
保育課題絵本の解説・ガイド・リスト
絵本を探すときに便利で役立つ

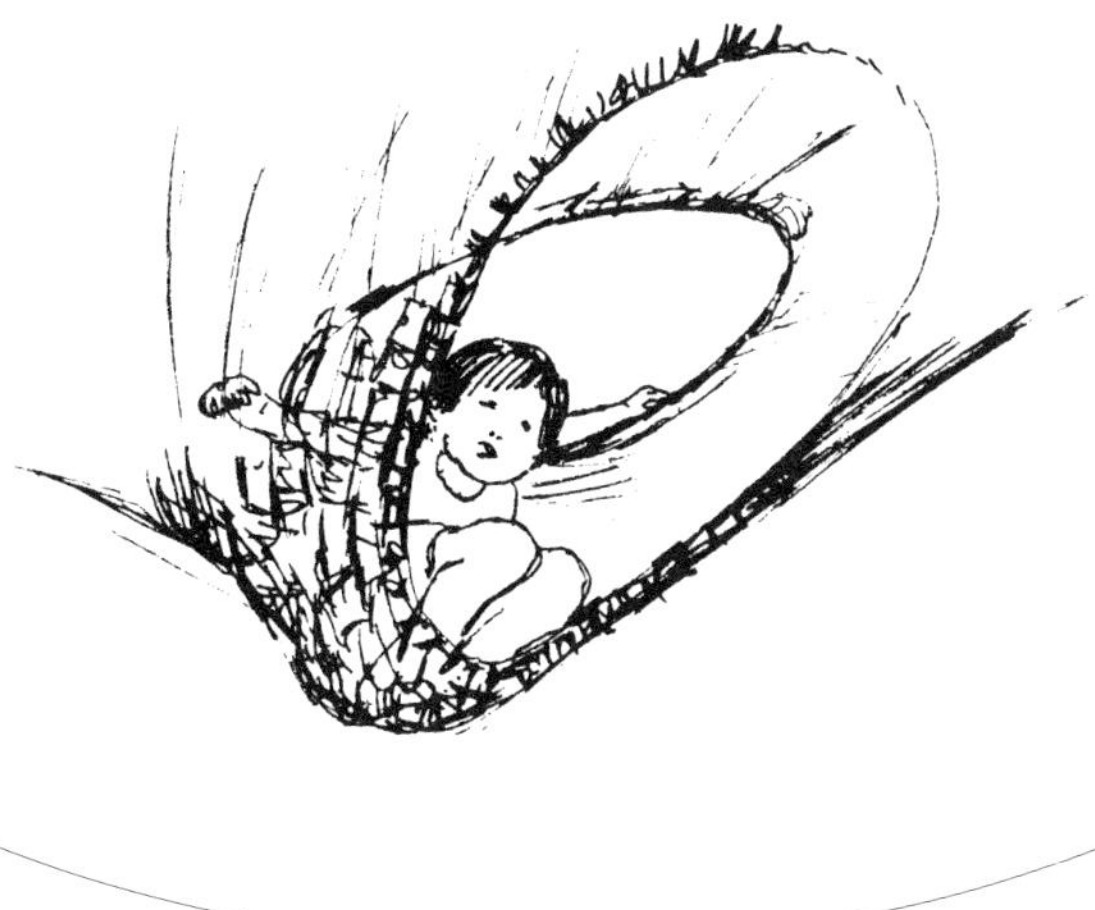

それぞれの保育課題がよくわかる解説
白黒の絵本ガイドが８～９冊
50冊の絵本は、どれも素晴らしい

(1) 子どもがはじめて出会う絵本—5か月〜15か月頃

「赤ちゃん絵本」は、年間百冊以上の新刊絵本が出版されています。書店のコーナーには、たくさんのきれいな表紙の絵本が並んでいます。まだ、言葉も話せない赤ちゃんに、「絵本を読み聞かせてあげましょう」と言われるのは、なぜでしょう。それは、赤ちゃんが絵本を見るのが好きだからです。親しい大人に優しく語りかけてもらうのが快いのです。保健所で実施している「乳児健診」で、三か月の赤ちゃんが、『**ぴょーん**』(1-42)のカエルが跳ぶ場面を見ながら、読み手の声をじーっと聞いている姿に出会うと、面白い刺激であることがわかります。絵本の読み聞かせは、何か月からでも良いのですが、認知の始まる五・六か月頃が適当と考えます。「子どもが初めて出会う絵本」を一歳三か月頃までと捉え、親しい大人(主に母親や保育士)が優しい声で読み聞かせたいと思う絵本を五十冊選びました。もちろん、これらの絵本は、〇・一・二歳児も、幼児になっても大好きな絵本です。大人が見ても楽しくて、優しい、とても穏やかな気持ちになる「宝物」なのです。

声に出すといきいき弾む「オノマトペ」(擬音・擬態語)

「ワンワン」「にゃー、にゃー」「ブーブー」「ジャージャー」などの生活の中で聞く擬音や擬態語をオノマトペと言います。赤ちゃん絵本は、ほとんどこのオノマトペが使ってあります。一章のカラーページに紹介している『**もこ　もこもこ**』(1-47)は、乳児が大好きな絵本です。何もない場面は「しーん」、「もこ　もこ」と膨らんできて、玉が「ぽろり」と落ちます。読む人や声の調子で雰囲気が変わり、

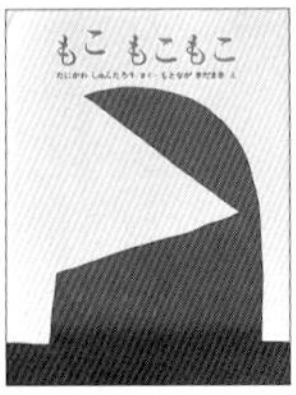

子どもは「アーアー、ウーウ」と体を揺すって喜びます。保育者も嬉しくなり、「そんなに面白いの?」「では、もう一回ね」と読み聞かせの楽しみは続いていきます。

小さな赤い玉が「コロコロコロ」と転がっていく『**ころころころ**』(1-22)や、『**ごぶごぶ　ごぼごぼ**』(1-21)も、乳児の大好きなオノマトペ絵本です。

『いないいないばあ』絵本、大好き

最初に出会う絵本は、何と言っても『いないいないばあ』絵本です。それも、松谷みよ子の『**いないいないばあ**』(1-3)が最適だと言われます。「くまちゃんが、ほらね、いないいない」「ばあ」で始まる優しい語り口と素朴な絵に惹かれていきます。《S赤ちゃん文庫》では、毎回、最初の一冊は松谷の『いないいないばあ』です。その次に、本日の予定の本を二冊くらい読み聞かせをします。一年間それが続きますが、大人も子どもも期待して毎回楽しむそうです。

以前、私達の絵本研究会で『いないいないばあ』絵本の調査をしたことがあります。それまでに出版された本は約六十九冊もあり、現在購入可能な本は、二十六冊ありました。その中には『いないいないばあ』絵本として適切とは思えないものもあります。〇・一・二歳児のための『いないいないばあ』絵本は、(1)と(2)のリストに四冊あります。乳児も幼児の絵本も、読み手の大人が感動できる「ぜひ、子どもと一緒に読みたい」と思う絵本を選び、楽しい絵本の世界を共有したいものです。

赤ちゃんは大好きな大人と一緒に安心して動物を見たいの

〇〜二歳児は、ネコやウサギなどの小さくて静かに動く動物を好みま

す。動物園でも、激しく動くサルやトラ、ライオンなどは怖がります。

赤ちゃんの絵本には、イヌ、ネコ、ヒヨコなどを題材とした絵本が多くみられます。**『ひよこ』**（1-40）の中で、ヒヨコがヨチヨチ歩く様子は愛らしく、三歳児も大好きな絵本です。

最近では、実際のヒヨコを見る機会はなかなか得られませんが、玩具のヒヨコや入浴用浮き玩具のアヒルを知っているので親しみを持つようです。

イヌやネコの絵本は、(1)と(2)のリストにたくさん選びました。子どもが喜ぶなら、(1)、(2)のどの本でも、年齢にこだわらずに読み聞かせても良いのです。

くだものやお菓子の絵本が好き

乳児は食べ物の絵本が大好きです。**『おたんじょうび』**（1-9）は、お菓子やくだものが自動車に乗ってやってくる小型絵本です。子どもが「マンマ、バーバー」と大喜びするのを、新人保育者が「何でそんなに嬉しいの?」と驚き、翌日は、この絵本と別の絵本を二冊見せて「どっち見る?」と尋ねると、〇歳児が『おたんじょうび』の方を見て「あー」と意思表示をしたそうです。それから毎日、飽きることなく、同じ本を読み聞かせました。字のない絵本なので、言葉を変えたり「次は何かな?」とパッと開いたりして工夫して楽しみます。

平山和子の**『くだもの』**（1-15）や**『やさい』**（1-48）は、写実的な優しい絵です。子どもの好きな場面は、皮をむいてフォークに刺したリンゴを「はい、どうぞ」と差し出す場面で、子どもが真似をして手を差し出すのです。たった十か月の子どもが親しい大人とのやりとりを喜ぶという育ちの姿を確かめることができます。

絵本の読み聞かせで理解したことを表現する

子どもがむずかるので、機嫌直しに外に連れ出すと、ちょうど満月でした。「あら、お月さんが出ているよ」とママが言うと、抱っこされた子どもは地面に下りると言い、月に向かって何度も頭を下げたのです。ママはすぐに、**『おつきさまこんばんは』**（1-10）の挨拶をしているのだとわかり、子どもが絵本の内容を覚えていることに感動して胸が熱くなったそうです。

『くつくつあるけ』（1-17）では、まだ歩けない子どもが、片足を上げたり、靴トントンの真似をしたりすることで、足や靴を理解していきます。**『とっとことっとこ』**（1-32）では、「トット、トット」と喜んで言います。

地域図書館の貸出しを利用し、乳児の絵本環境を整える

数年前、保育所における「三歳未満児の絵本の読み聞かせ」の実態調査をしました。三歳未満児のための絵本の種類が少ないことは驚きでした。理由の一つに、予算が少ないため、乳児の絵本はあまり買えない。次に保育者自身が、〇・一・二歳児向きの絵本としてどのような絵本があるのか知らないので、現在、保育室にある絵本を読み聞かせている。また、養成校において「三歳未満児の絵本」について学習していない人が多いことも確かめられました。最近の地域図書館には、三歳未満児向きの絵本がたくさんあります。貸出しを利用して絵本環境を豊かにしたいものです。

（福岡貞子）

ママだいすき

巣に戻ってきた親鳥に「アッママだ」とひな鳥が喜ぶ。子ネコはママにペロペロなめられて嬉しそう。ましませつこの深みのある美しい絵が素敵。

●まど・みちお(文)
●ましませつこ(絵)
●こぐま社　●2002

ぴょーん

２拍子で進む縦開きの小型絵本。「カエルがぴょーん！」「イヌはぴよよよ〜ん」と跳びます。０歳児はじっと見つめ、１・２歳児は真似してぴょん！

●まつおかたつひで
●ポプラ社　●2000

ちいさなねこ

こねこがじっとこちらを見たり、走ったり、驚いて逃げたりするしぐさが可愛くて思わず微笑んでしまう。46年も前に出版されたロングセラー絵本。

●石井桃子(作)
●横内襄(絵)
●福音館書店　●1963

◆――やさしい動物が大好き――◆

りんご

リンゴが３つ、絵の場面も３回のくり返し、最初はリンゴだけ、次に家族が出てきて、最後はママとおにいちゃんと３人でリンゴを仲良く食べる。

●松野正子(文)
●鎌田暢子(絵)
●童心社　●1984

やさい

写実的なきれいな絵が魅力的。「これ、トマト」「キュウリ」とゆっくり発音して語りかけたいものです。小型版の１頁に一つの絵がよくわかる。

●さとうゆみ
●構造社出版　●2003

くだもの・やさい

乳児が知っているくだもの・やさいが小型版の１頁に一つ。黄色い皮のバナナ、サクランボは二つ、みどりのながーいキュウリなど、美しい絵です。

●桑原伸之
●小峰書店　●1999

◆――くだものややさいの名前を聞いて知りたいの――◆

おつきさまこんばんは

夜になって、お月さまが出て「こんばんは」。ダメダメ雲さんこないで！アー、よかった。左頁に言葉、右頁に絵があり、子どもが見やすい。

●林明子
●福音館書店　●1986

とっとこ　とっとこ

ネコが靴はいて、トットコトットコ。ヘビが靴はいてトートコ、トートコ。タコが靴はいてトット、トット、トット。言葉のリズムが軽妙で快い。

●まついのりこ
●童心社　●2003

くつくつあるけ

赤ちゃんは靴やスリッパが大好き。可愛いベビーシューズだけがパタパタと散歩です。トントントンして靴履いて、パタパタ、ピョーンと跳ぶの。

●林明子
●福音館書店　●1986

◆――簡単なストーリーやくり返し言葉を喜ぶ――◆

番号	絵本名	文、絵（訳）	出版社	初版年
1	あーんあん	せなけいこ	福音館書店	1969
2	いただきまあす	渡辺茂男、大友康夫	福音館書店	1980
3	いない　いない　ばあ	松谷みよ子、瀬川康男	童心社	1967
4	いない　いない　ばあ	中川ひろたか、村上康成	ひかりのくに	2003
5	いないいないばー Peek-a-boo	なかえよしを、上野紀子	ポプラ社	2003
6	いぬがいっぱい	グレース・スカール、やぶきみちこ(訳)	福音館書店	1986
7	いやだいやだ	せなけいこ	福音館書店	1969
8	おはよう	なかがわりえこ、やまわきゆりこ	グランまま社	1986
9	おたんじょうび	まついのりこ	偕成社	1974
10	おつきさまこんばんは	林明子	福音館書店	1986
11	おっぱい	みやにしたつや	すずき出版	1990
12	おててがでたよ	林　明子	福音館書店	1986
13	おんなじおんなじ	多田ひろし	こぐま社	1968
14	がたんごとん　がたんごとん	安西水丸	福音館書店	1987
15	くだもの	平山和子	福音館書店	1981
16	くだもの・やさい	桑原伸之	小峰書店	1999
17	くつくつあるけ	林明子	福音館書店	1986
18	こいぬ	こわせたまみ、落合光昭(写真)	フレーベル館	2005
19	こちょ　こちょ	なかえよしを、上野紀子	ポプラ社	2003
20	このおててだあれ？	村松邦彦、みずさきまなみ	主婦の友社	2003
21	ごぶごぶ　ごぼごぼ	駒形克己	福音館書店	1997
22	ころころころ	元永定正	福音館書店	1982
23	じどうしゃ	寺島龍一	福音館書店	1966
24	じゃあじゃあびりびり	まついのりこ	偕成社	1983
25	ずかん・じどうしゃ	山本忠敬	福音館書店	1977
26	だあれかな	La ZOO、あらかわしずえ	学習研究社	2002
27	だっこして	にしまきかやこ	こぐま社	1995
28	ちいさなねこ	石井桃子、横内襄	福音館書店	1963
29	どうぶつ	桑原信之	小峰書店	1998
30	どうぶつのおかあさん	小森厚、藪内正幸	福音館書店	1977
31	どうぶつのこどもたち	小森厚、藪内正幸	福音館書店	1982
32	とっとこ　とっとこ	まついのりこ	童心社	2003
33	ととけっこうよがあけた	こばやしえみこ(案)、ましませつこ	こぐま社	2005
34	ともだち	ヘレン・オクセンバリー	文化出版局	1981
35	にんじん	せなけいこ	福音館書店	1969
36	ねこがいっぱい	グレース・スカール、やぶきみちこ(訳)	福音館書店	1986
37	のりもの　いっぱい	柳原良平	こぐま社	2003
38	ばい　ばい	まついのりこ	偕成社	1983
39	ひとつ・ふたつ・みっつ	とだこうしろう	戸田デザイン研究室	1998
40	ひよこ	中川ひろたか、平田利之	金の星社	2008
41	ぴよぴよぴよ	平野剛	福音館書店	1987
42	ぴょーん	まつおかたつひで	ポプラ社	2000
43	ぶーぶーじどうしゃ	山本忠敬	福音館書店	1998
44	ブルーナの0歳からの本2　たべもの　おもちゃ	ディック・ブルーナ、福沢周亮(指導)	講談社	1959
45	ブルーナの0歳からの本3　どうぶつⅠ　どうぶつⅡ	ディック・ブルーナ、福沢周亮(指導)	講談社	1962
46	ママだいすき	まど・みちお、ましませつこ	こぐま社	2002
47	もこ　もこもこ	たにかわしゅんたろう、もとながさだまさ	文研出版	1977
48	やさい	さとうゆみ	構造社出版	2003
49	やさいだいすき	柳原良平	こぐま社	2004
50	りんご	松野正子、鎌田暢子	童心社	1984

⑵ 一・二歳児の絵本

四月には、一歳児だった子どもも二歳になり、どんどん成長をしていきます。絵本に記されている年齢は、だいたいの目安として考えましょう。子どもによっては、幼児の絵本に興味を持ったり、幼児でも「あかちゃん絵本」が大好きという子どもも見られます。

その意味で、「一・二歳児の絵本リスト」は、⑴のリストの続きであり、どちらの年齢にも活用できる本と考えてください。とりわけ、動物絵本、たべもの絵本、のりもの絵本は、どの本も三歳未満児の大好きな絵本です。

自分でしたいけど、まだうまくできないの

一歳になり歩行が始まると、自分からくつ下を脱いだり、パンツを下ろしたりするようになります。生活習慣の自立は、三歳頃ですが、一歳児の「自分でやりたい」気持ちを受けとめます。『**はけたよはけたよ**』（⑵-10）など、『**みんなうんち**』（⑵-41）や、『**うんちがぽとん**』（⑵-47）、の絵本を見ることで、自分と同じという親しみを持つことができるでしょう。

赤ちゃんにも、美しい写真絵本の動物や自然に触れさせたい

親しい大人の膝の上で安心して絵本を読んでもらうことが、子どもの最高の幸せです。『**こんにちは どうぶつたち**』（⑵-25）は、動物の顔だけをアップにしたユニークな発想の絵本です。不思議なことにどれも優しい眼差しの写真です。カメラマンがよほど動物と親しくなって撮影したものなのでしょう。こんな写真が撮れることが驚きです。

『**はるにれ**』（⑵-45）は、ハルニレの美しい四季の変化を見開き頁に構成した写真絵本です。子どもに「これ、きれいねー」「大きいねー」と大人自身が感動した場面を、優しく語りかけることで、その美しさが伝わっていきます。

『はるにれ』より

たかののりこの『**いないいないばあ こいぬのえほん**』（⑵-7）は、写真の『いないいないばあ』絵本です。

くり返しや簡単なストーリーの絵本も大好き

二歳半になると、ストーリーのある絵本を「よんでー」と保育者のところへ持ってくるようになります。有名なロングセラーの『**ぐりとぐら**』（⑵-21）は、「ぐりぐら、ぐりぐら」のくり返し言葉にメロディを付けて喜んで歌います。また、『**おおきなかぶ**』（⑵-12）も好きな本の一つで、みんなでカブを引き抜く「うんとこしょ、どっこいしょ」の二拍子の掛け声を、待ってましたとばかりに言います。『**しろくまちゃんのほっとけーき**』（⑵-28）では、「ぽたーん、どろどろ、ぴちぴち」と混ぜる音、焼き上がる音を楽しそうに口にします。砂場でケーキを作っている時にも、友達と一緒に節をつけて口ずさんでいます。

さらに、友達を次々と背中に乗せて散歩に出かける『**ぞうくんのさんぽ**』（⑵-30）や、てぶくろの家に友達を入れてあげる『**てぶくろ**』（⑵-34）のような絵本は、二歳半を過ぎて友達との遊びを強く求めるようになると、「よんでー」と言います。登場人物が仲間に入れてもらう場面

(2) 一・二歳児の絵本

で、子どもは「ほっと」した表情になります。

子どもにより、絵本の興味は個人差があります。きょうだいのいる子どもは、幼児の絵本に興味を持ち、その絵本が大好きになります。絵本は、基本的に、大人と子どもが一対一で読み聞かせを楽しむものです。二十〜三十人もの集団を対象にして読み聞かせるものではないのです。二歳、三歳児の子どもの個人差に配慮し、たった一人の子どもの要求に応える努力をすることも大切です。

絵本を読んでもらうときは、終わるまで保育者を独占できる

一・二歳児が大人に「これ、よんで」と絵本を持ってくるときは、絵本を読んで欲しい気持ちの他に、「大人（保育者）を独占したい」という欲求も見られます。絵本を読み終わるまでは、保育者を一人占めできることを知っているのです。A子の求めに応じて、『**ぐりとぐら**』（2－21）を読んでいるとすぐ後ろに、D子が同じ絵本を持ち立っています。保育者が「Dちゃん、今、ぐりとぐらを読んでいるから、違う絵本を持ってきたら…」と声をかけても、「いいのー」と聞き入れません。子どもの気持ちは、自分の好きな絵本を保育者を独占して、読んで欲しいのであり、友達が選んだ本は、友達の絵本だからだめなのです。

このような自己中心的思考は、保育者を独占したい欲求を持つ、二・三歳児の特性であり、四・五歳児になると別の絵本を選んできます。また、片付け、昼食などの次の活動予定を見通すことができる五歳児は、「せんせい、もっとよんでくれる？」と尋ねたり、「もう、あれでおわりやー」とわかっていると言わんばかりです。

うた遊びやわらべ唄遊びを、楽しみましょう

二歳・三歳児は、歌ったり、踊ったりが大好きです。絵本の読み聞かせをしている最中でも、登場人物の真似をしたり、踊り出したりするのです。お腹が空いたり、疲れて眠くなったりすると機嫌が悪くなり、ぶつかり合いが増えます。

ちょっとした暇を見つけて、唄遊びやわらべ唄遊び、絵描き歌遊びをしたいものです。『**あっちゃんあがつく　たべものあいうえお**』（2－5）は、「(9)ことば・もじ・かず」のリストにも入っています。二歳から小学生まで人気のある遊び歌です。♪あっちゃんあがつくアイスクリーム。いっちゃんいがつくイチゴジャム♪全部食べ物ばかりの覚えやすい歌です。

『**うたえほん**』（2－9）には、一・二歳児が保育者と一緒に歌ったり、歌ってもらうのを聞いて楽しむ歌がたくさんあります。「ぞうさん」「ゆりかごのうた」「どんぐりころころ」「かわいいかくれんぼ」など昔から歌い継がれてきた歌ばかりです。

二・三歳児は新しい絵本も大好き、他のリストで絵本を探す

子どもの好きな絵本は、興味の個人差、きょうだい関係などの育ちの環境も影響を受けます。子どもが「ちがうほん、みたい」と求める時は、幼児のクラスから一時的に借りてきたり、地域図書館に出向き借り出して、絵本環境を整えたいものです。図書館の貸出はおおむね二週間ですが、再び手続きをすれば一か月ほど借りることができます。「(10)しぜん・かがく」に関する絵本のリストには、三歳未満児にも見せたい、雄大で感動的な景色、有名な動物画家の素晴しい躍動的な動物や虫の絵本がたくさんあります。

（福岡貞子）

たまごのあかちゃん

たまごの中でかくれんぼしているのだーれ。ヒヨコはピッピッピッ。カメはヨチヨチ。ヘビはニョロニョロ。おどけた絵が面白い。

●かんざわとしこ(文)
●やぎゅうげんいちろう(絵)
●福音館書店　●1987

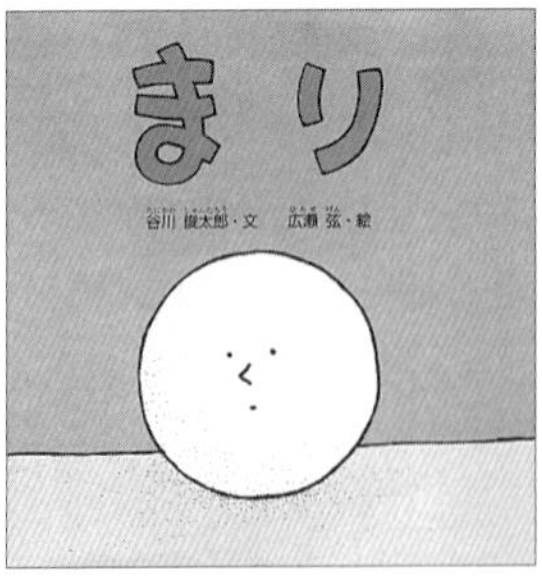

まり

子どもの大好きなまりがコロコロと転がり、ポンポンと弾み、バシッ、ヒューン、コトンと落ちた。ブクブクブク、プカと浮いて…、もとのまり。

●谷川俊太郎(文)
●広瀬弦(絵)
●クレヨンハウス　●2003

たんたんぼうや

たんたんぼうやが歩けば、たんたん。ぴょんぴょんウサギがぴょーんと跳んだ。目や口を太い線で描いたシンプルな絵のリズム感が快い。

●かんざわとしこ(文)
●やぎゅうげんいちろう(絵)
●福音館書店　●1995

◆——オノマトペ（擬音語・擬態語）やくり返し言葉が大好き——◆

あっちゃんあがつく

あっちゃんあがつく、アイスクリーム。いっちゃんいがつくイチゴジャム。子どもの好きな場面を選んで、リズミカルに歌って楽しみましょう。

●みねよう(原案)
●さいとうしのぶ(絵)
●リーブル　●2001

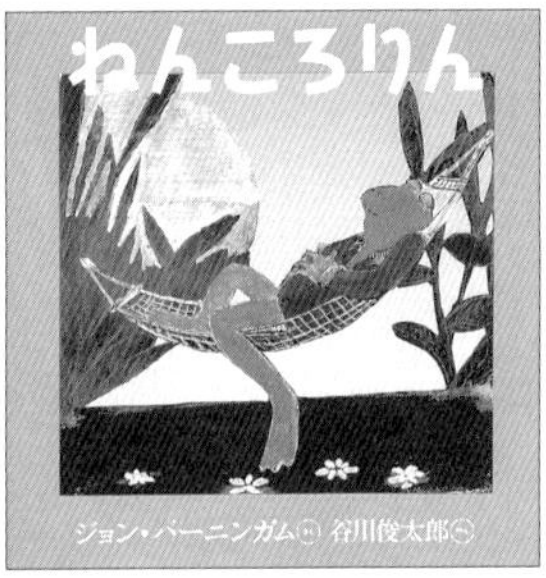

ねんころりん

ネコの親子、カエルなどがそれぞれお気に入りの寝床を見つけてすやすや、ぐうぐう。ジョン・バーニンガムの絵に、谷川俊太郎の日本語訳がぴったり。

●ジョン・バーニンガム
●谷川俊太郎(訳)
●ほるぷ出版　●2001

うたえほん

ぞうさん、ゆりかごのうた、むすんでひらいて、など親しまれてきた童謡が楽譜付きで26曲。優しい絵を見ながら毎日歌うと大好きになります。

●つちだよしはる(絵)。
●グランまま社　●1988

◆——うた遊びも赤ちゃんのときから、一緒に楽しみましょう——◆

はなちゃんおふろ

お父さんとお風呂に入ったら、石鹸がお湯の中に飛び込んで、父さんとのお風呂は大好き。「いち、にー、さんぽのゴリラのロケット…」。

●中川ひろたか(文)
●長新太(絵)
●主婦の友社　●2005

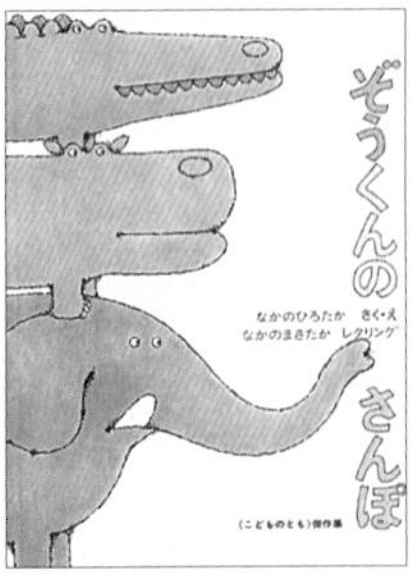

ぞうくんのさんぽ

散歩に出かけたゾウは、「のせて」「いいよ」と背中に友達を次々に乗せます。みんなで池にドボーンと落ちて…。

●なかのひろたか(作・絵)
●なかのまさたか(レタリング)
●福音館書店　●1968

おとうさんあそぼう

お父さんに「たかい、たかい」してもらった。次は「かたぐるま」スルッと下りて「おんぶ」だ。クマの子の喜ぶ顔に大人も子どももほっとします。

●わたなべしげお(文)
●おおともやすお(絵)
●福音館書店　●1984

◆——簡単なストーリーがわかり、「よんで！」と言う——◆

番号	絵　本　名	文、絵（訳）	出版社	初版年
1	あおくんときいろちゃん	レオ・レオーニ、藤田圭雄（訳）	至光社	1967
2	あか　あお　きいろ	タナ・ホーバン	グランまま社	2005
3	あかちゃん	五味太郎	絵本館	1980
4	あかちゃんのいちにち	ながおひろすけ	PHP 研究所	2003
5	あっちゃんあがつく たべものあいうえお	みねよう（原案）、さいとうしのぶ	リーブル	2001
6	いちご	平山和子	福音館書店	1989
7	いないいないばあ こいぬのえほん	たかののりこ	講談社	2001
8	い　ぬ	ジョン・バーニンガム、谷川俊太郎（訳）	冨山房	1985
9	うたえほん	つちだよしはる	グランまま社	1988
10	うんちがぽとん	アロナ・フランケル、さくまゆみこ（訳）	アリス館	1982
11	おいしいおとなあに？	さいとうしのぶ	あかね書房	2002
12	おおきなかぶ	ロシア民話、トルストイ（再話）、内田莉莎子（訳）、佐藤忠良（画）	福音館書店	1962
13	おとうさん　あそぼう	わたなべしげお、おおともやすお	福音館書店	1984
14	おにぎり	平山英三、平山和子	福音館書店	1992
15	おやすみなさいコッコさん	片山健	福音館書店	1982
16	かさ さしてあげるね	はせがわせつこ、にしまきかやこ	福音館書店	1995
17	がたごと　なにかな？	正高信男、あきやまただし	すずき出版	2004
18	ぎゅっ	ジェズ・オールバラ	徳間書店	2000
19	きんぎょがにげた	五味太郎	福音館書店	1982
20	くっついた	三浦太郎	こぐま社	2005
21	ぐりとぐら	なかがわりえこ、おおむらゆりこ	福音館書店	1963
22	ごあいさつあそび	きむらゆういち	偕成社	1988
23	ごちそう	みやざきひろかず、たかてらかよ	ひかりのくに	2004
24	これなあに	いもとようこ	講談社	1992
25	こんにちはどうぶつたち	とだきょうこ（案）、さとうあきら（写真）	福音館書店	1998
26	さあ　おでかけ	やまだうたこ	ブロンズ新社	2004
27	しっこっこ	西内ミナミ、和歌山静子	偕成社	1999
28	しろくまちゃんのほっとけーき	わかやまけん	こぐま社	1972
29	すてきなぱんつ	ひろかわさえこ	アリス館	2001
30	ぞうくんのさんぽ	なかのひろたか、なかのまさたか（レタリング）	福音館書店	1968
31	たまごのあかちゃん	かんざわとしこ、やぎゅうげんいちろう	福音館書店	1987
32	ちいちゃんのさんぽ	しみずみちを	ほるぷ出版	1975
33	たんたんぼうや	かんざわとしこ、やぎゅうげんいちろう	福音館書店	1995
34	てぶくろ	ウクライナ民話、エウゲーニ・M・ラチョフ（絵）、うちだりさこ（訳）	福音館書店	1965
35	どろんこ　どろんこ！	渡辺茂男、大友康夫	福音館書店	1981
36	ねぇ　だっこして	竹下文子、田中清代	金の星社	2004
37	ねこねこ　こねこ	ブルノー・ホルスト・ブル、ヤヌーシ・グラビアンスキー、前川康男（訳）	偕成社	1969
38	ねんころりん	ジョン・バーニンガム、谷川俊太郎（訳）	ほるぷ出版	2001
39	ねんね	さえぐさひろこ	アリス館	2004
40	のせてのせて	松谷みよ子、東光寺啓	童心社	1969
41	はけたよはけたよ	かんざわとしこ、にしまきかやこ	偕成社	1970
42	はなちゃんおふろ	中川ひろたか、長新太	主婦の友社	2005
43	はらぺこあおむし	エリック・カール、もりひさし（訳）	偕成社	1976
44	はねはねはねちゃん	なかがわりえこ、やまわきゆりこ	福音館書店	1995
45	はるにれ	姉崎一馬（写真）	福音館書店	1981
46	ま　り	谷川俊太郎、広瀬弦	クレヨンハウス	2003
47	みんなうんち	五味太郎	福音館書店	1977
48	めのまどあけろ	谷川俊太郎、長新太	福音館書店	1984
49	もうおきるかな	まつのまさこ、薮内正幸	福音館書店	1996
50	もけら　もけら	山下洋輔、元永定正、中辻悦子（構成）	福音館書店	1977

⑶「いのち・からだ・びょうき」に関する絵本

「いのち・からだ・びょうき」にかかわることは、子どもの育ちにとって、きわめて重要なことです。子どもが病気にかかり体がだるくて苦しいとき、ひたすら母親を求め抱かれて安心します。眠いときや病気のときは、子どもが最も安心できる大人（主に母親）の傍を離れません。そのときに、大人にしてもらった優しい言葉かけや世話は快い体験としてよく覚えているのです。病気のこと、家族の入院など、「絵本の読み聞かせ」を通して、具体的イメージを持ち、「かわいそう」「いたい」などを共感することができます。

いのちの大切さ

「いのちの大切さは、命のあるものからしか学び取ることができない」というのは、大地保育の研究者塩川寿平の言葉です。子どもはイヌやネコなどとのかかわりを通して、命の大切さや自分の体のことを少しずつ理解するようになります。動物が恐がらないように、そーっと優しく抱き、「おいしいよ」と餌をやり、動物がそれを食べる様子を嬉しそうに見つめています。また、臭い小屋の掃除も、「アヒルさんのおうちをきれいにしてあげるよ」と可愛がっている動物を大切にして、進んで飼育小屋をきれいにしようとします。

最近の子どもを取り巻く生活環境は、動物を飼うことができなくなってきました。けれども、大好きな絵本の読み聞かせにより、命の大切さを理解したり、丈夫な体づくりのために何が必要なのかを考えて、手洗いや歯磨きの習慣が身につくようになります。

あかちゃんが生まれる

子どもは動物や赤ちゃんの絵本が大好きです。大人も気持ちが穏やかになり、自然に顔がほころびてきます。

二人目の出産前後には、なにかと上の子どもが不安定になることがあります。そんなときに『**あやちゃんのうまれたひ**』（3－5）を親子で一緒に読んでみましょう。この本は子どもの気持ちに寄り添い、自分が愛されていることがわかる温もりのある絵本です。

性のことをどのように話すか

四・五歳になると男女の体の違いや性について興味を持つようになります。「おっぱい」「おしり」などは体の中で目立つ部位です。子どもが興味を持ち、男と女の体の違いについて「どうして？」と質問されると、大人は戸惑ってしまいます。おとうさんやおじいちゃんと一緒に入浴したり、お互いの肌に触れたり、おむつ交換のときに当たりまえのこととして、男女の違いを知るようにすることが自然なよい方法です。

一九六五年頃から外国の〝性に関する絵本〟が日本でも出版されるようになりました。『ぼくどこからきたの？』（ピーター・メイル作、谷川俊太郎訳、河出書房新社、一九七四年）、『赤ちゃんはどこからくるの？』（S・M・グルエンベルグ作、村岡花子訳、あすなろ書房、一九七二年）などがあります。

従来、わが国では、幼児期には性に関することをあまりはっきりと教えない方がよいと考えられてきました。最近では、子どもが興味をもち疑問に思うことは、できるだけ科学的にわかりやすく話し、子どもが納得することが大切だと言われています。しかし、このテーマへの興味には個人差が見られ、クラス全員に読み聞かせをする必要はないと思います。

性にかかわる代表的な絵本としては、北沢杏子のシリーズがあり『**おとうさん**』(3-15)『**おかあさん**』(3-16)は幼児向きの絵本です。『おとうさん』の内容は、家族として父親が果たしている役割、家族が楽しく触れ合う様子の中で、子どもという新しい生命がどのようにして芽生えるのかを、科学的にさらりと説明しています。

明るくゆかいなパパとママの性の描写は、幼児にもわかりやすい「性教育」の絵本です。

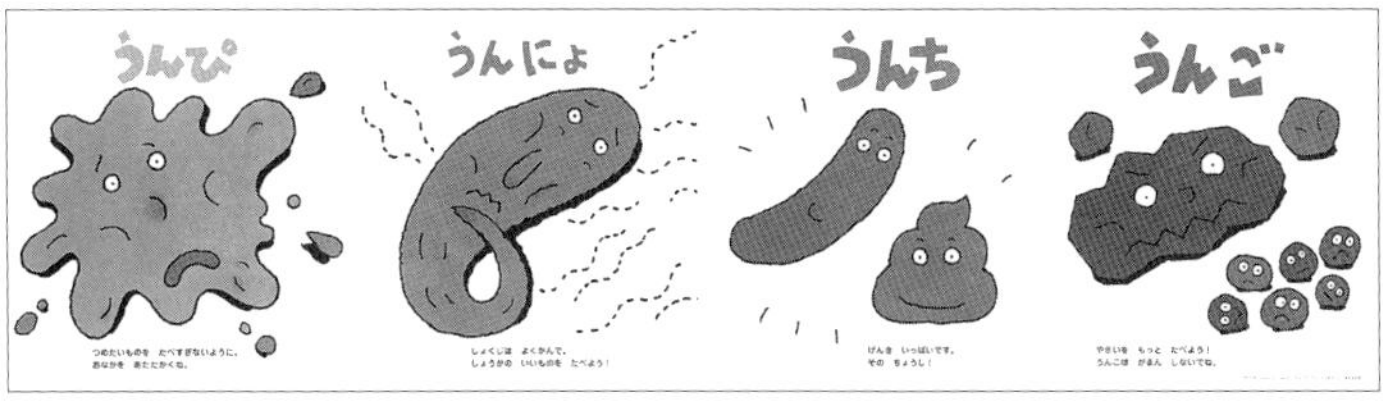

『うんこのえほん』付録、「うんこ」の種類

排泄のこと

今、「食育」指導が重要視されています。食べることと同様に日々健康な排便をする大切さを、ぜひ子どもに意識づけたいものです。

最近、小学校のトイレで排便するとからかわれたり、いじめられたりするため、学校で排便できない子どもが、授業の途中で家に帰ることが問題になっています。上の図は、「学校トイレ出前教室」のための指導書として使われている『**うんこのえほん—うんぴ、うんにょ、うんち、うんご**』(3-23)の付録です。

「ママ、今日はうんごだった」と子どもが言うと、母親は「そう、きっと野菜が不足しているのね」と答え、次の食事には野菜たっぷりの献立を考えます。本の内容はユーモラスな絵で見るものに不快感を与えずに日々健康な排便をすることの大切さを考えるようになります。

子どもは、「うんこ」「おっぱい」「おちんちん」などを声に出して、一度は言ってみたいと思っています。絵本の読み聞かせにより、日頃禁じられている「うんこ」を何度も口にできることで、気持ちが解放されて落ちついてきます。

『**うんこ日記**』(3-22)は、父親の出張の一週間の「うんこ絵日記」です。しょうへいはでっかい七段の絵日記を描きました。月曜日のうんこ、火曜日の、「うわっ、すごい！」子ども達はもう大興奮です。

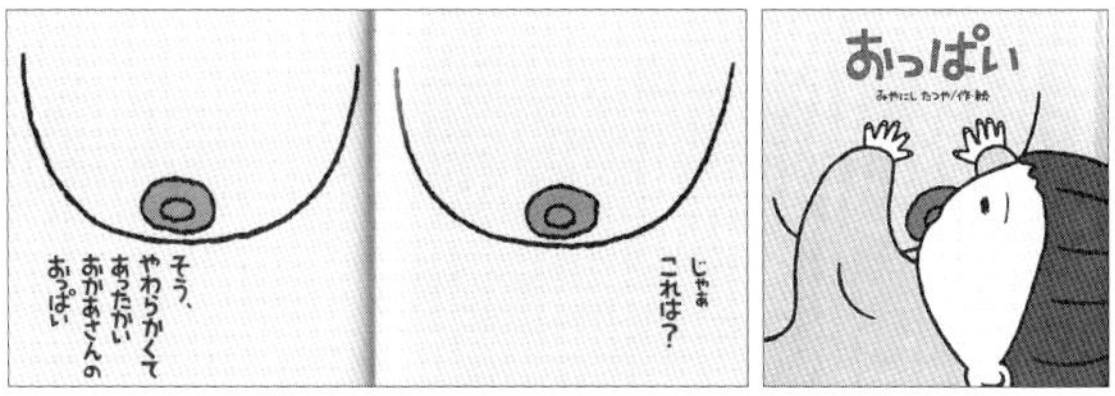

『おっぱい』より

おっぱいも、髪もからだ

子どもは、大好きな『**おっぱい**』(3-29)を見る時、二つのおっぱいの絵に顔をつけてニコッとします。おっぱいはやわらかくて、あったかい、ゾウのおっぱい、ネズミのおっぱい、人と同じ形のゴリラのおっぱい。みんなおっぱいを飲んで大きくなります。

『**まあちゃんのながいかみ**』(3-40)では、長い髪自慢の友達の前で、短いおかっぱ頭のまあちゃんが宣言します。「あたしなんかね、もっとずーとのばすんだから…。はしのうえからおさげをたらしてさかながつれるくらいよ」。女の子の多くは、髪の長い友達がとてもうらやましいのです。まあちゃんの気持ちがよくわかります。

(福岡貞子)

おっぱいのひみつ

赤ちゃんの大好きな、やわらかい母さんのおっぱい。父さんのおっぱいは大きくないのに、母さんのおっぱいは大きくて、おちちも出る。

●柳生弦一郎

●福音館書店　●1991

はははのはなし

丈夫な歯をつくるには何でも食べて元気に体を動かすことが大切。虫歯にならないように歯みがきすることも、丈夫な体をつくることになる。歯の大切な役割を子どもは生活の中で知っていくのです。

●加古里子

●福音館書店　●1970

こいぬがうまれるよ

出産直後のまだ、目も見えず耳も聞こえない子イヌ。おっぱいに吸い付くだけで精一杯。命の始まりを写真で語ります。

●ジョアンナ・コール(文)

●ジェローム・ウェクスラー(写真)

●つぼいいくみ(訳)

●福音館書店　●1982

おかあさん

赤ちゃんはどこからきたの？父さんにも母さんにも似ているのはなぜ？子どもの持つ素朴な疑問。伝えていかなくてはいけない命のつながりをわかりやすく教えてくれます。

●北沢杏子(文)　●今井弓子(絵)

●岩崎書店　●1985

うんちしたのはだれよ！

「ふっくらとしたソーセージ」のようなウンチを頭の上に落とされたモグラくんは犯人さがし…。疑われた動物たちは自慢のウンチを見せます。やっと犯人を見つけました。

●ヴェルナー・ホルツヴァルト(文)

●ヴォルフ・エールブルッフ(絵)

●関口裕昭(訳)　●偕成社　●1993

おにいちゃんがいてよかった

おにいちゃんを病気で亡くしてしまった女の子。一人ぼっちで留守番をする淋しい日もあったけれど、おにいちゃんは今でも大好き。おにいちゃんの好きなケーキで誕生日を祝います。

●細谷亮太(作)　●永井泰子(絵)

●岩崎書店　●2003

おじいちゃんの

ごくらく ごくらく

ゆうたくんの大好きなおじいちゃんは、お風呂に入ると必ず「ごくらくごくらく」と言います。この言葉は人を幸せにすると教えてくれたおじいちゃん。

●西本鶏介(文)　●長谷川義史(絵)

●すずき出版　●2006

げんきになるって！

―リサが びょういんへ いったとき

子どもが病気になり、入院したときの不安な気持ちと心のゆれ動きがよくわかります。検査をしたり、レントゲンをとったり。ママもパパも看護師さんもとっても優しいの。

●アン・フォッシュリンド(作･絵)

●菱木晃子(訳)　●岩崎書店　●1996

	番号	絵　本　名	文、絵（訳）	出版社	初版年
いのち	1	あかちゃんてね	星川ひろ子、星川治雄	小学館	2005
	2	赤ちゃんのはなし	マリー・ホール・エッツ、つぼいいくみ(訳)	福音館書店	1982
	3	あかちゃんのゆりかご	レベッカ・ボンド、さくまゆみこ（訳）	偕成社	2002
	4	あなたが うまれた ひ	デブラ・フレイジャー、井上荒野(訳)	福音館書店	1999
	5	あやちゃんのうまれたひ	浜田桂子	福音館書店	1984
	6	うちにあかちゃんがうまれるの	いとうえみこ、伊藤泰寛(写真)	ポプラ社	2004
	7	おかあさんがおかあさんになった日	長野ヒデ子	童心社	1993
	8	おじいちゃん	ジョン・バーニンガム、たにがわしゅんたろう(訳)	ほるぷ出版	1985
	9	おじいちゃんの ごくらく ごくらく	西本鶏介、長谷川義史	すずき出版	2006
	10	おたんじょうびのひ	中川ひろたか、長谷川義史	朔北社	2006
	11	おばあちゃん	大森真貴乃	ほるぷ出版	1987
	12	おへそのあな	長谷川義史	ＢＬ出版	2006
	13	かわいそうなぞう	つちやゆきお、たけべもといちろう	金の星社	1975
	14	こいぬがうまれるよ	ジョアンナ・コール(文)、ジェローム・ウェクスラー(写真)、つぼいいくみ(訳)	福音館書店	1982
	15	こころ からだ いのちのえほん おかあさん	北沢杏子、今井弓子	岩崎書店	1985
	16	こころ からだ いのちのえほん おとうさん	北沢杏子、井上正治	岩崎書店	1985
	17	ずーっと ずっと だいすきだよ	ハンス・ウィルヘルム、久山太市(訳)	評論社	1988
	18	つながってる！ いのちのまつり	草場一壽、平安座資尚	サンマーク出版	2007
	19	ぼくのいのち	細谷亮太、永井泰子	岩崎書店	1999
	20	レアの星－友だちの死	パトリック・ジルソン、クロード・K・デュボア、野坂悦子(訳)	くもん出版	2003
からだ	21	あしにょきにょき	深見春夫	岩崎書店	1980
	22	うんこ日記	村中李衣、川端誠	ＢＬ出版	2004
	23	うんこのえほん－うんぴ・うんにょ・うんち・うんご	村上八千世、せべまさゆき	ほるぷ出版	2000
	24	うんちがぽとん	アロナ・フランケル、さくまゆみこ(訳)	アリス館	1984
	25	うんちしたのはだれよ！	ヴェルナー・ホルツヴァルト、ヴォルフ・エールブルッフ、関口裕昭(訳)	偕成社	1993
	26	うんちっち	ステファニー・ブレイク、ふしみみさを(訳)	ＰＨＰ研究所	2005
	27	うんちのえほん	藤田紘一郎、上野直大	岩崎書店	2004
	28	おしり しりしり	長野ヒデ子、長谷川義史	佼成出版社	2007
	29	おっぱい	みやにしたつや	すずき出版	1990
	30	おっぱい おっぱい	わかやまけん	童心社	1983
	31	おっぱいのひみつ	柳生弦一郎	福音館書店	1991
	32	おへそまる	山崎朋絵、山崎克己	ビリケン出版	2002
	33	おへそに きいてごらん	七尾純、長谷川知子	あかね書房	1985
	34	からだのなかはどうなってるの？	せべまさゆき	金の星社	1994
	35	せかいのこどもたちのはなし はがぬけたらどうするの？	セルビー・ビーラー、ブライアン・カラス、こだまともこ(訳)	フレーベル館	1999
	36	ちのはなし	堀内誠一	福音館書店	1978
	37	でこちゃん	つちだのぶこ	ＰＨＰ研究所	2000
	38	はなのあなのはなし	やぎゅうげんいちろう	福音館書店	1981
	39	へそのお	中川ひろたか、石井聖岳	ＰＨＰ研究所	2004
	40	まあちゃんのながいかみ	たかどのほうこ	福音館書店	1995
	41	みんなうんち	五味太郎	福音館書店	1977
びょうき	42	あたしもびょうきに なりたいな！	F=ブランデンベルク、A=ブランデンベルク、ふくもとゆみこ(訳)	偕成社	1983
	43	おにいちゃんがいてよかった	細谷亮太、永井泰子	岩崎書店	2003
	44	元気になってね フェンディ	大塚敦子（写真・文）	小学館	2007
	45	げんきになるって！－リサがびょういんへいったとき	アン・フォッシュリンド、菱木晃子(訳)	岩崎書店	1996
	46	どうぶつえんの おいしゃさん	降矢洋子・増井光子（監修）	福音館書店	1977
	47	はははのはなし	加古里子	福音館書店	1970
	48	ほうたいだいすき	かさいりょう、たなかつねこ	草土文化	1982
	49	むしばはどうしてできるの？	小野芳明(監修)、せべまさゆき	金の星社	1994
	50	わにさんどきっ はいしゃさんどきっ	五味太郎	福音館書店	1984

(4)「おかあさん・おとうさん」に関する絵本

子どもにとって何より大きな存在である「おかあさん・おとうさん」。自分を丸ごと受けとめてくれる人、まなざし。子どもにとって、こんなにホッとして安心できるところは他にないでしょう。愛しみながら生活の世話をして、優しく言葉をかけること。幼い頃から「大好きよ」と抱きしめることで、子どもは自分に自信を持ち、自分を好きになり、他者も受け入れていくようになるでしょう。

ママ「ぎゅっ」と抱きしめて!

自我の芽生える頃、子どもは盛んに探索活動を始めます。いろいろな物に触れてみたくて、確かめてみたくて、行動範囲はどんどん広がっていきます。「おもしろいものみつけた!」と、次の瞬間は振り返りお母さんや保育者の姿を探します。そして「みてみて」と指差したり、顔をのぞいたり、大人に駆け寄って抱きついたり。その時の子どもの幸せそうな顔ったら!子ども達はママに「ぎゅっ」と抱きしめてもらうたびに安心して、また探索活動に出かける勇気、エネルギーを得ているのです。

好奇心一杯の、サルのジョジョが意気揚揚と散歩に出かけます。そこで目にするのは仲良く寄り添う森の動物達。それを見てジョジョはママが恋しくなりますが、どの動物もジョジョのママではありません。絵本『**ぎゅっ**』(2-18)を見ている時、子ども達はジョジョの表情から「ぼくもぎゅってしてほしいよ!」と声にならない気持ちを感じ取り、心配そうに見ている動物達と同じ表情になるのです。最後はママにしっかり抱きしめられ、そばにいる仲間もみんなで「ぎゅっ」。子ども達もホッとして、「せんせい、ぎゅっして!」と温もりの時間が流れます。人の肌って温かいな、「ぎゅっ」とすると、こんなに嬉しいんだ、と読んでいる私もほのぼのとした気持ちになります。

園の絵本貸し出しカードを見ると、同じ絵本を何度も借りている子どもがいます。繰り返し読んでもらうことで、主人公に自分の姿を同化し、共感しているのかもしれません。『**だめよ、デイビッド!**』(4-20)のデイビッドは、「だめ!だめ!あぁ、またやってる!」と言わせることばかり、気持ちよくだめだめ!をやってしまいます。おとなしいA君が、この絵本を何度も借りて帰ります。もしかすると、A君の心の中にデイビッドのようなわんぱく冒険心がくすぶっているのかもしれません。二歳児にこの本を読むと「もういっかい!」のアンコール。子ども達が大好きな絵本です。

今、この瞬間を生きている

『**すきすきちゅーー!**』(4-36)で、大好きなパパを見送り、お留守番をするちゅーちゃん。「わすれものした!」とパパを追いかけます。背後に猫が迫ってくる様子が、見ている子どもの気持ちを冷や冷やさせます。ちゅーちゃんの忘れものって…?一瞬一瞬の今を生きている子どもにとって、後回しはないのでしょう。危険も顧みない、純粋でひた向きな姿が、ワクワクする冒険心とパパへの思いを伝えてくれます。

おかあさんも私のこと好き?

子どもは、おかあさん、おとうさんのことを一生懸命考えています。「おかあさん、きょうはつかれているな、ちょっときげんがわるいな、どうしてだろう…」と表情を見て感じ取っています。そして子どもなりに気を遣ったり、「どうすればやさしいおかあさんにもどるのか」と考えているのです。子どもの心はいつ頃、大人の心に寄り添えるようになるのでしょうか。**『かあさんのいす』**（4-9）は、おかあさんを見つめる女の子の視線で描かれた絵本です。それはかあさんが大好きだから。大好きな人に喜んでもらいたい、私に優しくして欲しい、私のことも大好きでいてね、という気持ちを、小さな胸に一杯ためているようです。

『しまうまーくん』（4-15）のまーくんは、パパに早く遊んでもらいたくって、どうしたらパパが起きてくれるだろうか、「そうだ、コーヒーをもっていってあげよう」と朝ごはんを用意します。ところがガッシャーン！とコーヒーをこぼしてしまいます。失敗してもなんのその。少なくなったコーヒーをままごとカップに入れて「朝ごはんですよ」。まーくんの可愛いアイディアを喜んでくれるパパとママの姿がほのぼのと微笑ましい。

違いを受け止める

一人ひとりの子どもに個性があるように、お母さん、お父さんにもそれぞれ個性があります。いろいろな違いを子ども達はどんなふうに受け止め、理解していくのでしょう。**『おとうさんといっしょに』**（4-30）は、足の不自由な車いすのお父さんの膝の上に乗って、保育園へ出かけるお話です。お父さんの膝の上は、ちょっと恥ずかしかったけど目線が高くなりいつもと違う景色が新鮮な驚きでした。**『ぼくのおとうさんははげだぞ』**（4-49）はお父さんが、ユーモラスに自分のはげを語ってくれます。こんなに明るく、前向きに気にしていることを言えたら気分がすっきりするでしょうね。

（谷口ナオミ）

●私の薦める課題絵本●

『おんぶはこりごり』——お母さんは疲れている

『おんぶはこりごり』は、ポストモダン絵本の代表的作家であるアンソニー・ブラウンのものです（12-12）。ピゴットさん一家は、素敵な家に住んでいて綺麗な庭やカッコいい車や車庫もありました。最初の見開きには、品の良い背広に身を包んだお父さんを真ん中に、真っ赤なブレザーをきちんと着こなした二人の息子が誇らしげに正面を向いて立っています。

でも、毎朝三人は起き出すと、何もしないで椅子に座ったまま大きな声で「ママ、あさごはん、まだー」と言います。夕方は学校や会社から帰るなり「ママ、ゆうごはん、まだー」と叫ぶだけで、ご飯が済むとだらしなくテレビの前で休むだけ。

その間、お母さんは買い物や掃除・洗濯とさまざまな家事を一人でこなして自分もお勤めにも出かけているのです。三人をこんなふうに毎日、何から何まで「おんぶ」することにもうこりごりのお母さんは、家出を決行します。

さて、お母さんがいなくなると台所はメチャクチャになり、家中散らかりほうだい。残された三人はだんだんブタの姿に変身してゆきます。ブラウンの絵は言葉で語るよりも、より刺激的にもう一つの物語を表現しています。家具や調度、それに壁に掛けられた絵画にも巧妙な変化が生じ、三人がブタに変身してゆく姿がユーモアたっぷりに描かれています。さて、結末はどうなるのでしょうか。

（佐々木宏子）

スモールさんはおとうさん

子ども達は父さんのひげそりを見るのが好き。スモールさんが家にいるときは日曜大工、水道修理、畑の仕事、母さんのお手伝い。子ども達も一緒にお手伝い。

●ロイス・レンスキー
●わたなべしげお(訳)
●童話館　●2004

ママはやくかえってきて

ママの帰り道を想像しながら、じっと帰りを待つマリア。「くまちゃん、ママはお仕事で忙しいのよ。いい子にしてましょうね」と話しかけて自分に言い聞かせます。

●L・バウム(文)　●S・バーレイ(絵)
●佐伯靖子(訳)
●フレーベル館　●1986

おやすみのキッス

可愛い赤ちゃんがおやすみ前に家族からされたキッスは何回？鼻に目に優しいキッスで幸せそうに眠る赤ちゃん。幸せ一杯。

●カレン・カッツ(作)
●石津ちひろ(訳)
●講談社　●2003

おとうさん・パパ・おとうちゃん

パパは仕事をしているとき、どんな名前で呼ばれてる？仕事している時のお父さん、なんだかキリリと頼もしい。

●みやにしたつや
●すずき出版　●1996

ぼくのとうさんははげだぞ

僕の父さんはハンサムだ。でもはげている。子どもの目線で父さんに次々質問をする。父さんの答えはユーモアにあふれる。本当に大切なことは何か？

●そうまこうへい
●架空社　●1998

かあさんとじてんしゃにのって

まみこは毎朝保育園、でも、行きたくないときもある。思いを受け入れられず、母さんなんてきらいだ！とまみこは思うが、子どもなりに、忙しく働く母さんを受け入れています。

●長谷川知子
●新日本出版社　●2004

かばくんとおとうさん

かばくん、今日は父さんと２人でお留守番。「ぼく、おなかかすいちゃった」とかばくん。「よし、おにぎりにしよう」と父さん。父さんのアイディアで素敵な日曜日に･･･。

●ひろかわさえこ
●あかね書房　●1993
〔品切れ・重版未定〕

カンガルーの子どもにも
かあさんいるの？

「もちろん カンガルーの子どもにも母さんはいるわ。あなたと同じよ」ライオンやキリンの母さんも子どもが大好きです。子どもとのやりとりは幸せいっぱい。

●エリック・カール(作)
●さのようこ(訳)　●偕成社　●2000

しまうままーくん

パパとママに美味しい朝食を…なんとか早く起きて遊んでもらいたいまーくんは、どうしたらパパが起きてくれるか一生懸命知恵を絞ります。ほのぼのと布団の中の温もりが伝わってきます。

●ミシェル・ゲ(作・絵)
●はらだけいこ(訳)
●徳間書店　●2000

(4)「おかあさん・おとうさん」に関する絵本リスト／谷口ナオミ

	番号	絵　本　名	文、絵（訳）	出版社	初版年
おかあさん	1	あおいこねことおさらいっぱいのクッキー	E・プライヤー、いくしまさちこ(訳)	アルク	1989
	2	おかあさん	S・ゾロトウ、A・ローベル、みらいなな(訳)	童話屋	1993
	3	おかあさんがおかあさんになった日	長野ヒデ子	童心社	1993
	4	おかあさんになったりすのちび	河本祥子	福音館書店	1987
	5	おかあさんのむかしむかし	手塚治虫	河出書房新社	1984
	6	おかあさんの目	あまんきみこ、黒井健	あかね書房	1988
	7	おやすみのキッス	カレン・カッツ、石津ちひろ(訳)	講談社	2003
	8	かあさんとじてんしゃにのって	長谷川知子	新日本出版社	2004
	9	かあさんのいす	ベラ・B・ウィリアムズ、佐野洋子(訳)	あかね書房	1984
	10	カンガルーの子どもにも かあさんいるの？	エリック・カール、さのようこ(訳)	偕成社	2000
	11	きょうはなんのひ？	瀬田貞二、林明子	福音館書店	1979
	12	こころ からだ いのちのえほん おかあさん	北沢杏子、今井弓子	岩崎書店	1985
	13	こぶたのオリバー	G・レイバン、A・ローベル、みやしたみねお(訳)	さ・え・ら書房	1983
	14	サムならきっとできるから	エイミー・ヘスト、アニタ・ジェラーム、小川仁央(訳)	評論社	2003
	15	しまうままーくん	ミシェル・ゲ、はらだけいこ(訳)	徳間書店	2000
	16	しりたがりやのふくろうぼうや	M・サラー、D・ビースナー、せなあいこ(訳)	評論社	1992
	17	せんたくかあちゃん	さとうわきこ	福音館書店	1978
	18	だいすきっていいたくて	カール・ノラック、クロード・K・デュボワ、河野万里子(訳)	ほるぷ出版	1998
	19	だっこだっこねえだっこ	長新太	ポプラ社	2005
	20	だめよ、デイビッド！	デイビッド・シャノン、小川仁央(訳)	評論社	2001
	21	ちびっこジョーイ	J・ケント、いしざわひろこ(訳)	電波新聞社	1989
	22	ちょっとだけ	瀧村有子、鈴木永子	福音館書店	2005
	23	ふうちゃんの詩	金子みすゞ、上村ふさえ(詩)、上野紀子	JULA出版局	1995
	24	ぼく おかあさんのこと…	酒井駒子	文溪堂	2000
	25	ママがおうちにかえってくる！	ケイト・バンクス、トクメ・ボガツキ、木坂涼(訳)	講談社	2003
	26	ママはやくかえってきて	ルイス・バウム、スーザン・バーレイ、佐伯靖子(訳)	フレーベル館	1986
	27	よるくま	酒井駒子	偕成社	1999
おとうさん	28	あかちゃんのゆりかご	レベッカ・ボンド、さくまゆみこ(訳)	偕成社	2002
	29	あまがさ	やしまたろう	福音館書店	1963
	30	おとうさんといっしょに	白石清春、いまきみち&西村繁男(絵)	福音館書店	1987
	31	おとうさんのえほん	高畠純	絵本館	1991
	32	おとうさん・パパ・おとうちゃん	みやにしたつや	すずき出版	1996
	33	かばくんとおとうさん	ひろかわさえこ	あかね書房	1993
	34	かばさん	やべみつのり	こぐま社	1977
	35	こころ からだ いのちのえほん　おとうさん	北沢杏子、井上正治	岩崎書店	1985
	36	すきすき ちゅー！	イアン・ホワイブラウ、ロージー・リーヴ、おびかゆうこ(訳)	徳間書店	2004
	37	スモールさんはおとうさん	ロイス・レンスキー、わたなべしげお(訳)	童話館	2004
	38	たすけて！クマとうさん	デビ・グリオリ、山口文生(訳)	評論社	2004
	39	とうさんのちちしぼり	田島征三	偕成社	1983
	40	とうさんまいご	五味太郎	偕成社	1983
	41	ねえとうさん	佐野洋子	小学館	2001
	42	ねえ、まだつかないの？	J・スティーブンソン、やざきせつお(訳)	リブリオ出版	2002
	43	ねこのオーランドー	キャスリーン・ヘイル、脇明子(訳)	福音館書店	1982
	44	パパ、お月さまとって！	エリック・カール、もりひさし(訳)	偕成社	1986
	45	パパ、ちょっとまって！	グニッラ・ベリィストロム、山内清子(訳)	偕成社	1981
	46	パパとぼく	あおきひろえ	絵本館	2004
	47	パパとママのたからもの	サム・マクブラットニィ、アニタ・ジェラーム、小川仁央(訳)	評論社	2004
	48	パパにはともだちがたくさんいた	すえもりちえこ、つおみちこ	すえもりブックス	1995
	49	ぼくのおとうさんははげだぞ	そうまこうへい	架空社	1998
	50	わたしのパパ	J・ケインズ、R・ハイムラー、代田昇(訳)	岩崎書店	1979

(5) 「きょうだい・ともだち」に関する絵本

少子化の今日では、きょうだいで体をぶつけあって遊ぶことも少なくなりました。幼稚園でもちょっと友達と体がぶつかるとすーっと離れていき、その後はかかわろうとしなくなる子どもが見られます。

子どもは二歳を過ぎると社会性が発達し、強く友達との遊びを求めますが、家庭で育つ子どもはどうしても体験不足になります。親も子育てのことを話し合う人がなく悩んでいることが多いのです。子どもの、友達と仲良く遊びたい気持ちやきょうだいへの思いを絵本の読み聞かせを通して共感、共育ちをしていきましょう。

大きくなりたくない！

お父さん、お母さんの愛情を一人じめしたい！そのような思いを誰しも持っています。だから「大きくなりたくない！」という子どもの気持ちもよく理解できます。

『たまごにいちゃん』（5-13）は、ユーモラスな絵とストーリーで、子どもの気持ちに寄り添ってくれます。親も子どもの成長を実感することができます。読み聞かせたあとで、「えらいね」と子どもの行動を認めてやりたいものです。『たまごにいちゃん』には、『たまごねぇちゃん』『がんばる！たまごにいちゃん』『たまごにいちゃんぐみ』などのシリーズがあり、子どもがくり返して楽しむ絵本の一つです。

やきもち（嫉妬心）

弟や妹にお母さんを取られたという嫉妬心や憤りはどの子どもも体験します。**『パパとママのたからもの』**（5-17）のように、きょうだいは好きだけど、パパやママからぼくが一番愛されたい。「ぼくだけのママであってほしいの」という矛盾した葛藤なのです。親がいくら言い聞かせたり、上の子どもに優しくしたりして可愛がっているつもりでも、子どもは満足しません。子どもは、自分と同じ気持ちでいる絵本の中の主人公に共感し、きっと安心するのです。パパやママの方も子どもの気持ちがわかり、触れ合いや言葉かけが増えていくと思います。

このテーマの絵本は数多くあり、**『あたしもびょうきになりたいな』**（5-3）、**『ひみつのばしょみつけた』**（5-19）、**『すきときどききらい』**（5-11）などは、四・五歳児向きだと思います。

ともだちっていいな

子どもはいつも「ともだちとあそびたい」と思っています。**『ともだちや』**（5-44）、**『ともだちになろうよ』**（5-43）は、新しい絵本です。何十年も読み継がれている絵本には、**『きみなんかだいきらいさ』**（5-27）、**『とんことり』**（5-45）があげられ、子どもの気持ちをよく描いています。

今の子どもは、「ケンカ＝悪いこと」と捉えているため、取っ組み合いのケンカをしなくなり、友達の心や体の痛みを感じ取ることができなくなっています。五歳児に**『けんかのきもち』**（5-31）を読み聞かせたところ、子ども達は「おにいちゃんと、ケンカしたときとおんなじきもち」「ほんとにケンカしたみたいや」とケンカの疑似体験になりました。子どもが取っ組み合い

をするケンカも体験させたいものです。

動物も大切な友達

友達になるのは、人間だけではありません。人と動物、動物同士だって友達になりたいのです。

『たいせつなたいせつなぼくのともだち』（5-34）のように、小動物に対する気持ちも同じです。五歳児が、長い間モルモットを飼っていました。毎日触れたり、世話をすることでモルモットに愛情が芽生え、小学生になってからも会いにきたり、手紙をくれたりします。

『ろくべえまってろよ』（5-50）は、穴に落ちたイヌのろくべえの救出作戦を通して、子ども達のイヌへの愛情が伝わってきます。穴の場面を見開き縦長に描くことで穴の深さがよくわかります。子ども達の何とかして大好きな「ろくべえ」を助けたいという気持ちと対照的な、周りの大人の無関心さが現実の生活感を表していて可笑しくなります。灰谷健二郎の初めての作品で、子どもの純真な気持ちがよく描かれています。

子ども達の大好きな絵本に**『あらしのよるに』**（5-22）があります。友達になるはずがないオオカミとヤギの友情のお話です。子どもはオオカミの心の葛藤をハラハラ、ドキドキしながら主人公になりきって物語の中を通り抜けていきます。最後には「ともだちっていいな」と誰もが思うのです。

（川越恵美子）

●私の薦める課題絵本●

あそぼ！あそぼ！いっしょにあそぼ！

なんとも不思議な、お話の中に話しが埋め込まれた入れ子構造の物語です。**『いぬとくま　いつもふたりは』**（12-3）は、仲良しのイヌとぬいぐるみのクマが主人公で一冊の中に三話が収められています。見開き中表紙には、主人公の二人が、この主人公が登場する絵本を眺めている絵が描かれています。大人は見過ごしますが、きっと子ども達は気づくに違いありません。

第一話の「いすのうえのくま」では、遙か上の椅子に座っているクマにイヌが散歩に誘いますが、クマは怖くて下りられません。一生懸命に励ますイヌの指図でやっと下りられたクマですが、クマはゆり椅子で本を読み始めます。

「ねえ、おねがい。くま。あ・そ・ぼ！」。でも「あとで。いぬとぬいぐるみのくまのおはなしをよんでいるんだ」とクマ。再び「ねえねえ、くま、あ・そ・ぼ！」と何度も誘いかけるイヌに、このほんではね、いぬはくまのなかよしでじゃましたりしないんだ」と冷たく言い放ちます。

しかし、あまりにも熱心に誘いかけるイヌに、とうとうクマは一緒に遊ぶことを了承し「なにしてあそぶ？」と、尋ねます。ところがなんとイヌは、「ほんよんで！」と言うではありませんか。あーらら。子ども達は、この複雑な物語の構造をどのように解きほぐし納得するのでしょうか？　読解力とはこのような構造の絵本からもきっと楽しみながら身につくことでしょう。**（佐々木宏子）**

(5)「きょうだい・ともだち」に関する絵本ガイド／川越佳子

ピーターのいす

妹が誕生したピーター、まだお兄ちゃんとしての心の準備ができていません。その葛藤が小さくなったいすを通してやさしく描かれています。40年のベストセラー。

●E=ジャック=キーツ(文)
●きじまはじめ(訳)
●偕成社　●1969

からすたろう

教室でみんなに無視されていた男の子はチビと呼ばれていました。いそべ先生は男の子がカラスの鳴き声が上手なことを知り、その理由をみんなに話したのです。それから「からすたろう」と呼ばれ親しくなりました。

●やしまたろう
●偕成社　●1979

エンとケラとプン

ひろくんの心には、何かあるとすぐ泣く「エン」とすぐ笑う「ケラ」とすぐ怒る「プン」が住んでいます。母さんが焼いたクッキーを届けようと出掛けたとき、つまずいて…さて誰が登場するのでしょうか？

●いわむらかずお
●あかね書房　●1982

コッコさんのともだち

みんなと一緒に遊べないコッコさん。人見知りのコッコさんを通して子どもの繊細な心がよく描かれています。

●片山健
●福音館書店　●1984

てがみをください

僕とポストに住みついたカエルとの手紙を巡ってのやりとりが面白い。最後にカエルの気持ちに気付いた僕は…？イチジクの葉の緑が美しい絵が印象的。

●やましたはるお(文)
●むらかみつとむ(絵)
●文研出版　●1976

ともだち

友達って何だろう？という疑問に全て答えてくれるような絵本です。本当の友達って何かを考えさせられます。友達関係が希薄になってきている現代の子ども達にお薦め。

●谷川俊太郎(文)
●和田誠(絵)
●玉川大学出版部　●2002

キャベツくん

画面一杯の青、黄、緑の大自然の中でのキャベツくんとブタヤマさんの会話に共感しながら、想像の世界をひろげます。長新太のユーモアのある絵とリズミカルな言葉が面白い。

●長新太
●文研出版　●1980

ごきげんなすてご

弟が生まれた女の子は弟ばかり可愛がられるので「素敵なおうちにもらわれたい」と思って家出します。すてご仲間のイヌ、ネコ、カメともらい手を探しますが最後にパパ、ママが…。

●いとうひろし
●徳間書店　●1991

とんことり

新しい町に引越してきた女の子は寂しい毎日を過ごしています。そこにトン・コトリと可愛い贈り物が届きます。友達ができて、女の子が輝く表情へと変わります。

●筒井頼子(文)
●林明子(絵)
●福音館書店　●1986

	番号	絵　本　名	文、絵（訳）	出 版 社	初版年
きょうだい	1	あかちゃんてね	星川ひろ子、星川張治雄	小学館	2005
	2	あさえとちいさいいもうと	筒井頼子、林明子	福音館書店	1979
	3	あたしもびょうきになりたいな！	F=ブランデンベルク、A=ブランデンベルク、ふくもとゆみこ(訳)	偕成社	1983
	4	アントニーなんかやっつけちゃう	J・ヴィオースト、A・ローベル、渡辺茂男(訳)	文化出版局	1979
	5	いもうとのにゅういん	筒井頼子、林明子	福音館書店	1983
	6	おにいちゃんがいてよかった	細谷亮太、永井泰子	岩崎書店	2003
	7	きつねのかみさま	あまんきみこ、酒井駒子	ポプラ社	2003
	8	けんかしちゃだめ！かんじゃだめ！	エルサ·H·ミナリック、モーリス·センダック、やましたはるお(訳)	佑学社	1986
	9	ごきげんなすてご	いとうひろし	徳間書店	1991
	10	ザザのちいさいおとうと	ルーシー・カズンズ、五味太郎(訳)	偕成社	1996
	11	すきときどききらい	東君平、和歌山静子	童心社	1986
	12	ソフィはとってもおこったの！	モリー・バング、おがわひとみ(訳)	評論社	2002
	13	たまごにいちゃん	あきやまただし	鈴木出版	2001
	14	ティッチ	パット・ハッチンス、いしいももこ(訳)	福音館書店	1975
	15	にいさんといもうと	S・ゾロトウ、M・チャルマーズ、矢川澄子(訳)	岩波書店	1978
	16	はしって！ アレン	クライド・ロバート・ブラ、市川里美、舟崎靖子(訳)	偕成社	1980
	17	パパとママのたからもの	S・マクブラットニィ、A・ジェラーム、小川仁央(訳)	評論社	2004
	18	ピーターのいす	エズラ=ジャック=キーツ、きじまはじめ(訳)	偕成社	1969
	19	ひみつのばしょみつけた	ジーン·ティシェリントン、藤田のぼる(訳)、岩城紀代子(訳)	佑学社	1988
	20	ぼく、きょうだけいえでする！	福田岩緒	童心社	1995
	21	ボッラはすごくごきげんだ！	G=ベリィストロム、ビヤネール多美子(訳)	偕成社	1981
ともだち	22	あらしのよるに	きむらゆういち、あべ弘士	講談社	1994
	23	エンとケラとプン	いわむらかずお	あかね書房	1982
	24	おともだちになってね	岡本一郎、つちだよしはる	金の星社	1999
	25	からすたろう	やしまたろう	偕成社	1979
	26	きみたちきょうからともだちだ	中川ひろたか、長谷川義史	朔北社	2005
	27	きみなんかだいきらいさ	ジャニス·メイ·ユードリー、モーリス·センダック、こだまともこ(訳)	冨山房	1975
	28	キャベツくん	長新太	文研出版	1980
	29	くまのコールテンくん	ドン=フリーマン、まつおかきょうこ(訳)	偕成社	1975
	30	くろくんとふしぎなともだち	なかやみわ	童心社	2004
	31	けんかのきもち	柴田愛子、伊藤秀男	ポプラ社	2001
	32	コッコさんのともだち	片山健	福音館書店	1984
	33	しんせつなともだち	方軼羣、村山知義、君島久子(訳)	福音館書店	1987
	34	たいせつなたいせつなぼくのともだち	ミリアム・モス、ユッタ・ビュッカー、小澤征良(訳)	講談社	2004
	35	たろうのともだち	村山桂子、堀内誠一	福音館書店	1972
	36	てがみをください	やましたはるお、むらかみつとむ	文研出版	1976
	37	とくべつないちにち	イヴォンヌ・ヤハテンベルフ、野坂悦子(訳)	講談社	2005
	38	ともだち	谷川俊太郎、和田誠	玉川大学出版部	2002
	39	と・も・だ・ち	ロブ・ルイス、まつかわまゆみ(訳)	評論社	2001
	40	ともだちいっぱい	新沢としひこ、大島妙子	ひかりのくに	2002
	41	ともだちからともだちへ	アンソニー・フランス、ティファニー・ビーク、木坂涼(訳)	理論社	2003
	42	ともだちがほしいの	柴田愛子、長野ヒデ子	ポプラ社	2004
	43	ともだちになろうよ	中川ひろたか、ひろかわさえこ	アリス館	2004
	44	ともだちや	内田麟太郎、降矢なな	偕成社	1998
	45	とんことり	筒井頼子、林明子	福音館書店	1986
	46	ないた	中川ひろたか、長新太	金の星社	2004
	47	ぽんたのじどうはんばいき	加藤ますみ、水野二郎	ひさかたチャイルド	1984
	48	やあ、ともだち！	クリス・ラシュカ、泉山真奈美(訳)	偕成社	1995
	49	よもぎのはらのおともだち	あまんきみこ、やまわきゆりこ	PHP研究所	1985
	50	ろくべえまってろよ	灰谷健次郎、長新太	文研出版	1975

⑹「おじいちゃん・おばあちゃん」に関する絵本

子どもにとっておじいちゃん、おばあちゃんは、何でもできる人、何でも知っている人として頼もしい存在です。

おとうさんのおとうさんのおとうさんはどんな人

　絵本コーナーに新しい絵本を並べると、さっそく保育者の所に持ってきて、「お父さんのお父さんはおじいちゃんだけど、その前はどう言うの」と聞きます。そこで**『おじいちゃんのおじいちゃんのおじいちゃんのおじいちゃん』**（6－10）を、読み聞かせました。昔の服装や町並み、人力車、かまど、火鉢、行灯《あんどん》など当時の時代背景が珍しいので熱心に見ていました。「今度、お城へ遠足に行くからよーく見てくるわ」「侍が刀をさしてるよ」「頭はちょんまげやで」などと言い、最後の「僕のおじいちゃん、サルなの？」の場面で「えー」と言う子どもと「ほんとだよ」と言う子どもに意見が分かれました。子ども達の不思議に思う気持ちに、面白おかしく応えてくれる絵本です。とりわけ「ひいひいひいひいひい、おじいちゃん」のリズムが楽しくみんなで笑いながら言いました。

おじいちゃん、おばあちゃんと遊ぶ

　今、地域や保育園で「世代間交流活動」が意図的に取り組まれています。そこではおじいちゃんやおばあちゃんと遊ぶ機会がない子ども達が実際に肩をたたいたり、お茶を出したり、一緒に歌を歌ったりして触れ合いを楽しみます。また、こま回しや竹馬、お手玉やあやとりなどの伝承遊びを教えてもらい、一緒に喜んで遊びます。**『おばあちゃんすごい！』**（6－37）は、伝承遊びの上手なおばあちゃんが、むずかしい技を簡単にして見せ、子ども達が「おばあちゃんすごい！」と感動し、すっかり仲良しになりました。**『だってだってのおばあさん』**（6－44）は、おばあさんとネコが一緒に暮らしています。ネコが魚つりに誘っても「だって、わたしは九十八さいだから」と言って行きません。ネコはおばあさんの九十九歳のバースデーケーキのロウソクを川の中に落としてしまいます。ロウソクは何度数えても五本しかないため、おばあさんは五歳の気分になって、ネコに誘われて魚つりに出かけます。「だって五さいは、ちょうちょみたい」「だって五さいは、とりのよう」「だって五さいは、さかなのよう」「だって五さいは、ねこのよう」と言いながら川遊びを楽しみます。五歳児にこの絵本を読み聞かせると「九十九さいなのに五さいだって」と言い、「だって五さいは…」をまねして大きな声で笑います。

「もったいない、もったいない」

　おばあちゃんは口癖のように「もったいない、もったいない」と言います。それは物のない時代に生活してきたことと、作った人への感謝の気持ちを表しているからではないでしょうか。泥だんご作りのために水を運んだ後も水が出しっぱなしです。電気のつけっぱなし、落とした粘土、ごはんの食べ残しなど、次々に生活の中でもったいないことが出てきます。「もったいない」と言う言葉は知っていても意味は理解していないのではないかと思い、**『もったいないばあさん』**（6－49）の絵本を読み聞かせることにしました。食器についたごはんつぶを集めて食べ、くしゃくしゃにした紙くずで作

った怪獣、みかんの皮の利用など、おばあちゃんの知恵がたくさん描かれています。何度も読んでいるうちに子ども達の間に「もったいない、もったいない」が流行して、水の出しっぱなし、ごはん粒の食べ残しもしなくなりました。その後も「先生、もったいないの劇ごっこをしたい」と、何度も練習して他のクラスの友達にも観てもらいました。

おじいちゃん、おばあちゃんはすごい！

五歳児が「おとまり保育」を楽しみにしています。M君は友達から離れてひとり元気がありません。保育者が母親に尋ねると「おとまり保育に、行きたくない」と言っているそうです。このことはM君ひとりの事ではないと気付いた保育者は**『だいじょうぶ　だいじょうぶ』**(6-23)を読み聞かせました。おじいちゃんと孫が毎日散歩に行きます。そこで見る草や木にも優しく声をかけ、不安なことや、怖いことに出会っても動じることなく、おじいちゃんが「だいじょうぶ、だいじょうぶ」と励まします。大きくなった孫は、今度は病気になったおじいちゃんを、「だいじょうぶ、だいじょうぶ」と言って励まします。病院へお見舞いに行く場面で、裏表紙の花束を持つ孫の成長した表情に、「よかったなぁ」と子どもも読み手もホッとします。

子どもがちょっとした困難をのり越えるとき、寂しいとき、不安を感じたとき、経験豊かなおじいちゃんやおばあちゃんは、ゆったりと構えて子どもを受け入れてくれるので安心できる、頼りになる存在です。

(曽田満子)

●私の薦める課題絵本●

おじいちゃんおばあちゃんと遊ぶごっこの世界

祖父母と孫のかかわりを描いた絵本は、生活の智恵の伝承者、距離をおいた立場からの深い眼差しなどでじんわりと迫りますが、**『おじいちゃん』**(6-6、62ページ参照)は、二人が入り込むごっこ遊びの世界の食い違いを描いていて異色です。

孫娘とおじいちゃんは、さまざまなごっこ遊びの世界を行為の上では何の矛盾もなく楽しそうに繰り広げていますが、お互いが考えていることは見事に異なっています。その空想世界の食い違いが見開きの左右にユーモラスに分けて描かれていて、途中で衝突が起こることになります。バーニンガムのユニークな見開き分割の仕掛けです。

見開き右画面には、現実のおじいちゃんと孫娘が共有する遊びが軽妙なタッチのペン、色鉛筆などで描かれ、左画面には一ページごとに交替するおじいちゃんと孫娘のイメージの食い違った世界が彩色なしの線描画で描かれています。

例えば、第十一見開きの右画面では二人が小舟に乗り釣りをする遊びの世界が描かれ、左画面には「もし、くじらがつれたらどうする、おじいちゃん？」という孫の言葉とともに、鯨を釣り上げたため、舟から落っこちそうになっている孫娘の期待するイメージが絵画化されています。

子ども達には、この複雑な視覚的な仕掛けのリテラシーはわかるでしょうか。めくるという絵本の構造から生まれる面白さを、教えてくれる一冊です。

(佐々木宏子)

おばあさんのすぷーん

おばあさんが大切に使っていた古いスプーンはいつもピッカピカ。ある日カラスが取っていき、ネズミが拾って興味津々…。
●神沢利子(文)
●富山妙子(絵)
●福音館書店　●1969

おじいさんと10ぴきのおばけ

近所付き合いのないおじいさんの家に10匹のお化けが来て、楽しい生活が始まります。さて、どうなるのでしょうか…。
●にしかわおさむ(作・絵)
●ひかりのくに　●2002

ぼく おばあちゃんのこに
なってあげる

ある日、おばあちゃんが突然いなくなりました。ようやく見つけた時から、僕を呼ぶときはお父さんの名前で呼びます。いいの、僕、おばあちゃんの子になってあげる。
●西本鶏介(作)●渡辺さもじろう(絵)
●すずき出版　●1995

みててね、おじいちゃん

おじいちゃんには僕を勇気付ける応援パワーがあるんだ。そんなおじいちゃんが病気で弱虫になってしまった。僕はどうすればいいんだろう。
●藤田千津(文)
●長谷川知子(絵)
●文研出版　●2002

ぼくのおばあちゃんのては
しわしわだぞ

僕の手はツルツル、でもおばあちゃんの手は、どうしてしわしわなの？子どもの素朴な質問にどのように答えればよいのでしょう。
●そうまこうへい
●架空社　●1999

ぼくは孫

自分の子育てを終えたおじいちゃんとおばあちゃんは孫が可愛くてしかたありません。どうしてなの？それは子どもの頃の父さん、母さんに似ているから。
●板橋雅弘(文)
●西村敏雄(絵)
●岩崎書店　●2007

うちのおじいちゃん

おじいちゃんの車はオンボロ車、家族が買い替えを勧めますが、答えは「ノー」です。おじいちゃんの人生の思い出が詰まっているのです。
●谷口國博(文)
●村上康成(絵)
●世界文化社　●2006

おばあちゃんと いつもいっしょ

家事や育児を手助けするおばあちゃん。役目を終えたおばあちゃんを次は家族が手助けする番です。温もりを感じる絵本。
●池見宏子(文)
●池見民子(絵)
●岩崎書店　●1997

(6)「おじいちゃん・おばあちゃん」に関する絵本リスト／曽田満子

	番号	絵本名	文、絵（訳）	出版社	初版年
おじいちゃん	1	いいからいいから	長谷川義史	絵本館	2006
	2	うちのおじいちゃん	谷口國博、村上康成	世界文化社	2006
	3	エルマーとエルドーおじいちゃん	デビット・マッキー、きたむらさとし（訳）	BL出版	2001
	4	おじいさんと10ぴきのおばけ	にしかわおさむ	ひかりのくに	2002
	5	おじいさんならできる	フィービ・ギルマン、芦田ルリ（訳）	福音館書店	1998
	6	おじいちゃん	ジョン・バーニンガム、谷川俊太郎（訳）	ほるぷ出版	1985
	7	おじいちゃんがおばけになったわけ	K・フォップス・オーカソン、E・エリクソン、菱木晃子（訳）	あすなろ書房	2005
	8	おじいちゃんとおばあちゃん	E・H・ミナリック、M・センダック、まつおかきょうこ（訳）	福音館書店	1986
	9	おじいちゃんと日の出を見たよ	後路好章、小林ゆき子	佼成出版社	2008
	10	おじいちゃんのおじいちゃんのおじいちゃんのおじいちゃん	長谷川義史	BL出版	2000
	11	おじいちゃんの木	内田麟太郎、村上康成	佼成出版社	2004
	12	おじいちゃんの ごくらく ごくらく	西本鶏介、長谷川義史	すずき出版	2006
	13	おじいちゃんのどうぶつえん 〔品切れ〕	浅野庸子、浅野輝雄	文化出版局	2002
	14	おじいちゃんのはたけ	ジャンヌ・ブベール、冨山房編集部（文）	冨山房	1993
	15	おじいちゃんのまち	野村たかあき	講談社	1989
	16	おじいちゃんわすれないよ	B・ウェステラ、H・ファン・ストラーテン、野坂悦子（訳）	金の星社	2002
	17	ざぼんじいさんのかきのき	すとうあさえ、織茂恭子	岩崎書店	2000
	18	じいじのさくら山	松成真理子	白泉社	1994
	19	じいちゃんとないしょないしょのやまのぼり	わたなべさもじろう	すずき出版	2007
	20	ジオジオのかんむり	岸田衿子、中谷千代子	福音館書店	1960
	21	じったん ばあたん	ながさわまさこ	福音館書店	2004
	22	たいこじいさん 那須田稔のものがたり絵本	なすだみのる、近藤理恵	ひくまの出版	2008
	23	だいじょうぶ だいじょうぶ	いとうひろし	講談社	1996
	24	ちょっぺいじいちゃん	すとうあさえ、アンヴィル奈宝子	文研出版	2003
	25	ぼくとおじいちゃん	みやもとただお	くもん出版	2008
	26	ぼくは孫	板橋雅弘、西村敏雄	岩崎書店	2007
	27	みててね、おじいちゃん	藤田千津、長谷川知子	文研出版	2002
おばあちゃん	28	あめふり	さとうわきこ	福音館書店	1984
	29	あらまっ！	ケイト・ラム、エイドリアン・ジョンソン、石津ちひろ（訳）	小学館	2004
	30	いちごばたけのちいさなおばあさん	わたりむつこ、中谷千代子	福音館書店	1973
	31	上のおばあちゃん下のおばあちゃん	トミー・デ・パオラ、たかぎゆきこ（訳）	絵本の家	1988
	32	エマおばあちゃん	ウェンディ・ケッセルマン、バーバラ・クーニー、もきかずこ（訳）	徳間書店	1998
	33	おばあさんのすぷーん	神沢利子、富山妙子	福音館書店	1969
	34	おばあちゃん	大森真貴乃	ほるぷ出版	1987
	35	おばあちゃんがいるといいのにな	松田素子、石倉欣二	ポプラ社	1994
	36	おばあちゃんがちいさかったころ	ジル・ペイトン・ウォルシュ、スティーブン・ランバート、まつかわまゆみ（訳）	評論社	1997
	37	おばあちゃんすごい！	中川ひろたか、村上康成	童心社	2002
	38	おばあちゃんといつもいっしょ	池見宏子、池見民子	岩崎書店	1997
	39	おばあちゃんの日	くりたさおり	偕成社	2002
	40	かこちゃんのひなまつり	高橋昭、長野ヒデ子	ポプラ社	1998
	41	きらきらやさん	中村翔子、新野めぐみ	PHP研究所	2005
	42	こんとあき	林明子	福音館書店	1989
	43	たいへんなひるね ばばばあちゃんのおはなし	さとうわきこ	福音館書店	1988
	44	だってだってのおばあさん	さのようこ	フレーベル館	1975
	45	ばあちゃんのえんがわ	野村たかあき	講談社	1983
	46	ばあちゃんのなつやすみ	梅田俊作、梅田桂子	岩崎書店	1980
	47	ぼく おばあちゃんのこになってあげる	西本鶏介、渡辺さもじろう	すずき出版	1995
	48	ぼくのおばあちゃんのてはしわしわだぞ	そうまこうへい	架空社	1999
	49	もったいないばあさん	真珠まりこ	講談社	2004
	50	わたしのおばあちゃん	ヴェロニク・ヴァン・デン・アベール、クロード・K・デュボア、野坂悦子（訳）	くもん出版	2006

(7) 「障害のある人」にかかわる絵本

子ども達は障害のある人に出会うと、「あの人、どうしたの？」「へんだね」と感じたことを率直に言います。その時の大人の説明や態度によって子どもなりに納得したり、偏見を持ってしまったりします。

心を通わせる一歩に

保育所や幼稚園では障害のある子どもがみんなと「共に育ち合う」保育が進められています。

一人ひとりの障害はさまざまで、その状態も多様ですが、子ども達は日々のかかわりのなかで少しずつ障害を理解していきます。しかし障害のある友達のしていることがどうしてもわからないことや不思議に思うこともたびたび出てきます。このようなとき、子どもの疑問にしっかり向き合っていくことが大切であり、障害のある人がテーマになっている絵本が子どもの知りたいことに応える手助けや障害を受け止めていく橋渡しをしてくれます。

みんなといっしょに

ダウン症のやっちゃんは三歳で入園してきました。言葉は不自由ですが、自分の思いは身振りや表情、声で表しみんなとかかわっています。身のまわりのことは保育者の手助けが必要です。四歳児クラスに進級した四月、子ども達が「もう、ぼくたちキリンぐみになったから、おしっこにいくとき、やっちゃんにせんせいがついてこなくていいよ」と言いました。

保育者がそっとトイレをのぞくと、やっちゃんと三人の男の子が並んでズボンを下げておしっこをしています。終わると、まず、みんながパンツを上げ、次にズボンを上げて四人で顔を見合せて満足げに笑い合っています。子ども達はやっちゃんに排泄の仕方を教えてあげる、手助けをしてあげるという気持ちではなく、ごく自然に生活の伝え合いをしているのです。

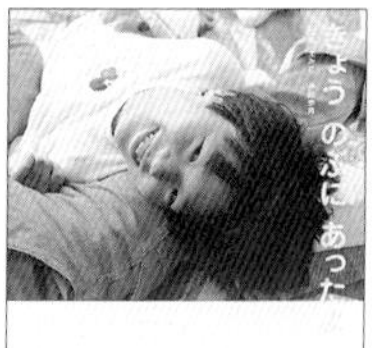

写真絵本『**となりのしげちゃん**』（7－26）は、ダウン症のしげちゃんと一歳年上のあらたちゃんが保育園で共に過ごした一年間の記録が温かいまなざしで綴られています。しげちゃんが保育園でゆっくり、ゆっくり、ゆっくり自分なりの歩みを続けていく様子は、クラスのやっちゃんの姿と重なり、この絵本はクラスの大切な一冊になりました。キリン組にはやっちゃんのほかに脳性麻痺で手足が不自由なともちゃんがいます。ともちゃんは四歳、五歳と大きくなるにつれ、友だちと同じようにできない苛立ちが登園拒否となって現れました。ともちゃんの葛藤をどう受け止めていくとよいのか保育者集団で話し合いを重ねました。この時に読み聞かせをした『**きょう　のぶに　あったよ**』（7－12）は、大学生の伊藤さんが小学三年生の脳性麻痺ののぶくんとの交流を、同い年のなっちゃんに手紙で伝える形式で描かれた写真絵本です。話をするとき、指で返事をするのぶくん、顔の表情でおしゃべりをするのぶくんと共に過ごす時間が温かく流れます。

「せんせいの足って、手なのかなぁ？」

『**ぼくたちのコンニャク先生**』（7－35）は、脳性麻痺で手足が不自由です。本当の名前は近藤先生、手が麻痺しているので、字を書いたり、折り紙やはさみを使ったりするときは、足を使います。先生ができないことは子ども達がさっと手をかして、保育園での生活が展開されていきます。

『わたしの足は車いす』（7－49）は、車いすで生活しているアンナが初めて一人でお使いにでかけます。偏見や無視、好奇の眼差しで見られることもありましたが、嬉しいこともたくさんあったアンナの勇気ある体験が明るく描かれています。**『見えなくてもだいじょうぶ？』**（7－40）では町で迷子になったカーラに声をかけてくれたのは盲導犬を連れた目の不自由なお兄さんでした。無事に家にたどり着くまでのお兄さんとの交流に心が温まります。

そして**『さっちゃんのまほうのて』**（7－15）や**『はせがわくんきらいや』**（7－30）などキリン組で取り上げたこれらの絵本は、障害のあるやっちゃんやともちゃんの気持ちを理解するきっかけになりました。また、登園拒否をしていたともちゃんも絵本ののぶくんやさっちゃん、アンナ、コンニャク先生、そしてクラスのみんなの気持ちに励まされ、元気に登園するようになりました。

いろんな人が一緒にいるのはあたりまえのこと

『みんなみんなぼくのともだち』（7－42）は、止揚学園で重い知的障害のある子ども達と一緒に育った園長の長男（当時小学三年生）が書いた文に障害のある子ども達が文字と絵を描いています。「からだがよわくても　ちえがおくれていても　どんな子どもでも　みんなおんなじ人間　うつくしい心をもった人間や　そしてぼくのともだちや」の文章は障害のある子どもへの厳しい偏見を体験したなかで培われた長男の人間観がにじみ出ています。子ども達は障害のある子どもと「共に育つ」ことで、障害のある人と一緒に生活することをあたりまえと感じる心が育ちます。

（礒沢淳子）

●私の薦める課題絵本●

「きみはよめるようになる」約束するよ

作者はパトリシア・ポラッコで、タイトルは**『ありがとう、フォルカーせんせい』**（12－1、62ページ参照）です。

この絵本は、学習障害（ＬＤ）であるポラッコの自伝的な物語です。絵はとても上手なのに字は「よめない！　ぜんぜんよめない。ちっともよめるようにならない。本はだいすきなのに」と、苦痛に満ちた主人公の表情。

小学校へ入学して、一年生になってもどうしても読めない。「おばあちゃん、わたしってみんなとちがう？」と、辛そうに尋ねる主人公のトリシャ。おばあちゃんは、孫娘を抱きしめると「もちろんだよ」「みんなとちがうってことは、いちばんすてきなことじゃないか。ほら、ほたるのむれをみてごらん。ひとつひとつちがうだろ？」と、強く励まします。

主人公のトリシャは、母の仕事でカリフォルニアに引っ越します。この機会が、今までクラスのみんなからいじめの対象になっていたことを克服できるチャンスとなるよう望みますが、やはり再び激しいいじめに遭います。

やがて五年生になったときに、フォルカー先生と出会い、放課後の特訓が始まります。何か月も経た後「しんじられないまほうみたい！」「ことばも文も、いままでとはぜんぜん違って見えた」。

それからトリシャは学校が大好きになります。三十年後にある人の結婚式で偶然先生と会い、仕事を尋ねられた時、「こどもの本をかいてるんですよ」と誇らしげに言います。

（佐々木宏子）

介助犬ターシャ

足の不自由なステファニーにとってターシャは生活の手助けをしてくれるだけでなく、心の通い合った友達です。写真絵本を通して、介助犬への理解を深めていきます。

●大塚敦子(写真・文)
●小学館　●1999

かっくん
　―どうしてボクだけしかくいの？

まんまる家族に四角いかっくんが生まれました。「みんな違うけどみんなで遊ぼうよ」最後の言葉が大切なことに気づかせてくれます。

●クリスチャン・メルベイユ(文)
●ジョス・ゴフィン(絵)
●乙武洋匡(訳)　●講談社　●2001

ちえちゃんの卒業式

ちえちゃんは体が不自由で、小学校４年生までお母さんと一緒に学校に通います。卒業式の晴れやかなちえちゃんの表情は、みんなに勇気と感動を与えてくれます。

●星川ひろ子(写真・文)
●小学館　●2000

どんなかんじかなあ

目が見えない、耳が聞こえないって、どんな感じかなあとひろくんは目をつぶって、耳をふさいで考えます。そして車いすのひろくんは動けるってどんな感じかなあって考えます。

●中山千夏(文)
●和田誠(絵)
●自由国民社　●2005

オチツケオチツケこうたオチツケ
　―こうたはADHD

ADHDのある子の視点から描かれています。分かっていても自分の気持ちをコントロールできないこうた。周りの人から理解され、認められて安定する。

●さとうとしなお(作)
●みやもとただお(絵)
●岩崎書店　●2003

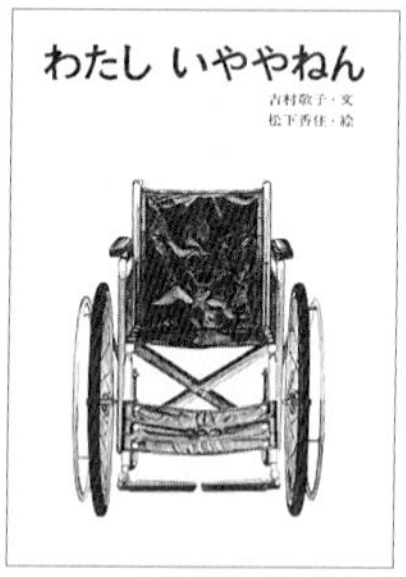

わたし　いややねん

私が車いすで出かけると、みんながじろじろ見るから、「わたし　いややねん」障害のある人の人間としての気持ちが素直に伝わってきます。

●吉村敬子(文)　●松下香住(絵)
●偕成社　●1980

ぼくは海くんちのテーブル

僕の周りはいつもにぎやか。一番元気な１歳の海くんが保育園で事故に合い、寝たきりになりました。障害はあるが不幸ではないという海くんのメッセージが伝わってきます。

●西原敬治(文)
●福田岩緒(絵)
●新日本出版社　●2002

ぼくのだいじなあおいふね

補聴器をつけた４歳のベンの生活がわかりやすく描かれています。５歳の誕生日、みんなから「一緒に学校へ行こうね」と何より嬉しい言葉のプレゼント。

●ピーター・ジョーンズ(文)
●ディック・ブルーナ(絵)
●なかがわけんぞう(訳)
●偕成社　●1986

わたしのおとうと、へん…かなあ

フランスの「幼年期と染色体異常を考える21世紀の会」で作成された絵本。ウサギのリリはみんなと違う弟のドードのことが心配です。あるがままを受け入れる大切さを教えています。

●マリ=エレーヌ・ドルバル(作)
●スーザン・バーレイ(絵)
●おかだよしえ(訳)　●評論社　●2001

(7)

「障害のある人」にかかわる絵本リスト／礒沢淳子

番号	絵本名	文、絵（訳）	出版社	初版年
1	あいちゃんのそら	小林優華	ひさかたチャイルド	2005
2	あつおのぼうけん	田島征彦、吉村敬子	童心社	1983
3	あっちゃん	江口ゆりこ、中山みきこ	新生出版	2003
4	ありがとうシンシア	小田哲明（写真）、山本由花（文）、太田朋（絵）	講談社	1999
5	雨のにおい星の声	赤座憲久、鈴木義治	小峰書店	1987
6	いのちは見えるよ	及川和男、長野ヒデ子	岩崎書店	2002
7	えらいぞサーブ！ 主人をたすけた盲導犬	手島悠介、徳田秀雄	講談社	2000
8	オチツケオチツケこうたオチツケ	さとうとしなお、みやもとただお	岩崎書店	2003
9	おとうさんといっしょに	白石清春、いまきみち&西村繁男（絵）	福音館書店	1987
10	介助犬ターシャ	大塚敦子（写真・文）	小学館	1999
11	かっくん	クリスチャン・メルベイユ、ジョス・ゴフィン、乙武洋匡（訳）	講談社	2001
12	きょう のぶに あったよ	いとうえみこ、伊藤泰寛	ポプラ社	2005
13	クイールはもうどう犬になった	こわせたまみ、秋元良平（写真）	ひさかたチャイルド	1992
14	こわいことなんかあらへん	福井達雨（編）、馬嶋克美（絵・文）	偕成社	1981
15	さっちゃんのまほうのて	田端精一（絵）、先天性四肢障害児父母の会（制作）	偕成社	1985
16	さわってごらん いまなんじ？	なかつかゆみこ	岩崎書店	1999
17	さわってごらん だれのかお？	なかつかゆみこ	岩崎書店	1999
18	さわってごらん ナンノハナ？	なかつかゆみこ	岩崎書店	1999
19	14の心をきいて	つちだよしはる	PHP研究所	2002
20	たっちゃん ぼくがきらいなの	さとうとしなお、みやもとただお	岩崎書店	1996
21	チーちゃんのくち	わたなべまみ	口腔保健協会	2005
22	ちえちゃんの卒業式	星川ひろ子（写真・文）	小学館	2000
23	聴導犬ものがたり ジェミーとペッグ	有馬もと、MAYUMI（写真）	福音館書店	1999
24	手であそぼう ゆびであいうえお	田中ひろし、せべまさゆき	ほるぷ出版	2005
25	てではなそう きらきら	さとうけいこ、さわだとしき	小学館	2002
26	となりのしげちゃん	星川ひろ子（写真・文）	小学館	1999
27	どんなかんじかなあ	中山千夏、和田誠	自由国民社	2005
28	なっちゃんとぼく	梅田俊作、梅田佳子	岩崎書店	1992
29	のんちゃんはおとうばんです	今関信子、垂石眞子	童心社	1999
30	はせがわくんきらいや	長谷川集平	温羅書房	1993
31	ペカンの木のぼったよ	青木道代、浜田桂子	福音館書店	1996
32	ベルナもほいくえんにいくよ！	ぐんじななえ、ひだかやすし	ハート出版	2002
33	ぼくがベルナのめになるよ	ぐんじななえ、ひだかやすし	ハート出版	2002
34	ぼくのおにいちゃん	星川ひろ子（写真・文）	小学館	1997
35	ぼくたちのコンニャク先生	星川ひろ子（写真・文）	小学館	1996
36	ぼくのだいじなあおいふね	ピーター・ジョーンズ、ディック・ブルーナ、なかがわけんぞう（訳）	偕成社	1986
37	ぼくは海くんちのテーブル	西原敬治、福田岩緒	新日本出版社	2002
38	ボスがきた	ふくいたつう（編）・たけうちまさき（絵）・まじまかつみ（字）	偕成社	1980
39	みえないってどんなこと？	星川ひろ子（写真・文）	岩崎書店	2002
40	見えなくてもだいじょうぶ？	フランツ=ヨーゼフ・ファイニク、フェレーナ・バルハウス、ささきたづこ（訳）	あかね書房	2005
41	耳がきこえない エイミーのねがい	ルー・アン・ウォーカー、マイケル・エイブラムソン（写真）、森丘道（訳）	偕成社	1995
42	みんなみんなぼくのともだち	福井達雨（編）・福井義人（文）・高田真理子（絵・文字）・竹内雅輝（他絵）	偕成社	1980
43	もうどうけんドリーナ	土田ヒロミ（作）、日紫喜均三（監修）	福音館書店	1983
44	ゆいちゃんのエアメール	星川ひろ子（写真・文）	岩崎書店	2001
45	ゆめのおはなしきいてェなあ	吉村敬子、佐々木麻こ	偕成社	1980
46	わたしいややねん	吉村敬子、松下香住	偕成社	1980
47	わたしたち手で話します	フランツ=ヨーゼフ・ファイニク、フェレーナ・バルハウス、ささきたづこ（訳）	あかね書房	2006
48	わたしたちのトビアス	セシリア=スベドベリ（編）、トビアス兄姉（文・絵）、山内清子（訳）	偕成社	1978
49	わたしの足は車いす	ヨーゼフ・ファイニク、フェレーナ・バルハウス、ささきたづこ（訳）	あかね書房	2004
50	わたしのおとうと、へん…かなあ	マリ=エレーヌ・ドルバル、スーザン・バーレイ、おかだよしえ（訳）	評論社	2001

⑻「世界の人々（異文化理解）」に関する絵本

子どもは外国からの訪問者を迎えたり、街で外国人に出会ったりしたことから、外国の人に興味を持ちます。言葉や文化、生活習慣などの違う外国の人を迎えた時、子どもと共に広い世界の人々のことを学ぼうとする時、絵本はいろいろなことを教えてくれます。

おとなりの国のこと、人々のこと

韓国・朝鮮の絵本『**ソルビム―お正月の晴れ着**』（8-32）は、お正月の朝に新しい晴れ着を着る期待と喜びを伝えてくれる絵本です。チマ・チョゴリ（民族服の上着とスカート）や、テンギ（髪を飾る布・リボン）など韓国・朝鮮の言葉をわかりやすく紹介しています。そしてページをめくると、晴れ着を身につける手順が詳しくわかります。オモニ（母親）が一針一針心をこめて縫ったソルビムには、娘を思う愛情と晴れ着にたくす親の思いがこめられています。韓国・朝鮮でも日本と同じように「新しい年が幸多き年でありますように」との願いを込めて家族みんなで迎える文化があります。

平和とは、安心できること

『**平和へ**』（8-42）にある、赤ちゃんがおっぱいを飲んでいる写真には、「ぼくは思うんだ。たくさんの欲しいもののなかで　いちばん大切なのは〝心のなかの平和〟じゃないかって」と訴えています。『**せかいいちうつくしいぼくの村**』（8-22）と『**せかいいちうつくしい村へかえる**』（8-23）は、アジアのまん中のアフガニスタンが舞台です。平和だったこの国で戦争がはじまり、今も続いています。そんな中でも人々は明るく、力強く生きていて、戦争によって離ればなれになった人々が、昔のように、春になれば草花が咲き乱れ、夏になれば果物がたわわに実る美しい自然がいっぱいの村に、戻ってくることを願い、そして「世界一美しい村」もみんなの帰りを待っていることが良くわかります。平和って、みんなが安心して暮らすことと強く感じられます。

みんな違ってみんなよい

私達大人の願いは、「子ども達が健やかに生まれ育ち、いろいろな国の人たちとの出会いを通して豊かな国際的な感性を身につけること」であり、常にこのことを意識して子ども達に伝えなければなりません。

お互いの文化を理解し合い生きていくということは、けっしておおげさなものではなく、身近な人々とのかかわりの中から、お互いにわかり合おうと努力をすることです。「異文化」という言葉を聞けば、外国人のことと思ってしまうかもしれませんが、異文化の中には「男女」「宗教」「障害の有無」などの意味が含まれています。相手との違いを認めるだけでなく、違いから学び、それを楽しむ生き方を子ども達に伝えたいものです。

保育所に中国のお客様を迎えることになりました。『**世界のことばあそびえほん**』（8-25）を読みながら、「こんにちは！」「ニーハオ！」、「ありがとうございます」「シエ　シエ」って言うんだねと簡単な中国語の挨拶をみんなで覚えました。お父さん・お母さんは「パーパ・マーマだって」

英語とよく似ています。イヌの鳴き声は、「ワン　ワン」って日本と同じだなど、気づいたことや興味を持ったことを言います。当日は「ニーハオ」「こんにちは」と挨拶を交わし、歌をうたって交流しました。皆さんが帰られる時、日頃は何事にもあまり集中しないA君が、元気よく飛び出してきて「まきてな！　ザイチェン！」と大きな声で言いました。A君にとっては、とてもワクワク、ドキドキ嬉しい体験だったのですね。

ちきゅうは　みんなのいえ

宇宙飛行士が宇宙から写した地球の映像がテレビや新聞で大きく報道されたことがありました。子ども達は「大きくなったら、宇宙飛行士になりたい」「ロケットが打ち上げられた」など口々に話していたので、**『ちきゅうはみんなのいえ』**（8-37）を読み聞かせました。どのページを開いても、丸い地球の上に小さな虫から大きな動物、人は手をつないで「みんないっしょにすんでいる、わたしたちみんなの大きないえ」と謳っています。水・雨・太陽・土・空気・風・空そして月などの自然の中で、いろいろな国の人々がそれぞれの生活を楽しんでいる様子が伝わってきます。絵本の場面から次々に「にじが、いけにうつってる」「はこみたいないえ」「みんなが、たいようをみている」などと自分が見つけたことを言います。

そして、子ども達が、絵本を楽しんでいる時、「地球の反対側の国は夜で、みんな眠っているのよ」と話し、世界の国や人々のことをもっと知りたいと思う気持ちが育っていくようにします。**『まるいちきゅうのまるいちにち』**（8-47）は、子ども達が、絵本の中で世界の子ども達との出会いをワクワクしながら楽しむ絵本です。

（堀　千代）

●私の薦める課題絵本●

『おうちがふたつ』——両親の離婚

絵本シリーズ「パパとママが別れたとき…」の中の一冊です。パパとママが別れることは悲しいけれど、よく考えてみるとお家が二つあるという新しいライフスタイルの発見でもあります。

『おうちがふたつ』（12-8）は、フランス生まれのマジュレルにより物語が作られました。彼女は両親が離婚したばかりの悲しみにうちひしがれている一少女を慰め、「彼女が生活の変化に耐えた前向きの道は、失ったものや愛の喪失感などにとらわれることではなく、父と母それぞれと、ともに過ごす時間を持ち続けることだった」と述べています。

主人公の少年アレックスは、両親の離婚により二つの家を持つことになります。パパは海沿いの木造の家に住み、ママは都会のアパート暮らしです。玄関も二つで僕はコートをあっちに掛けたり、こっちに掛けたり。二つの家に二つの僕の部屋があり、キッチンも二つ。パパとママの家具や調度は、かなり異なり、別れた理由がうかがえます。パパの家にもママの家にも友達がいてパパの方の友達は、動物を飼うことを楽しみ、ママの方ではしゃれた洋服を使ったごっこ遊びと、やっぱり異なります。パパもママも「アレックスが大好き」と言い、アレックスの新しいライフスタイルを懸命に軌道に乗せようと努力を重ねている様子がよく伝わってきます。

（佐々木宏子）

ソリちゃんのチュソク

韓国のチュソク（盆）は旧暦の８月15日。９月中旬の収穫の時期です。韓国の人たちも、ふるさとに帰り、先祖のお参りをします。

●イ・オクベ（文・絵）
●みせけい（訳）
●セーラー出版　●2000

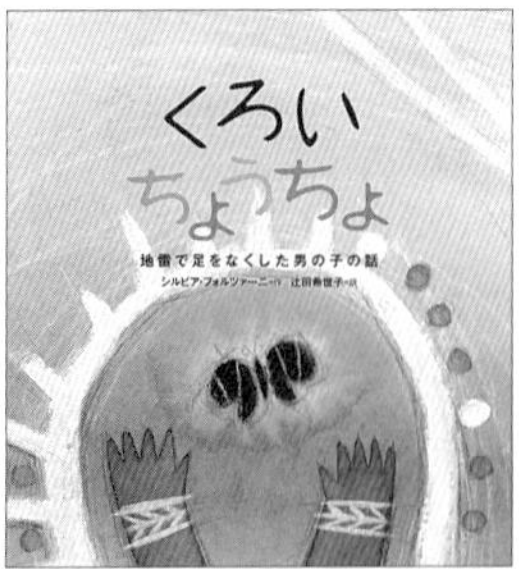

くろいちょうちょ

子ども達が、遊んでいるとき、光っている物を見つけました。知らずに地雷を触った男の子は足を失いました。もう一度、みんなと遊びたいなー。

●シルビア・フォルツァーニ（作）
●辻田希世子（訳）
●講談社　●2002

すべての子どもたちのために

1989年、国連は、子どもの権利条約を採択しました。子どもの権利についてわかりやすく描かれた絵本です。

●キャロライン・キャッスル（文）
●池田香代子（訳）
●ほるぷ出版　●2003

せかいのパン　ちきゅうのパン

パンは、数千年の昔から、今も世界各地で毎日作られ、多くの子ども達が食べています。パンの長い歴史が興味深く描かれた絵本。

●かこさとし（文）　●栗原徹（絵）
●農山漁村文化協会
●1987

えほん 北緯36度線

東京から地球をまっすぐ西へ。２人の少年は大きな鳥に導かれて、北緯36度線上に暮らす国の人々に出会う旅にでかけます。どんな旅になるのでしょう。

●小林豊
●ポプラ社　●1999

はじめて手にする世界地図
　イエティを探せ

世界をめぐる楽しい冒険旅行！ジャックは、世界旅行へ出発。物語と一緒に世界地図への関心がふくらみます。

●マーティン・オリバー（文）
●ティム・ハッチンソン（絵）
●ゆまに書房　●2002

世界のことばあそびえほん

「おはよう」は英語で「グッドモーニング」、フランス語では「ボンジュール」それでは、スペイン語では？外国のことばを身近に感じます。

●戸田やすし（企画・編集）
●戸田幸四郎（絵）
●戸田デザイン研究所　●1990

しっー！
　ぼうやがおひるねしているの

ぼうやのお昼寝をさせていたお母さんの方が座り込み…。ぼうやは小さな冒険へ。タイの農村のお話です。

●ミンフォン・ホ（作）
●ホリー・ミード（絵）
●安井清子（訳）
●偕成社　●1998

番号	絵　本　名	文、絵（訳）	出版社	初版年
1	あかてぬぐいのおくさんと７にんのなかま	イ・ヨンギョン、かみやにじ（訳）	福音館書店	1999
2	あふりかの音	沢田としき	講談社	1996
3	あふりかのたいこ	瀬田貞二、寺島龍一	福音館書店	1962
4	アンナの赤いオーバー	ハリエット・ジィーフェルト、アニタ・ローベル、松川真弓（訳）	評論社	1990
5	アルザスのおばあさん	プーパ・モントフィエ、末松氷海子（訳）	西村書店	1986
6	うさぎのみみは なぜながい	北川民次	福音館書店	1962
7	えほん 北緯36度線	小林豊	ポプラ社	1999
8	おおきな おおきな おおきな かぶ	アレクセイ・トルストイ、ヘレン・オクセンバリー、こぐま社編集部（訳）	こぐま社	1991
9	川をはさんでおおさわぎ	ジョーン・オッペンハイム、アリキ・ブランデンバーク、ひがしはじめ（訳）	アリス館	1981
10	かさどろぼう	シビル・ウェッタシンハ、いのくまようこ（訳）	徳間書店	2007
11	巨人のはなし	マルヤ・ハルコネン（再話）、ペッカ・ヴオリ、坂井玲子（訳）	福武書店	1985
12	くろいちょうちょ	シルビア・フォルツァーニ、辻田希世子（訳）	講談社	2002
13	こどもがはじめてであう せかいちず絵本	とだこうしろう	戸田デザイン研究室	1992
14	このよでいちばん大きな男の子	キム・セシル、クォン・ジェリョン、かみやにじ（訳）	少年写真新聞社	2005
15	ゴリラとあかいぼうし	山極寿一、ダヴィット・ビシームワ	福音館書店	2002
16	サーカス！	ピーター・スピア、ほずみたもつ（訳）	福音館書店	1993
17	しっー！ぼうやがおひるねしているの	ミンフォン・ホ、ホリー・ミード、安井清子（訳）	偕成社	1998
18	ジブヤとひとくいドラ	Ａ・ラマンチャンドラン、きざきまろい（訳）	ベネッセ	1982
19	スーホの白い馬	大塚勇三（再話）、赤羽末吉	福音館書店	1967
20	すべての子どもたちのために	キャロライン・キャッスル、池田香代子（訳）	ほるぷ出版	2003
21	世界あちこちゆかいな家めぐり	小松義夫（文・写真）、西山晶	福音館書店	1997
22	せかいいちうつくしいぼくの村	小林豊	ポプラ社	1995
23	せかいいちうつくしい村へかえる	小林豊	ポプラ社	2003
24	せかいのこっきえほん	わらべきみか	ひさかたチャイルド	2004
25	世界のことばあそびえほん	戸田やすし（企画・編集）、戸田幸四郎	戸田デザイン研究室	1990
26	せかいのこどもたちのはなし はがぬけたらどうするの？	セルビー・ビーラー、ブライアン・カラス、こだまともこ（訳）	フレーベル館	1999
27	せかいのパン ちきゅうのパン	かこさとし、栗原徹	農山漁村文化協会	1987
28	せかいのひとびと	ピーター・スピアー、松川真弓（訳）	評論社	1982
29	せかいはひろし	谷川俊太郎、和田誠	あかね書房	1978
30	セルコ	内田莉莎子、ワレンチン・ゴルディチューク	福音館書店	2001
31	ソリちゃんのチュソク	イ・オクベ、みせけい（訳）	セーラー出版	2000
32	ソルビム―お正月の晴れ着	ペ・ヒョンジュ、ピョン・キジャ（訳）	セーラー出版	2007
33	だいすきなもの―ネパール・チャウコット村のこどもたち	公文健太郎（写真）	偕成社	2007
34	旅の絵本Ⅰ・Ⅱ・Ⅲ・Ⅳ・Ⅴ	安野光雅	福音館書店	1977
35	棚田を歩けば	青柳健二（文・写真）	福音館書店	2007
36	ちきゅう	Ｇ・ブライアン・カラス、庄司太一（訳）	偕成社	2007
37	ちきゅうはみんなのいえ	リンダ・グレイザー、エリサ・クレヴェン、加島葵（訳）	くもん出版	2005
38	ともだちはみどりいろ	オーダ・ヨハンナ・フェスラー、いずみちほこ（訳）	フレーベル館	1993
39	とんでったらあふりか	羽仁進	福音館書店	2006
40	はじめて手にする世界地図 イエティを探せ	マーティン・オリバー、ティム・ハッチンソン、ゆまに書房編集部（訳）	ゆまに書房	2002
41	ひつじかいとうさぎ	内田莉莎子（再話）、鈴木康司	福音館書店	1975
42	平和へ	キャサリン・スコールズ、田沼武能（写真）、上遠恵子（訳）	岩崎書店	1995
43	へらない稲たば	李錦玉、朴民宜	岩崎書店	1985
44	ぼくがラーメンたべてるとき	長谷川義史	教育画劇	2007
45	ぼくのいもうとがうまれた	北沢杏子	アーニ出版	1984
46	魔法のことば	柚木沙弥郎（絵）、金関寿夫（訳）	福音館書店	2000
47	まるいちきゅうのまるいちにち	安野光雅（編）	童話屋	1986
48	メキシコのいちば	永田智明	福音館書店	1998
49	ヤンメイズとりゅう	松居直、関野喜久子（再話）、譚小勇	福音館書店	1994
50	わらのうし ウクライナの昔話	内田莉莎子、ワレンチン・ゴルディチューク	福音館書店	1998

⑼「ことば・もじ・かず」に関する絵本

言語教育は人間をことばかけで人間らしく育てていく教育です。子どもは大人に護られ、優しく語りかけてもらうことで人間らしく育っていきます。乳児が初めて話す言葉を片言（一語文）と言い、マンマ、ワンワン、ブーブなど、一つの言葉でいろいろな意味を持っています。まだ、言葉が話せない十か月の乳児も大人の話す言葉を理解して、イヤイヤと首を振ったり、「ウン」とうなずいたり、指を差したりして身振りで要求を伝えようとします。

「ことば・もじ・かず」に関する課題絵本の分類と選考

言葉の課題絵本の分類方法、絵本選考には、多大の時間と労力を使いました。とりわけ、子どもが文字（あいうえお）、数、マークなどに興味を持つのは、何歳頃のどんな時期なのか。また、子どもの個人差を考慮した「ことば」の課題絵本の環境はどのように考えればよいのか。四歳児はどうなのか。五歳児ではどうなのか。

いま一つ、絵本の分類方法に悩みました。最終的に、53ページのリストのように、①ことば・あいうえお・かず・マークなど、②ことばあそび・生活の音や声など、に大きく分けました。①は言葉のあいうえおを中心に、「動きを表す言葉」「あいさつ」「手話」「かず」「マーク」などです。②は、歌遊び、しりとり遊び、絵描き歌、生活の音や声などに該当します。

五味太郎の「あいさつの絵本」シリーズ『**すみません**』（⑨-13）は、生活の中での謝罪の意味の「ごめんなさい」であり、「ちょっと通して下さい」とお願いする時の「すみません」、ちょっと助けてもらう時の「どうもすみません」は、「ありがとう」の気持ちです。大人でも子どもでも、相手に「すみません」と言われるのは快いものです。生活の中で「すみません」という言葉を適切に使えるようにしたいものです。

「あいうえお絵本」に興味を持つ

子どもは文字が読めるようになると、いつの間にか自分の名前や知っている文字を書きたがります。始めは鏡文字で左右逆に書いたり、「さ」と「き」、「は」と「ほ」、「れ」と「わ」などの区別がつかず、よく間違えて書きます。そんな時に、筆順、ひらがな、カタカナ表記付きの絵本が子どもの理解を助けます。保育者は子どもと一緒にどこが同じ、違うのか調べます。「文字教育は、学校に入学してから…」と言われますが、子どもが興味を持ち、知りたい、覚えて自分で書きたいという欲求を持ったときに、大人がそれに応えることが必要です。「あいうえお絵本」の環境構成は、一人ひとりの個人差に対応することが必要で、四歳児クラスでも、子どもの興味、活動の様子を見て、個別に働きかけたり、それとなく絵本棚に置いたりします。適当な絵本がない時は、五歳児の保育室から、一時的に借りることもよいでしょう。子どもの活動をよく観察すると、子どもが好きな「あいうえお絵本」がそれぞれ違うことを発見します。子どもは自分が興味を持った絵本を選び、納得するまで夢中で見ています。

五味太郎の『**ことばのえほん　あいうえお**』（⑨-10）は、「あ」「ア」「a」アメ玉の絵。いろいろな「あ」を知ることができます。子どもは「これ、えいごや」と得意そうに言います。また、『**いっぽんばしわたる**』（⑨-5）と『**あそびえかきうた**

ぼうが一ぽんあったとさ』（9-26）は、どちらも唄遊び絵本のようですが、前者は、「ヘビがからまって渡る」、「アリがたくさんビッシリ渡る」などの、「動きやようすを表すことば」の絵本です。

『しごとでおぼえる　カタカナのえほん』（9-12）は、生活の中で使う「アナウンサー」「カメラマン」「ケーキやさん」などの外来語が、親しみやすい絵で描かれ子どもの興味をそそります。

生活で使う「かずの絵本」「世界のことば」「記号やマーク」

数を知るには、「いち、に、さん、…」と数える数唱、ボールがいくつあるか数える数の対応、数字を読む、書くなどがあります。「かずの絵本」では、絵本の場面に示す数字の数だけ絵を捜す遊びに興味を持つ子ども、複雑な絵の中に「○○はいくつ？」の問いかけに応えようと熱中する子どもなど、興味の示し方はさまざまです。

保育者は「こんな本があるよ」と一緒に読んだり、「あら、本当に五こあるね」と感心したりします。子どもの興味津々の知識欲を満足させる絵本を選ぶためには、近隣の図書館に出向き、絵本のリサーチを行い、貸出しを活用することがもっとも近道です。

生活の中で見るマークには、「これは、何のマーク？」と、大人でも知らないものがあり、子どもと競い合って覚えたり、「このマーク、なーに？」とゲームをしたりして、楽しみながら覚えていきます。**『発見する喜びが芽生える　みぢかなマーク』**（9-21）のカバーを、五歳児の保育室に貼っておくと、興味を持つ子どもは、どんどん覚えます。保育者に「このマークは、なーんだ？」と質問します。子どもがみんな知ってるマークは、園内のあちこちに貼ってある「避難口」を示すマークでした。

みんなで声を合わせて、面白いことば遊びや唄遊びを楽しむ

『あそびえかきうた　ぼうが一ぽんあったとさ』は、みんな知ってる「コックさん」の絵描き歌です。「ミミズが三匹はってきて、朝めし昼めし…」で、蛸になります。**『あっちゃんあがつく　たべものあいうえお』**（9-27）は、「あっちゃんあがつく、アイスクリーム」「いっちゃんいがつく、イチゴジャム」のように子どもの大好きな食べものばかりの唄遊びです。〇・一歳児の絵本にも紹介しているように、乳児から一緒に歌って覚えると、機嫌の良いときなどに、ふっと口ずさみたくなります。さいとうしのぶの絵は、本当においしそうで、この本を見ながら歌うと一層楽しくなります。

『あがりめ　さがりめ』（9-25）は、昔から親しまれてきた歌の歌詞と挿絵を確かめながら歌うことができます。「げんこつ山のタヌキさん、おっぱい飲んで…」「なべなべ、そーこ抜け、そーこが抜けたら…」など、みんながよく知っている歌ばかりです。

最近の保育者や学生は、小さい時からテレビやゲームで遊び、わらべ唄や唄遊びを知らないで育った人も少なくありません。子どもと一緒に歌詞や振りを覚え、歌って楽しみたいものです。

幼稚園や保育園で**『じゅげむ』**（9-40）や**『おっと合点承知之助』**（9-30）などがはやっています。五・六歳になると、少し難しいことに挑戦したいと思うようになり、友達と上手に言えるように競います。子どもの興味や熱中していることに「保育者がどのように共感し、その遊びを共有するか」によって、感動体験となるか、単なる一過性の遊びで終わるかのポイントと言えます。

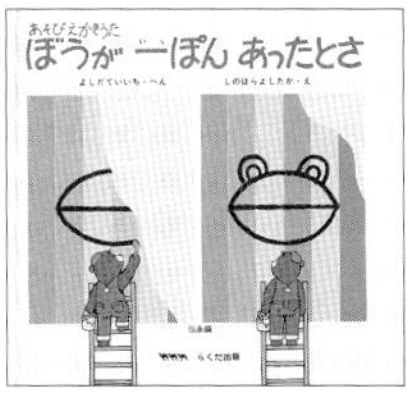

（福岡貞子）

しごとでおぼえる
カタカナのえほん

「大きくなったら何になるの」「コックさん」「パンやさん」、カタカナで表記する仕事と重ね合わせカタカナに関心を持つきっかけになります。

●高瀬めぐみ(編)　●むかいながまさ(絵)
●すずき出版　●1995

あいうえおの絵本 あひるがいちわ

"折り句" と呼ばれる言葉遊びの技法が使われています。言葉と絵がマッチして、子どもの視線も絵本にくぎづけ。自分達で作って遊ぶことも楽しめます。

●石津ちひろ(文)
●藤枝リュウジ(絵)
●ＢＬ出版　●2005

あいうえおうさま

あさのあいさつ　あくびをあんぐり　ああおはよう。語呂合わせや調子よい言葉のリズムが楽しめます。

●寺村輝夫(文)
●和歌山静子(絵)
●杉浦範茂(デザイン)
●理論社　●1979

◆――――リズミカルなあいうえおの本――――◆

はやいーおそい たかいーひくい
はんたいのほん

大きい—小さい、熱い—冷たいなど数量や空間、性質を表す言葉の反対や概念が子どもにわかるように描かれています。

●ピーター・スピア(文・絵)
●ほしかわなつよ(訳)
●童話館出版　●2005

なつのいなかの おとのほん

ぐわっぐわっ　ほおーう　ほおーう　コツコツコツ…何の音でしょう。耳を澄ますと田舎の自然の音が聞こえます。

●マーガレット・ワイズ・ブラウン(文)
●レナード・ワイズガード(絵)
●江國香織(訳)
●ほるぷ出版　●2005

１から100までのえほん

１から100までを数える絵本。５歳くらいになると１から10までの分解や合成が可能になります。色や形をうまく使って数の理解ができます。

●たむらたいへい
●戸田デザイン研究室
●1986

◆――――生活の音と反対ことば・かずの本――――◆

しりとりのだいすきなおうさま

何でもしりとりの順番になっていないと気がすまない王様に、困った家来達が計画を実行。王様はもうしりとりはこりごり…。その計画とは？

●中村翔子(文)
●はたこうしろう(絵)
●すずき出版　●2001

なぞなぞえほん
１のまき　２のまき　３のまき

なぞなぞは遊びの定番。問題を出すと、大きな声で答えが返ってきます。知ってるって嬉しい。わかるって楽しい。

●中川李枝子(文)
●山脇百合子(絵)
●福音館書店　●1988

すっぽんぽん

リズムに乗って軽快に読み進めます。「すっぽんぽん」の絵にニヤニヤと笑みがこぼれます。生活の中でも「すっぽんぽん」と服をすばやく脱いでいて、登場人物と同じ気持ちのようです。

●中川ひろたか(文)　●藤本ともひこ(絵)
●世界文化社　●2008

◆――――あそびごころにウキウキ　ことばあそびの本――――◆

	番号	絵　本　名	文、絵（訳）	出版社	初版年
ことば・あいうえお・かず・マークなど	1	あいうえおうさま	寺村輝夫、和歌山静子	理論社	1979
	2	あいうえおと aiueo があいうえお	はせみつこ、山村浩二	小学館	2007
	3	あいうえおの絵本 あひるがいちわ	石津ちひろ、藤枝リュウジ	ＢＬ出版	2005
	4	１から100までのえほん	たむらたいへい	戸田デザイン研究室	1986
	5	いっぽんばしわたる	五味太郎	絵本館	1979
	6	かずのえほん	わらべきみか、永野重史（監修）	ひさかたチャイルド	2002
	7	かぞえておぼえる かずのえほん	島田ゆか（絵）、すずき出版（企画）	すずき出版	1996
	8	かぞえてみよう	安野光雅	講談社	1975
	9	ことばがいっぱい言葉図鑑① うごきのことば	五味太郎（監修・制作）	偕成社	1985
	10	ことばのえほん あいうえお	五味太郎	絵本館	1992
	11	しーらんぺったん	中川ひろたか、藤本ともひこ	世界文化社	2007
	12	しごとでおぼえる カタカナのえほん	むかいながまさ（絵）、すずき出版（企画）	すずき出版	1995
	13	すみません あいさつの絵本２	川端誠	理論社	1992
	14	世界のことばあそびえほん	戸田やすし（企画・編集）、戸田幸四郎	戸田デザイン研究室	1990
	15	高畠純の あいうえお	高畠純	絵本館	1997
	16	手であそぼう ゆびであいうえお	田中ひろし、せべまさゆき	ほるぷ出版	2005
	17	てではなそう きらきら	さとうけいこ、さわだとしき	小学館	2002
	18	とけいのえほん	とだこうしろう	戸田デザイン研究室	1995
	19	となりのイカン	中山千夏、長谷川義史	自由国民社	2004
	20	にっぽんのちずえほん	わらべきみか	ひさかたチャイルド	2006
	21	発見する喜びが芽生える みぢかなマーク	鎌田達也（編集）	ひかりのくに	2005
	22	話す力が身につく あいうえおのほん	巻左千夫、木曽健司	ひかりのくに	2000
	23	はやい―おそい たかい―ひくい はんたいのほん	ピーター・スピア、ほしかわなつよ（訳）	童話館出版	2005
	24	もじあそび	安野光雅	福音館書店	1974
ことばあそび・生活の音や声など	25	あがりめ さがりめ―おかあさんと子どものあそびうた	ましませつこ	こぐま社	1994
	26	あそびえかきうた ぼうが一ぽんあったとさ	よしだていいち（編）、しのはらよしたか	らくだ出版	1982
	27	あっちゃんあがつく たべものあいうえお	みねよう（原案）、さいとうしのぶ（作）	リーブル	2001
	28	１ちゃんいちにち	高木あきこ、さいとうしのぶ	リーブル	2008
	29	絵本ことばあそび	五味太郎	岩崎書店	1982
	30	おっと合点承知之助	齋藤孝、つちだのぶこ	ほるぷ出版	2003
	31	かさぶたってどんなぶた	小池昌代（編）、スズキコージ	あかね書房	2007
	32	きっときってかってきて	ことばあそびの会、金川禎子	さ・え・ら書房	1978
	33	きょだいなきょだいな	長谷川摂子、降矢なな	福音館書店	1988
	34	くろいはかげさ	ことばあそびの会、多田ヒロシ	さ・え・ら書房	1979
	35	これはのみのピコ	谷川俊太郎、和田誠	サンリード	1979
	36	ころころラッコ こラッコだっこ	石津ちひろ、藤枝リュウジ	ＢＬ出版	2003
	37	こんにちワニ	中川ひろたか、村上康成	ＰＨＰ研究所	1999
	38	しりとりあそびえほん	石津ちひろ、荒井良二	のら書店	2002
	39	しりとりのだいすきなおうさま	中村翔子、はたこうしろう	すずき出版	2001
	40	じゅげむ	川端誠	クレヨンハウス	1998
	41	すっぽんぽん	中川ひろたか、藤本ともひこ	世界文化社	2008
	42	なぞなぞえほん １のまき ２のまき ３のまき	中川李枝子、山脇百合子	福音館書店	1988
	43	なつのいなかの おとのほん	マーガレット・ワイズ・ブラウン、レナード・ワイズガード、江國香織（訳）	ほるぷ出版	2005
	44	なにも なくても	織田道代、長新太	福音館書店	1996
	45	ばしん！ ばん！ どかん！	ピーター・スピア、わたなべしげお（訳）	童話館出版	2004
	46	へんしんトンネル	あきやまただし	金の星社	2002
	47	めのまどあけろ	谷川俊太郎、長新太	福音館書店	1981
	48	もけら もけら	山下洋輔、元永定正、中辻悦子（構成）	福音館書店	1990
	49	りんご ごーごー	庄司三智子	ひさかたチャイルド	1998
	50	わんわん わんわん	高畠純	理論社	1993

⑽ 「しぜん・かがく」に関する絵本

自然や科学の絵本を保育に位置づけるのは、子ども達がセンス・オブ・ワンダーを身につけて欲しいからです。その願いを実現するためには、どのような配慮が大切か、三つの視点に触れてみます。

子どもの発見や感動を受けとめ、適切な絵本の読み聞かせをする

ニワトリ小屋の前に群がっている年少児の一人が「どうしてヒヨコは、きいろいの？」と保育者を見上げます。それを耳にしたニワトリ係の年長児が「ヒヨコのおっぱいは、ゆでたまごのきみだからきいろいの」と答えました。「ふうーん」年少児は納得したようです。

その様子を見て、担任は、ヒヨコへの親しみを深めようとクラスで**『ひよこ』**（1－40）を読み聞かせました。最後にヒヨコが母親に会えて子ども達はほっとし、何度も「よんで」とせがまれました。年長組担任は、子ども達がヒヨコの世話をしながら、羽根の色の変わる不思議さを実感し、新たな「どうして？」を育むために**『ニワトリの絵本』**（12－26）を読みました。子どもの「自然や科学」への興味や関心に響き合うには、保育者が自然をよく見て感動に問いを紡ぐことが大切です。

子どもの感動・体験から興味・関心を拡げる

園庭の片隅に二十株ほどの菜の花が咲いていました。年長児二人が、菜の花の前で肩を並べて何かを見つめていました。近くにいた園長に突然「ここをふくかぜは、きいろい」と一人の子どもが教えてくれました。園庭を渡る爽やかな風が菜の花を微かに揺らせています。園長が「風に色があるって、不思議！」と共感していると、もう一人の子どもが「それに、よいにおいもする」とつぶやきました。しばらくして「めにみえないはちみつが、いっぱいとんでいるからだ」と感動しています。菜の花から飛び立つハチの姿を見て、母親が調理に使う蜂蜜の容器のミツバチの絵を思い出し、良い匂いは蜂蜜と考えたようです。このことを担任に話すと、担任は二人の発見をクラスの話題にし、仲間づくりの糸口にしたいと考えました。さらに、子ども達に風や匂いなどの自然現象に興味や関心を持って欲しいと願っていたので、菜の花を見に出かけました。菜の花は、強い風に吹かれて、まるで踊っているように揺れていました。

保育室に戻り、**『はるかぜのたいこ』**（10－43）を読み聞かせました。あら筋は、寒がりやのウサギが温かくなるものを求めてクマの店に入ると、太鼓を叩くことをすすめられました。太鼓を叩いていると、顔に暖かい風がかかってよもぎの野原にいるような気持ちになってきます。力一杯叩いて目をつぶると菜の花の匂いもして、小鳥の鳴く声も聞こえてくるという話です。このクラスの子ども達は年中組の時、祭で太鼓を叩きました。寒い日でしたが、力いっぱい叩いて楽しみました。担任がこの絵本を選んだ理由は、その時の子ども達の雰囲気や真剣な表情を思い出したからかもしれません。

私達は、ダンゴムシ、アリ、泥だんご、ドングリなど、生活の中での子どもの発見や感動、興味や関心につなげて絵本を選び、読み聞かせをしたり、保育室の絵本の環境づくりをしたりします。例えば、ダンゴムシを捕まえて楽しんでいる三歳児のつぶやきや興味を捉えて、**『ぼく、だんごむし』**（10－20）を読み聞かせることで体験が拡がり、ダンゴムシ

の世界を豊かにしていくと思います。

絵本を手掛かりに保育活動をイメージして、実践計画を考える

年中組の体験をもとに、一つの野菜でいろいろな食べ方ができることを年長組の子どもに体験させたいと考えました。昨年の野菜づくりの体験の話し合いで、①大根の種まき、間引き菜をみそ汁にして食べた。②大根抜きで、二股の大根を大男に見立てたり、途中が乳房のようなのは、「ママのおっぱい」と頬ずりをした、などの姿が出されました。

保育者は、農文協の野菜絵本を参考に大豆を育てることを提案することにしました。子ども達の希望は、トマト、キュウリ、スイカです。「先生達は、大豆を植えようと思うの、いろいろなおいしい食べ方ができるのよ」、「おいしいたべかたって、なーに？」子どもは興味津々です。

①豆が大きくなったら、茹でて「枝豆」にして食べる。②大豆を煎って、ハンカチに包み、木槌で叩いて「きな粉」を作る。③豆乳を作って飲む。④豆腐やおからを作る。料理が好きな子どもは大喜びです。おやつのおからクッキーを食べた後、「大豆はもっと不思議な食べものになるんだよ。家で聞いてきてごらん」と話しました。

子ども達の報告を受けて、『**しょうたとなっとう**』(⑽-36)を読み聞かせました。納豆が大嫌いだったしょうたが、田舎の祖父と納豆づくりをして、納豆が大好きになる絵本です。

絵本の持つ「癒す力」を活かす視点が大切です。子どもがいつでも、好きな時に絵本を読める環境をつくり、どんな本を何度読んでいるか、確かめておくことは、絵本を保育に活かす手掛かりになります。

（安部富士男）

●私の薦める課題絵本●

ことばはなにもでてきません
どこまでもどこまでもうみです

夏休みに家族で長い道のりを歩き通して、海に出かけるブタの家族の物語です。『**みっぷちゃっぷやっぷ　うみにいく**』(⑿-33、62ページ参照)は、今では忘れ去られようとしている、身体をくたくたになるまで使い切り心に大きな満足感を得る自然とのふれあいを描いた絵本です。

夏休みになり、三人きょうだいのみっぷとちゃっぷとやっぷは、初めて山の向こうの海に出かけます。お父さんのとぷうが子ども頃によく遊んだ海です。

父母と三人の子どもは、川にかかる大きな石の橋を渡ったり、ミンミンゼミの林を通り抜けたりしながら、見晴らしの良い草原にたどり着きます。その草原でみんなは「ぼぼうぼぼう」と風になり、草の海を滑り降りてゆきます。やっとたどり着いた昔とぷうが通っていた村の廃校が今日のお泊まりの宿です。

荷物を置いてから家族で集めた晩ご飯の材料は、なんと魅力的なことか。クワの実や木イチゴ、川で釣り上げた魚やセリ等々。真っ暗闇の部屋に侵入したホトトギスの鳴き声が「ほうちょうとげたか」に聞こえて震え上がる三人。

マンガのキャラクターのように線画で描かれた三きょうだいとは対比するように、見開きすべてを使った自然の描写の美しさは、絵本に緩急のリズムを生み出しています。最後に初めて見る海に言葉は何も出てきません。

（佐々木宏子）

ミミズのふしぎ
表紙の写真が衝撃的です。普段何気なく見ていたミミズがとても神秘的に感じられます。子どもはミミズの口が本当にあるのか探します。
●皆越ようせい(写真・文)
●ポプラ社　●2004

ポットくんとわたげちゃん
春です！みんなで飛ばしたわたげがタンポポになって公園に咲いている。子ども達は感動します。
●真木文絵(文)
●石倉ヒロユキ(絵)
●福音館書店　●2003

わたしのだいすきなどうぶつは…
どの動物も満たされた様子で表情がとても優しい。動物達の生態がソフトな色調で描かれた大型絵本。
●フローラ・マクダネル
●こだまともこ(訳)
●冨山房　●1995

地球—その中をさぐろう
地球の中の様子を3つのテーマに分けて解説。地層のでき方、火山の仕組みなど身近な話題から知識が広がるように工夫されています。
●加古里子
●福音館書店　●1975

かぜのひのおはなし
風を感じるのに、体だけでなく、かざぐるまや凧があると楽しいですね。風で動く玩具を持って思わず外へ飛び出したくなります。
●かこさとし
●小峰書店　●1998

はるののはらで
花が咲きました。ぽっぽっぽっ…やわらかい日差しにつつまれて今にも咲きだすような絵に、ついひきこまれます。
●ひらやまかずこ
●童心社　●1987

かみひこうき
いろいろな形の紙飛行機。作り方によって飛び方が違う。大空に向かって真っすぐ！高く！飛ばしてみよう。パイロット気分でLet's Go!!
●小林実(文)
●林明子(絵)
●福音館書店　●1973

どろだんご
ついつい夢中になって作ってしまうどろだんご。真剣に作らないとすぐに壊れてしまいます。手のひらいっぱいのだんごに白砂をまぶしてぎゅっぎゅっぎゅっ。
●たなかよしゆき(文)
●のさかゆうさく(絵)
●福音館書店　●2002

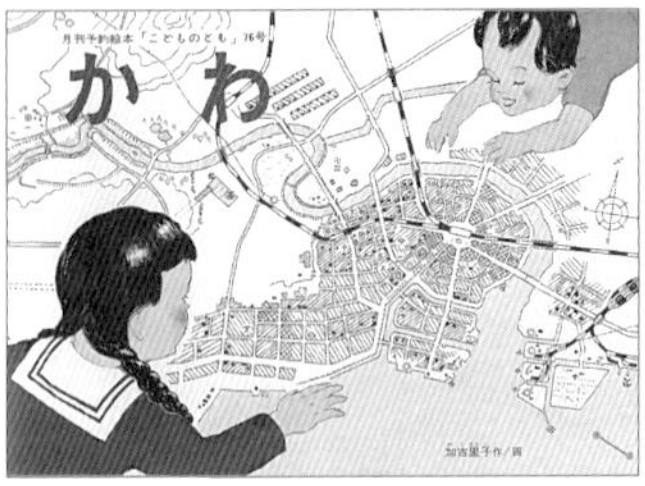

かわ
岩からしみ出した水が小さな流れになり、やがて海にたどり着くまでの変化と川の周囲に広がる風景を川の役割とともに解説する。昔見たことがあるような懐かしい景色が広がります。
●加古里子
●福音館書店　●1962

	番号	絵本名	文、絵（訳）	出版社	初版年
動物・虫・植物など	1	おじいちゃんのはたけ	ジャンヌ・ブベール、冨山房編集部(文)	冨山房	1993
	2	おたまじゃくし	福山欣司(指導)、河野修宏	フレーベル館	2004
	3	くいしんぼうのはなこさん	石井桃子、中谷千代子	福音館書店	1965
	4	くも	新宮晋	文化出版局	1979
	5	ゴリラとあかいぼうし	山極寿一、ダヴィッド・ビシームワ	福音館書店	2002
	6	こんにちはどうぶつたち	とだきょうこ(案)、さとうあきら(写真)	福音館書店	1998
	7	ざりがに	吉崎正巳、須甲鉄也(監修)	福音館書店	1973
	8	地面の下のいきもの	大野正男、松岡達英	福音館書店	1988
	9	ダンゴムシ	今森光彦(文・写真)	アリス館	2002
	10	ちびっこかたつむり	七尾純、久保秀一(写真)	偕成社	1987
	11	どうぶつのおかあさん	小森厚、藪内正幸	福音館書店	1977
	12	とべバッタ	田島征三	偕成社	1988
	13	トマトのひみつ	山口進(文・写真)	福音館書店	1994
	14	どんぐり	こうやすすむ	福音館書店	1983
	15	にわさきのむし—しゃがんでみつけた	小林俊樹、たかはしきよし	福音館書店	1980
	16	にわとりとたまご	イエラ・マリ、エンツォ・マリ	ほるぷ出版	1994
	17	のはらのずかん 野の花と虫たち	長谷川哲雄	岩崎書店	1992
	18	はじめてのかり	吉田遠志	ベネッセ	1982
	19	162ひきのカマキリたち	得田之久	福音館書店	2000
	20	ぼく、だんごむし	得田之久、たかはしきよし	福音館書店	1980
	21	ポットくんとわたげちゃん	真木文絵、石倉ヒロユキ	福音館書店	2003
	22	みのむし	甲斐信枝	福音館書店	1984
	23	ミミズのふしぎ	皆越ようせい(写真・文)	ポプラ社	2004
	24	むしのうんこ	伊丹市昆虫館(編)、角正美雪	柏書房	2005
	25	やさいのおなか	きうちかつ	福音館書店	1997
	26	雪の上のなぞのあしあと	あべ弘士	福音館書店	1989
	27	わたしのだいすきなどうぶつは…	フローラ・マクダネル、こだまともこ(訳)	冨山房	1995
自然とかがく	28	あっ！じしん	金子章、鈴木まもる	Gakken	2004
	29	雨、あめ	ピーター・スピアー	評論社	1984
	30	海	加古里子	福音館書店	1969
	31	おおきなきがほしい	佐藤さとる、村上勉	偕成社	1971
	32	かげ	中川正文、堀内誠一	福音館書店	1962
	33	かわ	加古里子	福音館書店	1962
	34	かぜのひのおはなし	かこさとし	小峰書店	1998
	35	かみひこうき	小林実、林明子	福音館書店	1973
	36	しょうたとなっとう	星川ひろ子、星川治雄、小泉武夫(原案・監修)	ポプラ社	2003
	37	杉山きょうだいの しゃぼんだまとあそぼう	杉山弘之、杉山輝行	福音館書店	1990
	38	棚田を歩けば	青柳健二(文・写真)	福音館書店	2007
	39	地球—その中をさぐろう	加古里子	福音館書店	1975
	40	どろだんご	たなかよしゆき、のさかゆうさく	福音館書店	2002
	41	なつのあさ	谷内こうた	至光社	1970
	42	にじ	さくらいじゅんじ、いせひでこ	福音館書店	1992
	43	はるかぜのたいこ	安房直子、葉祥明	金の星社	1980
	44	はるののはらで	ひらやまかずこ	童心社	1987
	45	光れ！泥だんご	加用文男、門田律子	講談社	2001
	46	水のぼうけん	アーサー・ドロス、神鳥統夫(訳)	リブリオ出版	2002
	47	森のはるなつあきふゆ	岸田衿子、古矢一穂	ポプラ社	1994
	48	ゆきのひ	エズラ=ジャック=キーツ、きじまはじめ(訳)	偕成社	1969
	49	ゆげ	大沼鉄郎、小川忠博(写真)	福音館書店	1984
	50	よわいかみ つよいかたち	かこさとし	童心社	1988

(11) 「園行事」にかかわる絵本

子どもにとって行事は、楽しみに待つ「特別な日」です。

園行事は、子どもの生活を豊かにするために取り入れるもので、日常の保育と調和の取れた無理のない計画が大切になります。保育の中に取り入れたい行事としては、園生活にリズム（節）をもたらす行事、日本の伝承行事、社会的行事があげられます。これらの園行事に関連する絵本の読み聞かせによって、子どもの行事への関心や理解が深まり、活動が一層楽しく充実したものになるでしょう。

行事は保育の流れにリズム（節）をつくる

四月、新しい年度の始まり、今日は入園式です。**『きみたちきょうからともだちだ』**（11－1）年長組の子ども達が趣向を凝らして新入児を迎える様子がユーモラスに描かれています。年間の園行事の中でも遠足や夏まつり、運動会などは活動的で変化に富み、子ども達は行事への参加を期待しワクワクする感動体験となります。

『ぼくのえんそく』（11－36）は、熱がでて遠足に行けなくなったぼくの気持ちが体を抜けだしてみんなのところへ…。不思議なぼくの体験に子どもはとても共感します。

園生活が充実してくる秋、子ども達は、運動会が終わった後も、リレー、玉入れ、綱引きなどの運動会ごっこをして遊びます。この頃のお気に入りの絵本は、**『むしたちのうんどうかい』**（11－31）です。コオロギ、スズムシ、セミ達の応援合戦、キリギリス、バッタ、フンコロガシ、ハチ達のとびっこ競争、玉入れの玉はダンゴムシ、最後はホタルの花火です。昆虫の生態や特徴をうまく捉えた内容に、子どもは興味津々で、自分でも確かめ読みをしています。

三月、さまざまな経験を積み重ねて、子どもは自分の成長をどのようなことで実感するのでしょうか？**『おおきくなるっていうことは』**（11－48）は、洋服が小さくなった、新しい歯が生えてきた、ちいさな人に優しくできるようになった、新しい友達を迎える入園式や進級式でまた一つ大きくなったことを実感し、自信をもつ子どもの姿が描かれています。また、**『ぐりとぐらの1ねんかん』**（11－50）も、一ページごとに季節を感じながら、一年間の子どもの体験と重ね合わせて、大きくなった嬉しい気持ちが膨らみます。このような園行事にかかわる絵本の読み聞かせによって、子どもの想像力は豊かになり、行事の体験や絵本の世界の楽しさが一層拡がっていきます。

日本の文化を継承する

今、生活環境の変化の中で、社会・自然事象や季節感のある伝承行事への関心が薄れてきました。園行事に取り入れたい伝承行事としては、七夕、お月見、餅つき、正月、節分などがありますが、取り組みにあたっては、伝承行事の由来や意義について保育者間で十分話し合うことが必要だと思います。絵本を活用することで、子どもも保育者も共に伝承行事の由来を知ることができ、行事への興味や関心が高まり、気持ちが豊かになります。

お月見会の翌朝、「お月さま、まんまるやったよ」子ども達は満月の美しさを口々に伝えてくれます。**『つきのぼうや』**（11－28）は三十年以上、世界で読み継がれてきた絵本です。まるで地上から月に届きそうな縦長の本が、子ども達を空想の世界へ誘ってくれます。

『もうすぐおしょうがつ』（11‐44）は、最近、家庭では体験できなくなった餅つきの様子が四コママンガのように描かれており、子どもは一つ一つの場面を園での餅つきの体験を思い出しながら見ています。節分の豆まきは「おにはそと、ふくはうち」が普通ですが、**『おにはうちふくはそと』**（11‐46）では反対になっています。この昔話に登場する男が言い間違えたことから、鬼が飛び込んできて引き起こす愉快な話です。節分の由来と共に、「豆まきをするよりみんなで大笑いする方が、本当の幸せがやってくるかも知れません」という作者の言葉が読み手の心にも残ります。

園で取り上げたい社会的行事

どのような行事を保育に取り入れるのか、保育が行事に振り回されないようにしたいと思います。また母の日、父の日などは、家族の形態が多様化する中で、園としてどのように捉えるのか、取り組みにあたって、一人ひとりの子どもの状況を視野に入れた配慮と工夫が求められます。いま保育園では世代間交流の取り組みが行われています。敬老の日を機会に、**『おじいちゃんの　ごくらく　ごくらく』**（11‐22）や**『だいじょうぶ　だいじょうぶ』**（11‐23）、**『ばあちゃんのなつやすみ』**（11‐16）などの絵本は、継続して読み聞かせたいと思います。

そして、命のつながりや、大切さ、年齢を重ねた人の姿や思いを受け止められるような子どもに育って欲しいと思います。

（礒沢淳子）

●私の薦める課題絵本●

満月の夜、みみずくに会いに

一つの園や地域には、長い歴史の中で培われた数々の行事がありますが、一つの家族の中で伝承される大切な行事もあります。この絵本は厳寒の満月の夜に幼い女の子を連れて、ミミズクにわざわざ会いに出かける家族の物語です。

作者のヨーレンは表紙カバーの折返しに「息子や娘達がちいさいころ、夫はよく、ちかくの森に、みみずくを見に、つれていきました」と書き、この絵本を夫に捧げています。**『月夜のみみずく』**（12‐23、62ページ参照）は、幼児期の子どもにとって自然との静かで深いふれあいの機会がいかに大切かを教えてくれます。

暗い森をくぐり抜けてゆくと、ぽっかりと広い空き地に出ます。月は空のてっぺんにあり、あたりは静寂の中で真っ白に浮かび上がります。そのとき、父さんは、はっとして静かにという合図を娘におくると、遠くに向かって呼びかけます。

「ほうーほう　ほ・ほ・ほ　ほーーーう」。木の間をくぐり抜け遙か彼方まで流れてゆく声に、やがて返事が木魂のように返って来ます。やがて二人の前に、鋭い目つきの大きな羽をふうわりとふくらませた一羽のみみずくが、静かに現れます。一分間かしら、三分間かしら、「あたしたちじっとみつめあった」とあります。

この経験は、幼い子どもの魂に深く刻み込まれることでしょう。自然への畏敬や不思議さ、父と経験した幻の様な神秘的な経験は、折に触れて心の中から立ち現れ、幼い日々の幸福な思い出として、後の人生に大きな励ましと勇気を与えるでしょう。**（佐々木宏子）**

たんじょうび

今日はリゼッテおばあさんの76歳のお誕生日。動物達はおばあさんの留守中に力を合わせてお祝いの準備をします。おばあさんは喜んでくれるでしょうか？

●ハンス・フィッシャー
●おおつかゆうぞう(訳)
●福音館書店　●1965

げんきにおよげ こいのぼり

「コイは元気な 魚だ。こいの幟なら、子ども達は喜ぶに違いない」、東京の伝説を元に描かれている。お話を聞いた子ども達は大きな「こいのぼり」を作ります。

●今関信子(文)
●福田岩緒(絵)
●教育画劇　●2001

いーはとあーは

「みてみて、ぼくのははこんなんだよお」乳歯から永久歯に生え変わる歯、虫歯、友達同士で歯を見せ合って歯への関心が高まっていきます。

●やぎゅうげんいちろう
●福音館書店　●1997

たなばたものがたり

昔の中国のお話。織姫と牛飼いは出会ったとたん、お互いを好きになりました。七夕の物語を読んで、子ども達は夜空を見上げて牽牛や織姫、天の川を探します。

●舟崎克彦(文)
●二俣英五郎(絵)
●教育画劇　●2001

ぼくがラーメンたべてるとき

遠く離れた国で、いま何が起こっているのだろう？パンを売っている女の子。山の向こうで男の子が倒れていた。同じ地球の、同じ空の下で。

●長谷川義史
●教育画劇　●2007

10ぴきのかえるのなつまつり

夏まつりの準備に大忙しのカエル達。当日を迎えるまでのドキドキする冒険のお話です。

●間所ひさこ(作)
●仲川道子(絵)
●PHP 研究所　●1988

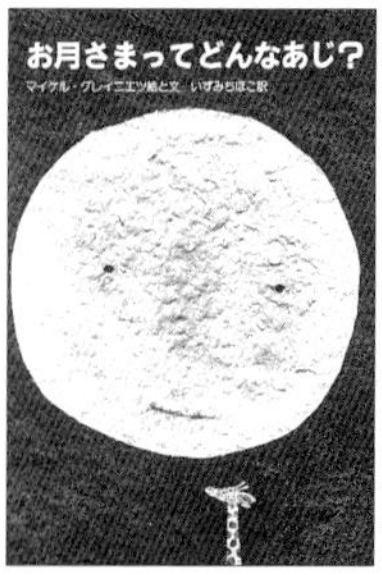

お月さまってどんなあじ？

「お月さまってどんなあじなんだろう。ほんのひとくちたべてみたいね」動物達はそう思いました。ゾウがカメの上に、キリンがゾウの上に…最後にネズミがみんなの上に乗り、とうとう…。

●マイケル・グレイニエツ
●いずみちほこ(訳)
●セーラー出版　●1995

ともちゃんとこぐまくんの
うんどうかい

かけっこがいやなともちゃんとこぐまくん、原っぱで動物達の運動会に参加。「はやくても、おそくてもたのしいなあ、あした天気になあれ！」運動会を心待ちにしながら眠りました。

●あまんきみこ(作)　●西巻茅子(絵)
●福音館書店　●1992

十二支のはじまり

なぜネコが十二支に入らなかったのかそのわけと、なぜ十二支がネ、ウシ、トラの順になったのかが楽しく描かれています。子ども達は、自分は「なにどし生まれ」か知りたがります。

●岩崎京子(文)
●二俣英五郎(絵)
●教育画劇　●1997

番号	絵本名	文、絵（訳）	出版社	初版年
1	きみたちきょうからともだちだ	中川ひろたか、長谷川義史	朔北社	2005
2	ともだち	谷川俊太郎、和田誠	玉川大学出版部	2002
3	ほいくえんのいちにち	おかしゅうぞう、かみじょうたきこ	佼成出版社	1995
4	おたんじょうびのひ	中川ひろたか、長谷川義史	朔北社	2006
5	たんじょうび	ハンス・フィッシャー、おおつかゆうぞう（訳）	福音館書店	1965
6	げんきにおよげ こいのぼり	今関信子、福田岩緒	教育画劇	2001
7	ワニぼうの こいのぼり	内田麟太郎、高畠純	文渓堂	2002
8	いーはとあーは	やぎゅうげんいちろう	福音館書店	1997
9	むしばはどうしてできるの？	小野芳明、せべまさゆき	金の星社	1994
10	たなばたプールびらき	中川ひろたか、村上康成	童心社	1997
11	たなばたものがたり	舟崎克彦、二俣英五郎	教育画劇	2001
12	しんちゃんのはなび	新沢としひこ、あべ弘士	童心社	1998
13	祇園祭 新版	田島征彦	童心社	2005
14	10ぴきのかえるのなつまつり	間所ひさこ、仲川道子	PHP研究所	1988
15	はなびのはなし	たかとうしょうはち	福音館書店	2000
16	ばあちゃんのなつやすみ	梅田俊作、梅田佳子	岩崎書店	1980
17	青いかいじゅうと赤いかいじゅう	ディビッド・マッキー、きたざわきょうこ	アーニ出版	1989
18	おしっこぼうや せんそうにおしっこをひっかけたぼうやのはなし	ウラジーミル・ラドゥンスキー、木坂涼（訳）	セーラー出版	2003
19	せかいいちうつくしい村へかえる	小林豊	ポプラ社	2003
20	そして、トンキーもしんだ	たなべまもる、かじあゆた	国土社	1982
21	ぼくがラーメンたべてるとき	長谷川義史	教育画劇	2007
22	おじいちゃんの ごくらく ごくらく	西本鶏介、長谷川義史	すずき出版	2006
23	だいじょうぶ だいじょうぶ	いとうひろし	講談社	1995
24	もったいないばあさん	真珠まりこ	講談社	2004
25	だんじりまつり	はまのゆか	ポプラ社	2005
26	お月さまってどんなあじ？	マイケル・グレイニエツ、いずみちほこ（訳）	セーラー出版	1995
27	14ひきのおつきみ	いわむらかずお	童心社	1988
28	つきのぼうや	イブ・スパング・オルセン、やまのうちきよこ（訳）	福音館書店	1975
29	パパ、お月さまとって！	エリック・カール、もりひさし（訳）	偕成社	1986
30	ともちゃんとこぐまくんのうんどうかい	あまんきみこ、西巻茅子	福音館書店	1992
31	むしたちのうんどうかい	得田之久、久住卓也	童心社	2001
32	ようい どん	わたなべしげお、おおともやすお	福音館書店	1980
33	よーいどんけついっとうしょう	梅田俊作、梅田佳子	岩崎書店	1985
34	あめのひのえんそく	間瀬なおかた	ひさかたチャイルド	2003
35	ぐりとぐらのえんそく	なかがわりえこ、やまわきゆりこ	福音館書店	1979
36	ぼくのえんそく	穂高順也、長谷川義史	岩崎書店	2005
37	いもほり	はまのゆか	ほるぷ出版	2008
38	さつまのおいも	中川ひろたか、村上康成	童心社	1995
39	ねずみのいもほり	山下明生、岩村和朗	ひさかたチャイルド	1984
40	十二支のお節料理	川端誠	ＢＬ出版	1999
41	十二支のはじまり	岩崎京子、二俣英五郎	教育画劇	1997
42	てのひらむかしばなし 十二支のはじまり	長谷川摂子、山口マオ	岩波書店	2004
43	ソルビム―お正月の晴れ着	ペ・ヒョンジュ、ピョン・キジャ（訳）	セーラー出版	2007
44	もうすぐおしょうがつ	西村繁男	福音館書店	1989
45	おなかのなかに おにがいる	小沢孝子、西村達馬	ひさかたチャイルド	1976
46	おにはうちふくはそと	西本鶏介、村上豊	ひさかたチャイルド	1983
47	一年生になるんだもん	角野栄子、大島妙子	文化出版局	1997
48	おおきくなるっていうことは	中川ひろたか、村上康成	童心社	1999
49	おめでとうのいちねんせい	糸井重里（詩）、日比野克彦	小学館	1989
50	ぐりとぐらの１ねんかん	なかがわりえこ、やまわきゆりこ	福音館書店	1995

番号は、４月～３月の季節順にまとめています。

番号	絵 本 名	文、絵（訳）	出 版 社	初版年
1	ありがとう、フォルカーせんせい （＊）	パトリシア・ポラッコ、香咲弥須子（訳）	岩崎書店	2001
2	いたずらかいじゅうビリー！	ハッチンス、いぬいゆみこ（訳）	偕成社	1993
3	いぬとくまいつもふたりは （＊）	ローラ・ヴァッカロ・シーガー、落合恵子（訳）	クレヨンハウス	2008
4	いもほりきょうだい ホーリーとホーレ	石井聖岳	農山漁村文化協会	2007
5	うさぎのユック	絵門ゆう子、山中翔之郎	金の星社	2005
6	宇宙のみなしご	森絵都	講談社	1994
7	えんやらりんごの木	松谷みよ子、遠藤てるよ	偕成社	1978
8	おうちがふたつ （＊）	クレール・マジュレル、カディ・マクドナルド・デントン、日野智恵・日野健（訳）	明石書店	2006
9	おおかみと七ひきのこやぎ	グリム童話、フェリクス・ホフマン、瀬田貞二（訳）	福音館書店	1967
10	おおきなおおきなおいも	赤羽末吉、市村久子（原案）	福音館書店	1972
11	おねえさんになるひ	ローレンス・アンホルト、キャサリン・アンホルト、吉上恭太（訳）	徳間書店	1998
12	おんぶはこりごり （＊）	アンソニー・ブラウン、藤本朝巳（訳）	平凡社	2005
13	かいじゅうたちのいるところ	モーリス・センダック、じんぐうてるお（訳）	冨山房	1975
14	かわいい かわいい わたしの ぼうや	キャシー・アペルト、ジェーン・ダイヤー、村上真理（訳）	岩崎書店	2002
15	きつねやぶのまんけはん	中川正文、伊藤秀男	NPO法人「絵本で子育て」センター	2009
16	ごろごろ にゃーん	長新太	福音館書店	1984
17	三びきのこぶた	イギリス昔話、瀬田貞二（訳）、山田三郎（画）	福音館書店	1967
18	三びきのやぎのがらがらどん	マーシャ・ブラウン、瀬田貞二（訳）	福音館書店	1965
19	十二支のはじまり	やまちかずひろ、荒井良二	小学館	2006
20	ずら～り マメ ならべてみると…	高岡昌江、深石隆司（写真）	アリス館	2006
21	ちゃんとたべなさい	ケス・グレイ、ニック・シャラット、よしがみきょうた（訳）	小峰書店	2002
22	ちへいせんのみえるところ	長新太	ビリケン出版	1998
23	月夜のみみずく （＊）	ジェイン＝ヨーレン（詩）、ジョン＝ショーエンヘール、くどうなおこ（訳）	偕成社	1989
24	どんどこももんちゃん	とよたかずひこ	童心社	2001
25	にゅーっするするする	長新太	福音館書店	1989
26	ニワトリの絵本	やまがみよしひさ（編）、きくちひでお	農山漁村文化協会	1999
27	ノエルのおさんぽ	るりこ・デュアー、たかはしみちこ	メディアファクトリー	2001
28	はくしゅぱちぱち	中川ひろたか、村上康成	ひかりのくに	2005
29	ばばばあちゃんのやきいもたいかい	さとうわきこ	福音館書店	2000
30	ひがんばな	甲斐伸枝	福音館書店	1977
31	ひやしんす	平山和子	福音館書店	1970
32	プレゼント 〔品切れ〕	おとたけひろただ、さわだとしき	中央法規出版	2000
33	みっぷちゃっぷやっぷ うみにいく （＊）	筒井頼子、藤原一枝・はたこうしろう	童心社	2008
34	やきいもの日	村上康成	徳間書店	2007
35	やぎのしずかシリーズ1 こやぎがやってきた	田島征三	偕成社	1981
36	やぎのしずかシリーズ2 しずかのけっこん	田島征三	偕成社	1981
37	やぎのしずかシリーズ3 しずかおめでとう	田島征三	偕成社	1981
38	やさいでぺったん	よしだきみまろ	福音館書店	1993
39	よもぎだんご	さとうわきこ	福音館書店	1987
40	WHAT COLOR?	駒形克己	偕成社	1991

本書でとりあげている、その他の本を一覧にまとめました。（＊）印は、「私の薦める課題絵本」でとりあげたものです。

月夜のみみずく

みっぷちゃっぷうみにいく

ありがとう、
フォルカーせんせい

おじいちゃん

第 3 章
保育課題絵本による実践事例
絵本の読み聞かせからイメージが拡がる

絵本を手がかりに保育活動をイメージする
実践例からヒントを得て、保育を展開する
子どもに育てたい「センス・オブ・ワンダー」

（1）『いないいないばあ』大好き（〇歳児）

〇歳児クラスの絵本棚に〈いないいないばあ〉絵本を三冊並べてみました。保育者をじっと見ていたヨチヨチ歩きの満一歳のY男が「あー、あー」と指さし、近づいて行きます。『いないいないばあ』(1-3)を手に持ち、嬉しそうに保育者の膝に座ると、「あ！」と見上げて読み聞かせをねだります。「みんな絵本見るよ」と近くにいる子ども達に声をかけると、十一か月のJ子とE子が寄ってきました。みんな保育者の膝に座りたいので、友達を引きずり下ろして自分が座ろうとします。二〜四人ぐらいは、保育者の膝に二人、両脇に一人ずつ抱き寄せ、ゆっくりと「クマちゃんが、ホラね、いないいないばあ…」と絵本を読み聞かせます。子ども達も一緒に「いないいないばあ」を真似して、「あ、ははは…」と笑います。そして、「うん」と顎を突き出し、「はい、つぎよんで…」と保育者を促すのです。終わりまで読み、「おしまい」と保育者が言うと、子ども達は「あー」と、保育者の顔を見て「もっぺん」と言うように催促します。

ゆいちゃんが
いないいない
ばぁ！

子どもの顔の『いないいないばあ』手作り絵本

子どもの写真を拡大した「いないいないばあ」手作り絵本を見ました。保育者が「いないいないばあ、これは、だれ？」と尋ねます。K子の写真が出てくると、本人は照れて嬉しそうにし、みんなはK子を指さして「あ、わ、わー」と喜びます。「さあ、次は誰かな？いないいないばあ」と手作り絵本の上をめくり上げます。最初に絵本『いないいないばあ』、次に、手作り絵本で「いないいないばあ」をして、最後はハンカチを顔にかけて「いないいないばあ」と取り外すのが大好きです。自分の顔にハンカチをかけるのを嫌がる子どももいるので、「Eちゃん、ハンカチする？」と尋ねてからハンカチをかけます。

朝のおやつの後や、低月齢児が目覚めている時、一人ひとりに「いないいないばあ、しようか」と声をかけたり、保育者の膝に抱っこして『いないいないばあ』絵本や子ども達の好きな絵本を読み聞かせて、担当保育者との触れ合いを深めるようにします。

〇歳と一歳前半の子どもは、きむらゆういちの『いないいないばあ』絵本はあまり喜びません。とりわけママの顔がブタに変わる頁では、「イヤイヤ、ママ、ブタちがう」と嫌がる子どもも見られます。〇・一歳児には、松谷の『いないいないばあ』の優しい絵が適切だと思います。

「いないいないばあ」のカーペットを作る

〇歳児クラスは十五名です。みんなが目覚めている時は、保育者の傍に座りたいので、すぐに、けんかをします。みんなが絵本をよく見えるように、半円ドーナツ型のカーペットを作り、ネコ、クマ、キツネ、ネズミなどの絵本の動物のアップリケをしました。「さあ、ここに座るのよ」と呼びかけると、みんな喜んで座り、体を揺らして読み聞かせを待ちます。その後は「絵本を読むよー」と言うと、すぐにカーペットに寄ってきます。

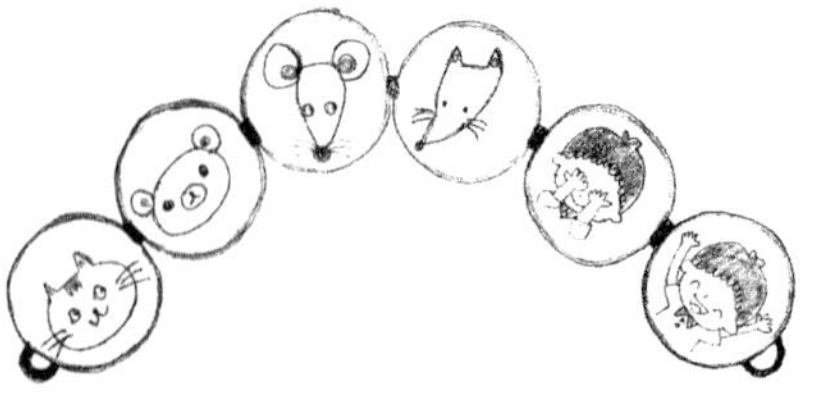

(1)『いないいないばあ』大好き（〇歳児）

「はくしゅぱちぱち」の表現遊び

『いないいないばあ』絵本や手作り絵本の好きな子ども達に、**『はくしゅぱちぱち』**（12‐28）を読み聞かせました。繰り返しの部分を喜び、小さな手を合わせてパチパチとします。

絵本を読み聞かせた後は、表紙が見えるように絵本棚（布製の袋）に片付けますが、「もっぺん」読んで欲しい子どもは、また絵本を取りにいき、保育者のところへ持ってくるのです。「もう、ごはんだから、後からね…」と言っても、「あー、あー」と聞き入れません。すると、何を思ったのかG男が手作りの絵本カーペットを引きずってきて、大好きなクマの絵に座り保育者の顔を見上げてニッと笑うのです。それは「ぼく、じゅんびしたよ、はよよんで」と言わぬばかりの顔付きです。「Gちゃんには、負けた。一回だけよ」。本日三回目の『はくしゅぱちぱち』の読み聞かせが始まりました。子ども達の大好きなページはいつも同じです。「ドッシン、ドッシン、ゾウさんが…」のところで、保育者が「あら、よっと」と合いの手を入れると、S男が四つ這いになり、片足を上げ、絵とそっくりのポーズをします。「Sちゃん、じょうずね」と言うと、みんなもポーズをしようとします。まだ、しっかり歩けないR子やT子は座ったままで、片足を上げようとします。絵本の読み聞かせから、〇歳、一歳児の表現遊びが始まり、保護者にも観てもらいました。

〇・一歳児が、「せんせい、えほんよんで…」という要求を持ち、保育者が「いまだめよ」と言うと、「えほんカーペットをもってきたら、よんでくれるのかな？」と考える一歳児の知恵に驚きます。

大好きな「せんせい」に読んでもらうのが嬉しいの

〇歳、一歳児のクラスで『いないいないばあ』絵本の読み聞かせや「いないいないばあ」遊びを工夫して楽しんでいるのを聞いた園長が、「よーし、私は絵本読むのが得意だから、読んであげよう」と張り切って乳児室にやってきました。

園長は、子ども達の顔を見ながら、「みんなの好きな『いないいないばあ』絵本を読むよ」と、松谷の『いないいないばあ』絵本を読み始めました。子ども達は、園長の顔をじっーと見つめています。いつもなら、みんなで笑うページも、「ばあ」と真似をするところも何もしません。とうとう最後のページになりました。保育者が「もっぺん、読んでもらいたい？」と尋ねると、みんな大急ぎで、担当保育者の傍に寄ってきて、じっーと園長の方を見ています。保育者が、「園長先生、ありがとうって言おうね」と呼びかけると、「ああとう」と言い、すぐに「ばいばい」と手を振る子どももいて驚きました。

三歳未満児が「絵本の読み聞かせ」を楽しむためには、担当保育者と子どもとの信頼関係が築かれていることが重要となり、子どもが安心して抱かれたり、甘えたりできる人であることが大切です。子どもの気持ちに添って、ゆっくり読んだり、子どもの要求に応じて同じページを繰り返し読んだりして、一緒に笑って楽しむことを心がけたいものです。

（富山県／富山市立保育所・村崎千津子）

(2) 『はけたよはけたよ』—ぼくにもできるかな？（二歳児）

幼稚園に未就園児（二歳児）クラスがあります。子ども達は週二回の登園。四月、五月はお母さんと一緒に午前の時間を過ごし、六月になると、お母さんは帰ります。スムーズに手を振り遊びに入る子ども、別れるのに時間がかかる子ども、お母さんの首に泣きすがる子ども…、色々な姿があります。お母さんもさまざまです。わが子があっさり「お母さんはお家でお仕事ね。バイバイ！」と自分から離れると「なんだか淋しいわ」というお母さん。泣きじゃくられ、「うちの子はどうして…？」と困惑気味のお母さん。でも、お迎えの時間がきてお母さんの顔を見つけると、「ママだー」とはじける笑顔で、どの子どももお母さんの元に駆け寄ります。お母さんは、笑顔で「おかえり」と抱きとめてくれます。保育者やお友達と過ごす時間が増え、友達と仲良くなった子ども達は、お母さんと離れても落ち着いて、遊びに熱中します。自分の世界を広げ、自分から行動できるように助けていきます。家では「あしたようちえん？」と母親に聞き、幼稚園で遊ぶことを楽しみにしているようです。

二歳児の生活習慣の自立といえば、着替え、排泄が中心になってきます。夏も直前、そろそろオムツが取れないだろうかと考えます。お母さん方にトイレの周期を確認して、一人ひとりのタイミングを見はからって声をかけます。

けんちゃんは少しずつトイレで用をたす開放感を感じると、「ひとりでできた！」「トイレでできた！」という自信につながっていきます。トイレに行きたくなると、「おしっこいってくる！」と保育者に言って、保育者にズボンとおむつを下ろしてもらい駆けていきます。「そろそろ、オムツはバイバイね。パンツだね、お兄ちゃんだね」と、けんちゃんをはげまします。トイレの後は、保育者の肩に手を置いて、着替えをしていたので、パンツを履く時は、保育者を待っています。

保育者が他のことに手を取られている時、パンツとズボンを表向きに並べておくのですが、いつの間にか、お尻だけはだかんぼうで遊び出してしまうのです。

『はけたよはけたよ』（2-41）を読んでみることにしました。「たつくんはね、ひとりでパンツがはけないんだよ。だって、ふらふらするんだもん」という一ページ目の言葉。この時期の子ども達に「ほんとう！そうだよね」と、ぴったり共感できる書き出しです。子ども達の視線は絵本にくぎ付けです。たつくんが、お尻を出したまま駆け出すと、子ども達は「くくっ！」「クスクス」と笑いだします。何度も読むうちに、たつくんが、さぎくんに出会うシーンになると、ふざけんぼうのゆうくんは片足で立って見せ、場面に合わせてドテーンと尻餅をついて見せてくれます。「あれ、ゆうくんのお尻も泥んこになっちゃったかな？」とお話を進めていきます。

「ぼくといっしょだね」

けんちゃんが『はけたよはけたよ』の絵本を「よんで」と私のところに持って来るようになりました。すっかりこの絵本が気に入ったようです。この頃、お母さんは年子の弟に、ちょうど手のかかる時期だったので、保育者はあまり急がず、じっくりとスキンシップをとりながらけんちゃんが安心できるようにしました。ページをめくるたび、けんちゃんはたつくんのはだかんぼうのお尻を指さし、撫でては「うふふ」と笑っています。まるで、「たつくん、ぼくみたいだね」と言っているようです。私も、けんちゃんの思いを感じ取り、一緒にたつくんのお尻を撫でながら「うふふ、おかしいね」と笑って共感しました。

しばらくすると、たつくんの真似をしているのでしょうか、座ってパンツを履く姿が見られました。思わず「あら、たつくんみたい」と言葉を掛けました。けんちゃんはなんだか得意気です。そうこうするうちに、自分でパンツを脱ぎ、トイレへ。降園時は靴下も自分で履くようになってきたのです。子ども達は、お母さんと別れてからも、安心して気持ちを委ねられる保育者との関わりの中で、ゆっくりゆっくり自立の芽をはぐくんでいるようです。

『しろくまちゃんのほっとけーき』

未就園児クラスでは、二か月に一度、クッキングを行います。九月のメニューは何にしようかしら、と月案を考えている時、子ども達の大好きな**『しろくまちゃんのほっとけーき』**(2-28)からホットケーキを作る計画を立てました。

しろくまちゃんシリーズは子ども達に人気があり、とくに『しろくまちゃんのほっとけーき』は一番人気でしたので、この本を読んだ後、子ども達に「今度、ホットケーキを作ってみようか」と提案すると「やったー」と飛び上がって喜ぶ声が返ってきました。

材料を用意してテーブルに並べると、なっちゃんが、「たまごわる」と卵を握りしめています。しろくまちゃんと同じようにやりたいのでしょう。保育者に手伝わせてくれません。もちろんボールの中には殻がチラホラ…。やっとのことで殻を取り出し、絵本をめくりながら「つぎはなに?」とホットケーキ作りを進めていきます。

「ぽたぁん　どろどろ　ぴちぴちぴち　ぷつぷつ」プレートにとろけるように流れる材料に子ども達から呪文のようにセリフが溢れます。「ぽいってやりたい」とこうちゃん。「しゅっ　ぺたん　ふくふく　くんくん　ぽいっ!」とセリフに力が入ります。卵の殻が入っても、粉が床に散らばってもめげずにホットケーキ作りを楽しむしろくまちゃんの様子とそっくりです。同じように自分達で作る喜びを感じているのでしょう。

すっかりホットケーキの甘い香りに包まれた部屋で、幸せな嬉しいおやつタイムとなりました。すると、しっかり者のあやちゃんが、「おかたづけは?」と保育者に尋ねます。そうそう、しろくまちゃんはお母さんと一緒に、お皿洗いもやっていました。このことまでしっかり印象付けられていたなんて!残念なことに片づけまで計画に入れていなかったので、降園時間が迫ってしまったことに反省です。「そうだね、こんなに上手にホットケーキが作れたんだもの、きっとお皿洗いも上手にできるね。今度はしろくまちゃんみたいに、お片づけも一緒に手伝ってね」と、クッキングを終えました。

クッキングを体験した後、砂場で、フライパンとヘラを持った子ども達が「どろどろ、ぴちぴち」とホットケーキ作りを楽しむ姿が続きました。片づけの時間はバケツの中で、きれいにフライパンを洗うあやちゃんは、物語の主人公になり切っています。

何でも「じぶんで!」と自我の芽生えるこの時期、失敗しても「もう一回」と楽しむゆとりを持ちながら、子どもの育ちに寄り添って行きたいと思います。

(近大姫路大学・谷口ナオミ)

⑶ 『ぽんたのじどうはんばいき』の劇遊び（三歳児）

三歳児ゆり組の三学期は、好きな友達と遊ぶことができるようになり、友達関係も広がってきました。「友達と遊ぶって楽しいよ」ということを子ども達に気づいて欲しいと願い、**『ぽんたのじどうはんばいき』**(5-47)を読みました。読み終わると、

A男「なんでもでてくるじどうはんばいきが、あったらいいな」

B子「わたし、ピンクのドレスをくださいっておねがいする」

C男「ぼくは、かっこいいくるまがほしいな！」

D子「ぽんたとぽんこがおともだちになってよかったね」

E子「もっとおともだちがいっぱいいるほうがたのしいから、もりのどうぶつみんなとなかよくなれたらいいな」

F男「みんなで、かくれんぼとかおにごっことかしてあそべるね」

G子「みんなでパーティしたいな」

と、いろいろな意見がでてきました。

次の日、「うえのくちからはっぱをいれて、ほしいものをいってください」と段ボールで作った自動販売機（**図１**）に張り紙をして、色画用紙で作った葉っぱ・ライオンやウサギなどの面や冠、ペンダントなどを保育室に置いておきました。

すると、登園するなり子ども達は自動販売機のまわりに集まってきました。

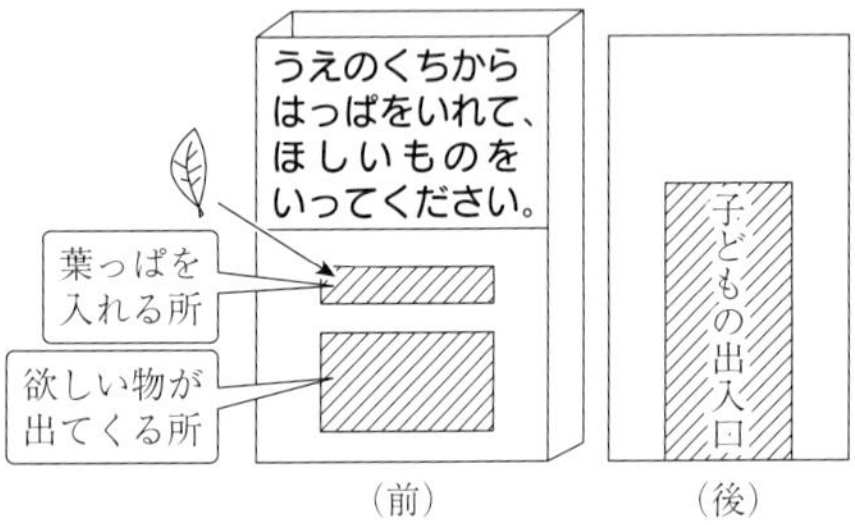

図１　自動販売機

A子「ワァー、じどうはんばいきだ！」

B男「ライオンのおめんがあるよ」

C男「かんむりだ！」（と冠をかぶってみる）

B男「ぼく、ライオン！（ライオンの面をかぶって上の口に葉っぱを入れて）かんむりがほしい」

D子「わたしぽんたになる、ぽぽんのぽぽん、すぽぽんのぽん！」

B男「やったーかんむりがでてきたよ」

E男「つぎ、ぽんたをぼくにさせて！」（タヌキの面をかぶる）

F子「わたし、ウサギがいいわ」（ウサギの面をかぶる）

と、さっそくミニ劇遊びが始まりました。作っておいた冠やネックレスだけでなく、保育室にあるぬいぐるみや積み木なども使って、せりふのやりとりも活発にしながら楽しそうに遊んでいます。

数日間、このような遊びが続いたある日、生活発表会でする劇遊びを『ぽんたのじどうはんばいき』にしてはどうかと提案すると、全員一致で「それがいい！」ということになりました。劇遊びにどんな役が必要か、自動販売機で何を出して欲しいかをみんなで考えました。ぽんたとぽんこは一番人気で、やりたい子どもが多いため「ぽんたとぽんか」「ぽんきちとぽんこ」という双子のタヌキの役を考えました。森の動物は、ライオン、キツネ、ウサギに決まりました。

自動販売機で出して欲しい物はライオンが冠、キツネがマフラー、ウサギがペンダントになりました。一週間、子どもがやりたい役を交替で楽しんだ後、自分がなりたい役をみんなで決めました。そして保育者が色画用紙で作った動物の顔にパスで目や口などを描き、自分の役の面を作りました。面をつけるとすっかり役になり切り、せりふと動作にも力が入ります。登園するとすぐ面をつけ楽しそうに遊んでいました。

動物が登場する時は、子ども達がよく知っている歌を替え歌にして…

例えば「ぽんたとぽんこは♪ぽんぽこたぬき♪、キツネは♪こぎつね♪」の曲の替え歌、ウサギやライオンはオリジナル曲で、というふうに。また、踊りの振りつけも、せりふに合ったものを子ども達と一緒に考えていきます。「おもしろそうだ」と言う時には、「ひだりてをパーにして、みぎてをグーにしてうつ」とか、「やってみよう」と言う時には「みぎてをうえにあげたら？」などの意見が出てきます。

カセットテープに劇遊びに出てくる曲を録音しておくと、登園後や食後など好きな遊びの時に曲をかけて、友達同士誘い合って踊ったり、せりふのやりとりをしている姿がよく見られるようになってきました。

劇遊びを始めて数日後、この話の中で一番大切な場面、友達がいないぽんこの気持ちを考えてみました。

A子「おともだちがいなくてさみしい」
B子「かなしいなーっておもってる」
先生「ぽんこは〝お友達をください〟ってどのように言うの」
C子「かなしいきもちだからちいさいこえでいう」
D子「ちいさいこえだったら、ぽんたにきこえないよ」
E男「でも、ぽんこは、はずかしいとおもうよ」
F子「ぽんこは、おともだちがほしいからおねがいがかなうように、ゆうきをだしておおきなこえでいうといい」

入園して一・二学期が過ぎ、友達との関わりで、相手の気持ちを思い、どうすればよいかを考えているやりとりに成長を感じます。話し合いの結果、F子の意見を取り入れることになりました。ぽんた・ぽんか組も、ぽんこ・ぽんきち組と同様に、お友達になりたいから、はずかしいけれど勇気を出して大きな声で言う、ことになりました。そして、ラストは初めて絵本を読んだ時に子ども達が、たくさんお友達がいたほうが楽しい、と言っていたことから、ぽんたとぽんかが自動販売機に買い物に来た動物をぽんことぽんきちに紹介してみんなが友達になり、「たのしいね」の替え歌に合わせて踊りながらパーティをし、最後にずっと友達でいられるように「みんなともだち」を歌いました。劇遊びの練習が進むにつれ、「Rくん、おおきいこえでせりふいってすごいね」「Fちゃんニコニコしながらおどっていてかっこいい」と友達がしていることにも目を向けて、頑張っているところをみんなで認め合えるようになってきました。

図２　劇遊びの舞台

生活発表会では緊張している子どもも見られましたが、みんな堂々と演じ、たくさんの拍手をもらい大満足でした。登場人物のせりふをすっかり覚えていて、発表会が終わってからも、好きな役になりきって遊んでいました。この遊びは、一か月後の修了式近くまで続き、自動販売機でいろいろな物を出して遊び、友達と絵本を読んだり、降園前には、「せんせい、きょうのえほんは『ぽんたのじどうはんばいき』がいい！」とリクエストをしたりします。

『ぽんたのじどうはんばいき』は劇遊びを通して、友達と一緒に遊ぶことの素晴らしさ、楽しさをますます感じたことと思います。ちょっぴり恥ずかしくても勇気を出して、「いっしょにあそぼう」と友達を誘います。また、仲間に入りたくても入れない友達に「いっしょにあそぼ…」と優しく声をかけ、手をさしのべる様子が見られるようになりました。

（大阪府／豊中みどり幼稚園・陸奥田尚子）

ちょっとはずかしかったけれど…ぴょん！と、とびだしました。

(4)『ぐりとぐら』の運動会（三歳児）

四月に入園した頃は、お母さんと泣いて離れられず、席に座ることも、自分の身の回りのこともなかなかできなかった三歳児も、「友達と一緒に生活をする」ことを少しずつ理解して、「友達と一緒にいることの楽しさ」がわかるようになりました。

二学期の大きな行事といえば運動会です。三歳児には、すべてが初めてで、大勢の人々が見ている前で、友達と一緒に競技や遊戯をするのです。園で運動会だけでなくすべての行事について方針としていることは、行事は保護者に見せることが目的ではなく、子ども達がその行事を通して何を感じ、学ぶことができるか、その過程が大切であり、行事への取り組みの過程を通してさまざまな経験を得ることそのものを目的としています。

まずは、子どもが楽しいと感じること、友達と一緒に一つのことをやり遂げる楽しさを味わい、その中にも、我慢をしたり頑張ったりちょっとつらいことも乗り越えて、やり遂げた時の充実感や満足感を感じられるようにしたいと思います。そして、大勢の人からの拍手をもらい、自信を持って大きく成長していく子どもの姿を保育者は思い描きながら、行事に臨みます。

さて、三歳児が初めて取り組む運動会の競技なので、何か親しみやすいキャラクターがないかと考えていた時、一学期に読み聞かせをした、子どもたちの大好きな絵本の**『ぐりとぐら』**（2-21）を思い出しました。

「ぼくらのなまえは、ぐりとぐら、このよで　いちばんすきなのは、おりょうりすること、たべること、ぐり、ぐら、ぐり、ぐら」。大きななべにふわふわのカステラ、本当においしそうな絵本です。

『ぐりとぐら』の大型絵本を読み聞かせました。一度、読み聞かせをしたこともあり、また家で読んだことがある子どもも多く、「しっている」「よんだことがある」と口々に声が上がりました。保育者が「知っている子も多いけれど、今日は大きい絵本だから絵もじっくり見てね。ぐりとぐらが何をするのかな？どんなものが出てくるかな？よく見てみようね」と声掛けをすると、みんな静かになって絵本を見ています。

大きなたまごが出てくる場面では、みんな驚いた様子で「わぁ！」「大きい！」と一斉に歓声が上がりました。「いちばんおおきなおなべ、こむぎこ、ばたー、ぎゅうにゅう、おさとう、ぼーる…」と、たくさんの材料や道具を用意している場面でも、「わぁ、いっぱいだね」とまた驚きます。そして、いよいよカステラができ上がる場面では、「おいしそうー！」と思わず立ち上がり、友達と一緒にぴょんぴょん飛び上がって喜ぶ姿が見られました。

絵本を読み終えた後、運動会の競技について子ども達に話をしました。かけっこ、遊戯、個人競技、親子競技とたくさんの種目に出場すること、そして「運動会で、みんなにぐりとぐらになってもらおうかと思います」と子ども達に伝えると、「えぇーっ」と驚きながらもとても嬉しそうです。「みんながぐりとぐらになるために、ぐりとぐらが何をしたのか、どんなものが出てきたか、もう一度絵本を見てみようね」と、ストーリーを振り返り確かめました。

保＝「まず、ぐりとぐらは　何を見つけた？」

子＝「たまごー」

保＝「普通のたまご？」

子＝「おおきなたまごー」

保＝「たまごで何をつくることにした？」
子＝「カステラ…」
保＝「おうちに持って帰れた？」
子＝「もてなかった」
保＝「どうすることにしたの？」
子＝「そこでつくった」
保＝「使うものを運んだんだよね。何を運んだの？」
子＝「おなべー」
保＝「どんなおなべ？」
子＝「おおきなおなべー」
保＝「どうやっておなべを持ってきたの？」
子＝「てでもてないからひっぱるー」「こうやってー」（引っ張る動作をしてみせる）

などと、少しずつ子ども達に問いかけながら、ストーリーを思い出しました。運動会の競技は、カステラの入ったなべを運ぶ競技なので、「大きなおなべ」「カステラ」「運び方」を強調して問いかけて、子どものイメージを膨らませていきます。

保＝「ぐりとぐらみたいに、みんなもおなべが運べるかな？」
子＝「うん。はこべるー」
保＝「じゃあ、おなべだけだとさびしいから、カステラも載せてみようか？」
子＝「いいねぇ！」「どうぶつもたべにくるかなぁ」

はじめは、競技のイメージも持てなかった子ども達も、少しずつ想像を膨らませ、楽しそうな表情が見えてきました。そして、「今度、園庭でやってみよう」と言うと、毎日「せんせい、ぐりとぐらやる？」と何度も尋ねてきて、練習を心待ちにしているようでした。

段ボールで作った大きななべを見ると、「わぁー。おおきい！」「すごーい！」と、大喜びです。「みんなにこのおなべを運んでもらうけど、大きいから重いかな？」と子ども達に尋ねると、「だいじょうぶ！」「やりたーい！」と元気のよい返事が返ってきました。

競技は、四つのチームに分かれ、大きななべにカステラを載せて、落とさないように「ぐりとぐら」の絵の描いてあるポールを回ります。そして、次の友達になべをリレーし、一番先にゴールしたチームが優勝です。練習では、なべが大きくてポールにぶつかってしまったり、カステラを落としてしまったり、別なチームにつないでしまったりと、さまざまな失敗もありましたが、何度か練習を重ねるうちにみんな上手に運べるようになりました。カステラが落ちてしまったら動物たちも食べられなくなるので、みんなとても真剣です。

子ども達は、練習を通じて、失敗したり、負けた悔しさを感じたりして、友達と一緒にゲームを楽しむことを知りました。そして、運動会の当日は、大勢のお客さんの前で「ぐりとぐら」になって、大きななべにおいしそうなカステラを載せてこぼさないよう一生懸命に運ぶことができ、保護者からは大きな声援を受けました。

大きいフライパンを引っぱるリレー

（千葉県八千代市／若葉ナースリースクール・藤澤　彩）

(5) 『はらぺこあおむし』の表現遊び（三歳児）

五月になり、子ども達は毎日戸外遊びに夢中です。どろんこ、水遊び、草花の水やりなど好きな遊びを満喫します。園の小さな菜園でJくんが見つけたアオムシをクラスで飼うことにしました。

「うわっ、グネグネしている！」「はっぱ、たべてるー」「さわってもいい？」と興味津々です。名前を「アオムシのあおちゃん」と付けて、みんなの大切な仲間になりました。家から、キャベツやハクサイの切れ端を持ってきたり、「きょうは、そとにだしてあげようー」と飼育ケースをテラスにそっと置いたりして、三歳児なりに、アオムシのことを考えて行動しています。

Y＝「さわったら、オレンジのつのみたいのでてきた。クサッー」

保＝「どんな匂いかしら？」と鼻を近づけましたが、何も匂いません。

R＝「きのうより、おおきくなったみたいやでー。うん、そうや」

保育室の絵本コーナーに、「チョウチョウの絵本」、生き物の図鑑やみんなの大好きな『**はらぺこあおむし**』(2-43) などを並べました。新しい絵本を見つけた子ども達は「せんせい、えほんよんでー」と集まってきます。

絵本のアオムシが、月曜日はリンゴを食べ、火曜日はナシと、絵本の穴のあいた部分に自分の手を入れてみたり、次はスモモやで、と絵を見て考えたりして楽しんでいます。K＝「アオムシは、おおきくなったら、チョウチョになるんや」、S＝「ちがうよ、おおきなアオムシになるの、ねーせんせい」、保＝「さあー、どっちかしら？よくみておこうね」と一緒に考えます。

「はらぺこあおむし」ごっこ

三歳児は機嫌がよい時に歌ったり、踊ったりして遊びます。食べ物の絵を貼ったダンボール箱に穴をあけておくと、さっそくアオムシになり、むしゃ、むしゃ、むしゃと食べる真似をします。かようびは、ナシです。ダンボール箱に、「ここもあなあけてー」と絵本のような穴をあけることを注文します。

保育者がおひさまや月になり、アオムシが、くねくねと体を動かしてはい回り、毎日いろいろな物を食べて、だんだん大きくなり、おひさまから布団をかけてもらうと出てきた時は、素敵な模様のチョウチョウになるのです。「チョウチョウのはねがいるよ」とA子が言うので、何で作ればよいか、みんなで考えることにしました。

ある日、飼育ケースのアオムシはサナギになりました。子ども達は、「あおちゃん」がチョウチョウになる日を指折り数えています。保＝「どんなチョウチョウになるのかな？」、子＝「いま、ねてるから、しずかにしないと…」とアオムシを気づかいながらチョウチョウになるのを楽しみに待ちます。

朝の好きな遊びの時間に、子どもが自由に使える「はらぺこあおむし」のペープサートを用意すると、友達を誘ってペープサートのセリフのやりとりが始まります。「ちがうよ、もくようびは、イチゴよ」とすっかりストーリーを覚えています。絵の具で「リンゴたべたから、あかくなった」と赤いアオムシを描き、「バナナたべたから、きいろやで」と子どものイメージはどんどん拡がっていきます。

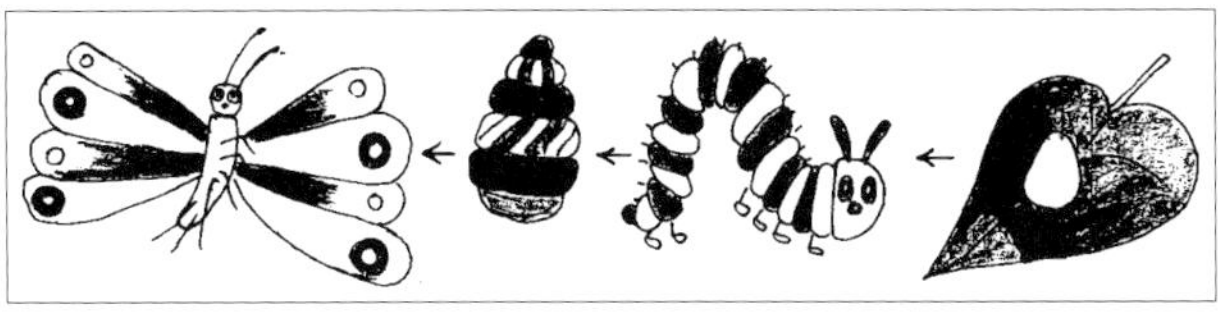

　三歳児なりにアオムシがチョウチョウに変化するようすを理解できるように、成長過程を、貼っておきました。〔卵→いまから。太っちょアオムシ→もうすこし。サナギ→もうすぐ。チョウチョウ→じかんです。〕子ども達は毎日、「いま、ここ」と図を指さして確かめています。

チョウチョウになった！

　ある日の朝、「あおちゃんが、チョウチョウになっている」と子どもが騒ぎ出しました。飼育ケースをみると、まだサナギから出たばかりの「あおちゃん」の黄色い羽がベタッと体にくっついています。子＝「とべるかな？」、保＝「今サナギから出たばかりだから濡れてるの、乾くと元気に飛べるよ」。子ども達は、安心して、みんなでケースを見守ることにしました。

　しばらくすると、「あおちゃん」は、パタパタと飛び回ろうとしています。子＝「ケースがせまいから、うまくとべないよ」、保＝「みんな、どうしたらいいかしら？」。みんなで相談の上、外へ逃がすことになりました。花壇で、ケースの蓋を開けると、何度かパタパタと羽を動かし、飛び立ちました。「あおちゃん、バイバイ！」「げんきでねー」と子ども達の声に見送られて、チョウチョウはまるで別れを惜しむかのように、子ども達の上を旋回し、どこかに飛んで行きました。

　お弁当を食べてる時に、子＝「あおちゃん、なにかたべているかなあー」「あめに、ぬれていないかなあ」と心配しています。保＝「大丈夫よ、あおちゃんかしこいから、美味しい花の蜜を見つけていると思うよ」と言うと、子＝「うん、そうや」と安心するのです。

「アオムシ」の表現遊び

　「あおちゃん」の表現遊びは、子ども達の手作りのデカルコマニーのチョウチョウが、悪い魔女に連れ去られ、魔女から来た手紙をたどって、みんなでチョウチョウを探しに出かけます。平均台や跳び箱の山を登り、ダンボール箱のトンネルをくぐり抜けて、ようやく魔女を見つけて、チョウチョウを返してもらうことができました。

　次の朝、壁面に飾ってある子ども達が作ったチョウチョウを見つけると、「ぼくのチョウチョウがいた」「わたしのも、いる」といとおしそうに触っているのです。子ども達は、「ぼくらのへやに、チョウチョウがいるよ」と他のクラスの子どもに自慢そうに言っています。

　七月には「表現遊びの発表会」があり、みんなの大好きな遊びの『はらぺこあおむし』をすることになりました。アオムシの食べる果物は、イチゴ、リンゴ、ブドウに決め、自分の食べたい果物グループになります。果物は移動式ボードに不織布を貼り、子どもが自分で取って食べます。その果物は、おひさまのプレゼントなので、おひさまにお礼の歌や遊びをすることにしました。最後は、チョウチョウになり、舞台を元気に飛び回りました。

　その後、散歩で黄色いチョウチョウを見ると、「あれ、あおちゃんとちがうか？」と見送ります。また、園庭で虫を捕まえると、「あとで、にがしてあげよう」と虫をいたわるようになりました。

（大阪府／豊中みどり幼稚園・川越恵美子）

(6) 『おおきくなるっていうことは』 ―年中組のルール

延長保育も終わりに近づき、三歳児五名、四歳児七名、五歳児一名の子ども達がカプラ（積み木）を使って遊んでいました。三歳児のA男とM男は、長い道を作り「たおれないね」と二人は顔を見合わせて嬉しそうです。その隣では四歳児のH男は、C男とカプラを組み合わせて、「お城」を作っています。屋根の部分の短いカプラが足りなくなり、三歳児のA男のカプラを横取りしました。A男が、「Hちゃんが、とった」と五歳児のJ子に助けを求めると、H男は、「おしろのやねができないもん」と言います。C男も、「まだたくさんあるから六つくらいええやろ」と言って返しません。A男はカプラを取られた悔しさから、A男達が長く作っていた道をつぶしてしまいました。

J子は、「よこどりしたらあかん！」「かえしてあげて」と注意しましたが、二人は知らぬ顔で遊びを続けています。納得のいかないJ子は、「おおきいサクラぐみがカプラとっていいの」と言います。H男は、「せんろはカプラがすくなくてもできるもん」と自分の気持ちを言いました。その様子を見ていた保育者が、「大きい組になることは、なんでも自分の思うままにすることかな？」と問いかけます。H男もC男も悪いことをしたといった表情で下を向いたまま遊びを続けています。保育者は再び、「大きくなるってことは、どんなことかな？」とみんなに問いかけて一緒に考えました。

A男は迎えに来られた保護者にカプラの出来事の不満を訴えていました。J子は絵本コーナーに行き、『おおきくなるっていうことは』（11-48）の絵本を手にそのまま降園し、帰宅途中、納得がいかなくて何度もくり返し絵本を開いては確認しながら見ていました。

小さな人に、優しくするっていうことは

家でこの絵本を読んでもらっていたJ子は、「おおきくなるっていうことは、できなかったことが、できるようになることだよね」と母親に尋ねました。「そうよ！いろんなことが、少しずつできるようになることよ」と夕飯の支度をしながら母親は返事をします。J子は、ちょっと考え、「しょくパンをかいに、いくことができる」「おやつのまえに、てあらいができる」「ひとりでねむることもできる」と自分ができるようになったことを嬉しそうに話しました。

本日の延長保育でのA男とH男のトラブルを話し、「Aちゃんのカプラをよこどりするのはわるいことやね」と母親に問いかけ、「やさしくしてあげることも、おおきくなったことやね」といいます。母親は、「優しい心も、大きくなったことだと思うよ。保育園のみんなに聞いてみてはどう？」と答えます。J子はうなずいて、「うん、もっとおおきくなりたい」と大きくなると自分でできることが増えていくことが嬉しそうでした。

大きくなって、どんなこと

昨日の延長保育での出来事をJ子の母親は、担任のO保育者に話し、J子が絵本を持ってきていることも伝えました。朝の集まりのとき、カプラの取り合いのことを話し、「みんなどうおもう？」と担任が言うと、J子は、「ちいさいクラスのおともだちがあそんでいるおもちゃのよこどりをしたり、いやなきもちになるようなことをいってはあかんとおもう」「そんなことをするひとは、おおきいサクラぐみではないとおもいます」と、自信を持って言いました。M男、A男、C男、H男は下を向

いています。クラスはとてもおもたい雰囲気になったので、みんなで大きくなるってどんなことなのかを考えてみることになりました。J子はカバンの中から、『おおきくなるっていうことは』の絵本を出して保育者に渡し「せんせいよんで」と言いました。読み始めるとH男、C男は、「そんなあかちゃんのようなえほんは、ききたくない！」「おもしろいきょうりゅうのえほんがいい！」と、昨日のことに、触れられたくない様子をみせていました。

保育者が一ページずつ丁寧に読み進めると、H男、「そんなのしっていることばかり、おもしろくない！」と言います。最後のページの、〝大きくなるっていうことは、小さな人に優しくなれること〟の場面では、H男は口を一文字に結び涙を浮かべていました。「ぼく、おしろをつくりたかったんや、六こカプラがたりなかったからとってしもうた」といって大粒の涙を落として泣きました。すると、「まえにNちゃんやHちゃん、Iちゃんもしていた」と口々に子ども達が言い出します。J子はクラスのみんなが気付いてくれたことが嬉しそうでした。

絵本をモデルとして、「おおきくなるってこと」について話し合いました。一歳になると洋服が小さくなること。二歳で、新しい歯がたくさんはえること。三歳になると、プールで顔をつけることができるようになったこと。四歳では、登り棒に登れたこと。五歳では、サッカーしている時、年少児がゲームに参加した時には考えて弱くキックすることができるようになったこと。大きな泥団子を作るために、みんなで考えて工夫して作ったこと。年長組になると、六段の跳び箱を跳べるようになること、などいろいろな意見が出ました。

もっと、もっと大きくなると、お父さんさんやお母さんのようになれることへの喜びを知り、なんだか元気が出てきました。最後のページの、大きくなるっていうことは、小さな人に優しくなれること、の場面では、「ちいさなこにあめをあげた」「おんぶしてあげた」「てをつないであげた」などと言います。ほとんどが保育園での生活で体験したことばかりです。

でもJ子は、お母さんに、体が大きくなることは、心も大きくなることだと聞いていたので、「ゆるしたり、わけてあげたり、ちょっとガマンできること」だと、元気のよい声で言いました。みんな「うん、うん」とうなずいています。

「かして…」と言うの

数日たった延長保育の遊びで、三歳児のA男がBブロックで車を作っていました。同じ場所で四歳児のH男は大きな橋を作っています。A男は、H男が確保しているブロックを黙って持って行こうとします。H男は、A男に、「だまってとってはあかん」「かしてというの！」と教えていました。A男は、小さな声で、「かして」と言い、H男は「うん」とうなずいて、分けてくれました。ブロックの遊びは続きブリッジの下で車を走らせ、二人は仲良く遊んでいます。

『おおきくなるっていうことは』の絵本から学んだことは、体だけではなく、目には見えないけれど、心も大きくならなければいけないこと、それには、ルールを守ったり、小さい子どもに優しくすることです。友達と一緒に遊ぶことを学び、サクラ組の子ども達は考えて行動したり、みんなと仲良く遊ぶルール作りができるようになりました。この絵本はサクラ組のルールになりました。

（兵庫県／伊丹市立保育所・阪上節子）

Bブロックで車と道路をつくる

(7) オモニは、日本語がよくわかりません（四歳児）

タイのバンコクから保育関係者が、「日本の保育制度と保育所の子ども達の様子を知りたい」と見学に来られました。

園ではさっそく、外国のお客をどのように迎えればよいか、年長組の子ども達と相談しました。まず、タイはどこにあるのか、世界地図と地球儀で探しました。バンコクも見つかりました。タイの観光ガイドブックを見ると、タイは仏教の国でワット（寺）がたくさんあります。農村には日本と同じ水田があり、水牛が田んぼを耕していることも知りました。子ども達の顔は日本人とよく似ています。

お客様と一緒に交流できる遊びは、何がよいか考え、みんなの好きな「グー、チョキ、パーの手遊びをタイ語で覚えることにしました。グー＝「コム」、チョキ＝「カンクライン」、パー＝「クラウダー」。毎日、何回も練習してカンクラインを早口で言います。

当日は、年長組の保育室にタイの保育者を迎えて、みんなで「サワッディー」（こんにちは）と元気に挨拶をします。タイの挨拶は、両手を合わせて笑顔で腰を少しかがめます。子ども達はすぐ親しくなりました。

歌やダンスを見てもらった後、タイ語の「グー、チョキ、パー」の交流です。子ども達は、タイの保育者の方とペアになり、タイ語で手遊びを楽しみました。タイの保育者からは「水の祭の踊り」を教えてもらいました。みなさんが帰る時は、「ラーコン」（さようなら）と姿が見えなくなるまで何度も言いました。

ハングルのガイドブックで、気持ちを伝え合う

四歳児のNくんは韓国で生まれ、お父さんの仕事の都合で家族揃って日本にやってきました。お父さんは日本語が話せますが、お母さんはほとんど話すことができません。そのため、保育者は、『外国語版保育所ガイドブック（ハングル）』を片手にお母さんと意思の疎通を行うことになりました。毎朝、ガイドブックを開き、伝えたい言葉を指さして、「わかりますか？」と確かめ、お母さんもガイドブックのページをめくり、伝えたい言葉を探して指さし、保育者の目を見て「わかる？」と聞きます。

Nくんは、「あそびたい」「したくない」「おなかすいた」などの簡単な日常語を覚えて、友達と一緒に元気に遊ぶようになりました。でも、いつも保育者の傍にいて、身振り手真似を交えて自分の気持ちを伝えようとし、うまく伝わった時は、安心してニッコリと笑います。

五月になり、保育参加・保護者懇談会を行いました。Nくんの両親も出席です。子ども達と一緒にダンスをしたり、歌を歌ったりした後で、保護者懇談会になりました。保護者同士は顔見知りが多いので、なごやかな雰囲気の中に、家庭での子どもの様子を報告したり、保育所への要望などを話します。Nくんのお母さんは、みんなが何を話しているのか知りたくて、心配そうに父親の顔を見ながら、尋ねています。お父さんが小さな声で韓国語の通訳をしているのを、他の保護者達がいぶかしそうにチラチラと見ているのです。

突然、お父さんが立ち上がり、「僕の妻は、まだ日本語がよくわからないのです。よろしくお願いします」と言いました。お母さんも立ち上がって「お願いします」と二人で頭を下げたのです。

その日から、保護者の誰もがNくんのお母さんに会うと、身振りや手真似を交えて、気持ちを伝えようと努力をするようになりました。

(7) オモニは、日本語がよくわかりません（四歳児）

韓国の言葉や文化を知る

その後、保育所で、Nくんのお父さん（アボジ）や、お母さん（オモニ）から、韓国の生活や文化をいろいろ教えてもらう機会を作りました。韓国のお正月は、日本と同じように、「すごろく」「こままわし」「凧あげ」を楽しむそうです。**『ソリちゃんのチュソク』**（8-31）や**『ソルビムーお正月の晴れ着』**（8-32）などの韓国の絵本を読み聞かせると、子ども達は「かんこくでは、いつも、えほんのようなふくきてるの？」と尋ねます。Nくんが、「ちがう、おしょうがつや、なんかのときだけや」と答えます。また「かんこくも、うんどうかいあるの」。Nくんは「ある、オモニもアボジもうんどうかいにきたよ」と嬉しそうに言います。その時から、Nくんのお父さんを「アボジ」、お母さんを「オモニ」とみんなが呼ぶようになりました。Nくんのお母さんの姿を見ると「Nくん、オモニのおむかえだよ」と友達が呼びます。オモニは嬉しそうに「ありがとう」と挨拶をします。

アボジのプレゼントは『へらない稲たば』の絵本

ある日、Nくんのお父さんが、**『へらない稲たば』**（8-43）の絵本を持って来て、「これは、すばらしい絵本です。韓国の美しい風景が描かれています。そして兄と弟がお互いを思いやる心が伝わります。ぜひ、子ども達に読み聞かせて下さい」と言われました。

さっそく、子ども達に読み聞かせました。チョル（兄）とトル（弟）の優しい気持ち、韓国の楽器のチャンゴを楽しそうに叩く様子、結婚式の民族衣装、田や畑などの農村の暮らし、日本と異なる家の形、暮らしの様子などがきれいな色で描かれています。

ストーリーは、稲が実り、稲刈りをしてたくさん収穫した時、兄は弟の稲を少しでも増やしてやりたいと思い、弟の稲むらにそっと稲を持っていきます。ところが弟も同じことを考えて、兄の稲むらに自分の稲を運ぶのです。兄も弟も何べん運んでも、少しも自分の稲が減らないことに気づきます。二人は激しく言い争いをしたあとで、お互いに相手のことを思う同じ気持ちだったことがわかり、仲直りをします。

『へらない稲たば』の劇遊び

子ども達はこの絵本が気に入り、兄と弟がけんかをしたり、仲直りをしたりするセリフのやりとりが大好きで、自分達で劇ごっこを楽しんでいます。その様子を見て、保育者が、発表会の「劇遊び」にしてはどうかと提案すると、みんな「やりたい！」と言います。

兄の役は、Nくんにすぐ決まりました。保護者の知り合いの農家から、本物の稲たばをもらい、稲を担ぐと、本当にチョルとトルになった気持ちになります。みんなの衣装は、上着のえりにテープを貼って着物風に、だぶだぶズボンの裾を縛ると韓国風になりました。

発表会当日、保護者は、子ども達がうまくできるようにと、期待して観ています。「兄と弟が互いに思いやる気持ちが伝わり、子どもの劇遊びだけど、本当に感動したよ」と嬉しい感想を聞きました。

この頃になると、Nくんのお母さんは、だいぶ日本語がうまくなり、「おはようございます」「はい、わかりました」「これは、何ですか？」「わからない、もう一度言ってください」などと、言葉のやりとりがスムーズになり、みんなほっとしました。

（大阪市こども青少年局・堀　千代）

(8) 『いっぽんばしわたる』の表現遊び（五歳児）

園庭にあるログハウス二階の「アリスの部屋」は、年長児だけの隠れ家です。そこで、十八年前から毎日「おはなしタイム」を満喫しています。一番人気は、谷川俊太郎、まどみちお、阪田寛夫の〝ことば遊び〟の絵本です。毎年の生活発表会の出し物にもなります。

本日は、五味太郎の**『いっぽんばしわたる』**(9-5)を読み聞かせることにしました。保育者が、「いっぽんばしわたる、五味太郎作」と題名を告げると、子ども達は、「ゴミ、だって、おかしななまえや」「ゴミは、すてるものだ」などと口々に反応し、どんな絵本だろうかと興味津々の顔、顔、顔が並んでいます。ゆっくりと静かになるのを待ち、絵本を開きます。

《子どもの反応》

「ぴょんぴょんわたる」耳から聞いた言葉通りの絵が描かれていることに納得して、「ウン、ウン」と頷きます。

「ならんでわたる」小さなヒヨコの行列に、「かわいい」と言い、みんな顔をほころばせます。

「からんでわたる」ヘビがくねくねと橋にからまっている様子がおかしいので、みんな笑いだしました。

「はらはらわたる」強いはずのライオンがビクビクしながら、爪を立てて必死に渡る様子を見て、思わず吹き出すのです。「あのライオン、こわがってる…」

「むりしてわたる」キンギョが怒ったような様子に爆笑です。「なんで、わたるの」「キンギョよね…」

「わざわざわたる」ゆうゆうと渡る鳥の足どりが何ともおかしいのです。「わざわざ…」という言い方が気に入り、「わざわざ、だって」「わざわざ…」と面白がって真似て言います。

「しらずにわたる」保育者の読み聞かせの声に続いてくり返す、「ことば遊び」になっていき、「しらずにわたる」「しらずにわたる」と追いかけて言います。

「びっしりわたる」アリが並んで「びっしりわたる」は、アリが隙間なく橋を渡っています。子ども達はすぐに、「びっしりわたる」「びっしりわたる」の言葉のリズムを楽しんでいます。

「ぼんやりわたる」タヌキのボーッとした目がおかしいと笑いながら少しゆっくりと「ぼ、ん、や、り、わ、た、る」とくり返すのです。

「げんきにわたる」元気な男の子が出てきたのを喜び、今までにない、大きな声で胸を張って言います。自分と重ね合わせて楽しんでいるようです。

「げんきにおちる」と読んだとたん、すかさず一人が「ポチャーン」と川に落ちた音を表現すると、みんなが「ボチャーン」「ボトーン」「ドボーン」と自分のイメージを声に出して表現しようとするのです。

「…………」落ちてずぶ濡れになった様子に「あーあ…」とため息をつきます。そして、すぐに「せんせい、もういっかいよんで！」と皆で催促をします。

二回目に読む時は、保育者の後を受けて、みんなで言葉を言うことにしました。だんだんスピードが増し、次のページの絵を見ただけで、ことばがわかり、保育者の読む声と同時に、言葉を言ってしまうのです。

気持ちがはやり、「はやくよんでよ」とせかせます。そこで、「ことば遊び」は、みんなが声をそろえることで、きれいな言葉となることを話し、リズムを取りながら、声をそろえて言うことにしました。

この絵本は、くり返し言葉のリズムと、それにマッチしたシンプルでユーモラスな絵が面白さを倍増します。

園庭に描いた線の橋を渡ったり、平均台を渡ったりする

園庭で遊んでいる時、線を描き、「いっぽんばしわたる、五味太郎作」と呼びかけると、すぐにみんなが集まってきます。そして自分の好きな動物になり、絵本の通りに橋を渡る表現をして楽しみます。そして、最後は、おきまりの「ボチャーン」で川に落ちたつもりで転げて「アハハ…」と大笑いをします。

舞台のあるホールの階段を橋に見立てて、「いっぽんばしわたる」の遊びが始まりました。保育者が「私は、笑いながら渡ります」と言い、「アハハハ、アッハッハッハッ」と大声で渡ると、みんなに大受けとなり、さっそく、自分達も真似をします。友達の表現をよく見ていて、橋から落ちそうになると、すかさず「ドボーン」と大声で合いの手を入れ、みんなで笑います。

「子ども達の考えた、いろいろな表現」
○わらいながらわたる、○スキップでわたる、○ケンケンでわたる、○うでくんでわたる、○でんぐりがえしでわたる（＝本当にでんぐり返りをする）、○にんぎょうもってわたる、○ひひひとわたる、○うたってわたる、○ほんよみしてわたる、○おこってわたる、○さかだちでわたる、○かさとしてわたる、○めーつむってわたる、○ばんざいしてわたる

(8) 『いっぽんばしわたる』の表現遊び（五歳児）

お遊戯会で『いっぽんばしわたる』の表現遊びをする

「いっぽんばしわたる」の表現遊びは、園全体に拡がり、二・三歳児も、思い思いに橋を渡る真似をして、「ボチャーン」と自分から転がって喜んで遊んでいます。毎年の「お遊戯会（生活発表会）」には、年長児は「ことば遊び」の出し物をします。今年は、子どもの希望で、『いっぽんばしわたる』の表現遊びをすることになり、橋は低い平均台を使いました。

日頃、いろいろなものを橋に見立てて、自分の好きな表現遊びをしているので、本番では一人ひとりの子どものイメージを大切にすることにしました。すぐに自分のやりたい表現を決めている子ども、毎日、迷っている子ども、「ぼく、まえのひにきめる」と言う子どもなど、みんな期待で胸が一杯です。当日、一人ひとりが「わたしは○○でわたる」と大きな声で言い、自分の考えた表現を自信を持ってやりとげました。

保護者も子ども達がうまくできるように真剣な表情で見守っています。川に落ちる表現では、会場からも「ボチャン」と掛け声がかかり、大笑いになりました。

その後、家庭でも、畳のへり、廊下、紐で作った橋などで「いっぽんばしわたる」の表現遊びを楽しんでいる様子を聞くのは、本当に嬉しいことでした。

（長崎県／清華保育園・蒲池房子）

(9) 『じゅげむ』を読み合う（五歳児）

『じゅげむ』の絵本は、いつ読み聞かせをしても良いのではなく、子ども達が自分の名前に興味を持ち始める頃が良いと思っています。毎日、午後一時から始まる絵本タイムで、「ぜひ、読んであげたくて」、私はじっと、その時を待っていました。

『じゅげむ』（9－40）は落語絵本であり、ちょっと長いお話なので、五歳児でも落語の面白さが理解できるには、ある程度の想像力が育っていないと、最後のオチまでいかずに、子ども達が絵本から離れてしまうからです。「読み語りの時期」を捉え、『じゅげむ』を子どもの心に届けたいので、子どもの状況をよく観察することから始めます。子ども達が「おもしろかった！もういっかいよんで…」と言って、絵本の面白さを共有できるように、『じゅげむ』の読み聞かせの時期を、保育者はしっかりと見つけることが大切です。

名前に興味を持ち始めるのは、五歳児クラスの秋頃

ひらがなに興味を持ち始めた五歳児クラスでは、自分の名前を読んだり、書いたりできる子どもが増えてきました。絵を描いたあとで、画用紙の端にサインのような自分の名前を書くようになったリカちゃん。「せんせい、たつやのつは、これ（て）とちがうよね」と確かめているタツヤくん。さりげないことが、まだ名前が書けない子どもには何ともかっこよく見えるのです。みんなが名前が書けるようになりたいと思うようになりました。運動会やいも掘り、秋の遠足も終わった頃には、ほとんどの子どもが自分の名前を書けるようになってきました。

名前には、親の願いがあることを話す

子どもの名前には、家族の願いや思いが託されていることを伝えます。一人ひとりの子どもが生まれた時の様子や、名前を決める時の状況など、保育者自身の経験やエピソードを語る機会を増やしていきます。とりわけ、保育者が「私」のことについて語る時、どの子どもも興味津々で、身を乗り出して聞いてくれます。

子ども達も、両親から自分の名前の由来や生まれた時のこと、小さい時の出来事などを聞いてきて、教えてくれるようになりました。自分が家族から大切にされ、愛されていることを実感し、クラスの雰囲気がとても和やかになってきました。

「じゅげむ」を、語り聞かせる

「昔々ね、待ちに待った、赤ちゃんが生まれたんだって、男の子で、こんな名前だったんだって…」。子ども達は、素話を聞く時、保育者の顔に、自分の顔をくっつけんばかりに近づけて聞き入ります。途中で誰かがおしゃべりを始めると、目で「しずかに！」と合図をするのです。そして、一言も聞きもらさないように、自分のものにしようと真剣です。少し間を入れながら、子ども達の顔をしっかり見つめて話すと、子ども達は、待ちきれないように、目を輝かせます。私は深呼吸をして、一気に「じゅげむ」を唱え始めます。「じゅげむじゅげむ、ごこうのすりきれ、かいじゃりすいぎょ、すいぎょうまつ、うんらいまつ、ふうらいまつ、くうねるところにすむところ、……ちょうきゅうめいのちょうすけさーん」と、ひと息に、顔を赤くして頑張るようすが子ども達に大受けで、保育者の一挙一動に注目しています。

「せんせい、それなまえ?」と、子どもが尋ねます。保育者は「そう名前だよ、だから、リエちゃん遊ぼーって言う時に、じゅげむじゅげむって、ずーっと最後まで言うんだよ」と説明すると、それからは、「じゅげむ」の連打合戦になり、途中で止まったり、間違えると、みんなむきになって最初から言い始めます。

二・三日たつと、半分位まで、言えるようになった子どもが見られるようになり、保育者と声をそろえて「じゅげむ」を唱えることを楽しむようになりました。その数は、日を追うごとに増え、五人、十人、とうとう全員が唱えられるようになりました。そのリズミカルな名前の心地良さに子ども達は、すっかりいい気分です。自分で唱えながら、体を揺り動かし、言葉が子どもの体の中で弾んでいるように感じました。

保育室や園内のあちこちで響く「じゅげむ」

積木で遊んでいるコウちゃんも、パズルをしているユメちゃんもどこかで「じゅげむ」が聞こえてくると、遊びながら、一緒に唱えています。五歳児ばかりではなく、四歳児や三歳児の子ども達も年上の友達が楽しそうに唱えている「じゅげむ」を覚え始めます。こうなると、一気に大ブレークです。園内のあっちでも、こっちでも、「じゅげむ」がまるで、歌遊びのように、リズミカルなメロディーにのって流れていきます。みんなで共有する「じゅげむ」の不思議な世界の拡がりです。「みんな仲間だよ!」と合唱しているかのようでした。

「アリスの部屋」のお話タイムで『じゅげむ』の絵本と出会う

年長組の保育内容の一環として実施している「お話タイム」は、子ども達の大好きな時間です。本日の読み聞かせの担当保育者は、選りすぐりの絵本やお話を用意します。私はこの機会を捉えて、『じゅげむ』を読み聞かせることにしました。

落語絵本の『じゅげむ』は、長い話ですが、調子のよい「じゅげむ…」のフレーズになると、とたんに子ども同士目くばせしながら、「じゅげむ、じゅげむ」と、朗々と唱えます。

もう大勢の子ども達が、『じゅげむ』に夢中になり、絵本を自分達で読み合っています。いいえ、「絵を見ながら、語り合っている」という表現が適切かもわかりません。「お話タイム」の体験がごっこ遊びとなり、年下の友達に読み聞かせをしているのです。

「じゅげむ」の言葉遊びとしてみんなに披露する

子ども達は、「お遊戯会」に「じゅげむ」をしたいと提案します。①声をそろえて唱える、②リズムをしっかり取る、③調子に乗り、速く唱えない、④ふざけない、などの約束を自分達で決めました。

初めて舞台で練習した時の、三・四歳児の驚いた顔は、今でも忘れられません。家庭のお風呂の中でも「じゅげむ」を唱え、温もり過ぎになるそうです。保育園の行き帰りの車の中で親子で唱えたり、おじいちゃんやおばあちゃんに披露したり、誰にでも聞いてもらいたいのです。

五歳児の楽しそうに唱える「じゅげむ」は、みんなを魅了し、年下の子ども達へ、周りの人々へと受け継がれていくのでした。

（長崎県／清華保育園・蒲池房子）

⑽『ねずみのいもほり』から拡がる活動（四歳児）

「いも掘り」に行く前に、四歳児の好きな『**ねずみのいもほり**』(11-39）を読み聞かせることにしました。読み終わると、すっかりいも掘りの気分になり、「ぼく、スコップをもっていく」「おいもをいれるふくろもいるよ」「わたし、おおきいおいもをほるの」などと言い、期待に胸を膨らませていきます。当日畑に着くと、さっそくいもを掘り始めます。絵本で見たのと同じサツマイモが、土の中から出てきました。「わあー、あった！　ほらみて…」と保育者を呼びます。初めは、スコップを使っていましたが、そのうちに、夢中で手で掘っているのです。「もっとあるかな?」「こんなにちいさいのもあった。これあかちゃんだ」。H男とY子は、掘り出したサツマイモを並べて数えています。中には、さっさとポリ袋に入れて肩に担ぎ、「せんせい、おもいよ」と言う子どももいます。

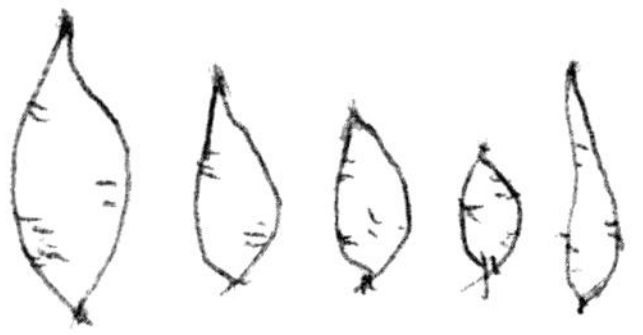

おいもの数を数えたり、大きさを比べたり

保育者が「みんな、大きい順にならべてみようよ」と呼びかけると、子ども達はサツマイモを土の上に並べます。「これ、どっちがおおきいかな?」「こっちのほうが、ちいさいよ」。次に、「並べたら、いくつあるか、数えてみよう」と言うと、「一、二、三…」「ぼくの、四つ」「わたしの、五つある」と口々にいいます。

「みんなの中で、一番大きいのは誰のかな?先生に見せて」と言うと、「Aくんのがおおきい」「ちがうよ、Gちゃんのだよ」「Eちゃんのほうがおおきいよ」とお互いに比べています。丸くて太いサツマイモ、細いけれど形が長いものを両手に下げて「せんせい、これ、どっちがおおきいの?」と尋ねます。「みんなはどう思う?」と問いかけると、子ども達は口々に思ったことを言います。結局、長いのも、丸くて太いのを掘った子どももチャンピオンになりました。「サツマイモが、つめたい」と子どもが言うので、保育者も触ると本当に冷たく感じました。

畑には、いろいろな虫がたくさんいる

いも掘りに飽きたO男とJ男は、「せんせい、おおきいミミズがいる！」と叫びます。みんなが寄っていくと、丸々太ったミミズが体をくねらせて跳ねています。J男が「ミミズは、おなかにめがあるんだ」と言いました。みんなは「そんなの、ないよ」と言います。保育者もよくわからないので、園の本で調べることになりました。

サツマイモのつるの下には、コオロギ、ダンゴムシ、小さなバッタもいました。しばらくは虫探しや虫とりに熱中して楽しみます。でも、今日はサツマイモ掘りに来たのだから、畑で捕まえた虫は、畑に逃がすことにしました。「はい！げんきでね。ばいばい」。

サツマイモを袋に入れる時、「せんせい、おいもがねばねばしている」とK子が言います。「ほんと、てについて、くろくなった、とれないよ」と言います。サツマイモのねばねばに土がついてどの子どもの手も黒くなっています。園に帰ってから、石けんで洗いましたが、なかなか取れません。「サツマイモのねばねばは、ヤニって言うのよ。布でこすると取れるよ」と助言して、小さく切っておいた布を渡しました。「とれた…」「ぼく、とれない」「もっと、きつくこすると、とれるよ」と、こすってヤニを落とした子どもが教えています。

大きなサツマイモを作る

いも掘りの翌日、子ども達が「おおきいおいもをつくりたい」と言います。「どんな材料で作りたいの？」、「まえにつくったしんぶんでつくりたい」、「しんぶんしをまるめて、いろをぬるの」。子ども達は、以前体験した新聞紙の製作をおぼえていたのです。一人で二つのサツマイモを作ることに決まりました。

子ども達は、自分の好きな新聞紙を選び、さっそく丸めようとします。カラー広告紙を選んだ子どもは、紙が固くて思うように丸められないのに気づき、新聞紙に取替えてやり直しています。新聞紙を丸めたら、糸でぐるぐる巻いて、形を作ります。クラスの半分以上が五歳になり、作りたいものを自分で作れるようになっています。形が作れたら、新聞紙を小さく切ったものをベタベタ貼りつけて、ポスターカラーを塗り、乾かすとでき上がりです。

「せんせい、こんなにおおきくなった」と見せにくる子ども、隣の子どもの新聞紙と一緒にくっつけて、ジャンボサツマイモを作っている子どももいます。友達に見せたり比べたりして、毎日サツマイモ作りが続きました。「大きなおいもを作りたい」という子どもの思いは、直径三十センチもある特大サツマイモができたり、友達のサツマイモとゴムでしばり、イモがつるに繋がっている様子を表現しようと考えたり、四歳児なりに工夫しています。

保育室の廊下に机を置き、完成したサツマイモを並べると、他のクラスからも見にきてくれます。「これが、おおきい」「このサツマイモは、かわいい」「これ、だれがつくったの？」などと話題がはずみます。お迎えの保護者にも、自分が作ったサツマイモを誇らしげに見せています。

（埼玉県／優々の森保育園・藤井康子）

●「おいも」の絵本紹介●

いもほり
●はまのゆか
●ほるぷ出版　●2008

いもほりきょうだい
ホーリーとホーレ
●石井聖岳
●農山漁村文化協会　●2007

やきいもの日
●村上康成
●徳間書店　●2007

おおきなおおきなおいも
●赤羽末吉
●市村久子(原案)
●福音館書店　●1972

ばばばあちゃんのやきいもたいかい
●さとうわきこ
●福音館書店　●2000

さつまのおいも
●中川ひろたか(文)
●村上康成(絵)
●童心社　●1995

(11)「ダンゴムシ」を飼う（四歳児）

子ども達はダンゴムシが大好きです。四歳のA男が、たまたま見つけたダンゴムシを大事そうに砂場遊び用のカップに入れてのぞき込んでいます。しかし、ダンゴムシを手のひらで転がしたり、這わせたりして遊んでいてもしばらくすると捨ててしまいます。

ある日、「せんせい、ダンゴムシってどんなところにいるの？」と尋ねました。そこで興味を広げようと、『**ぼく、だんごむし**』（10－20）を読み聞かせました。今まで何気なく集めていたダンゴムシが、植木鉢や葉っぱの後ろに隠れていることを知ると、さっそく石をどけたり、めくったりして探し始めました。

丸まったダンゴムシは「一こ、二こ」と数える

子どもがカップにダンゴムシを入れて触っていました。

子＝「一こ、二こ…」

保＝「ん？　虫は一匹、二匹と数えるんだよ」

子＝「でも、ダンゴムシがまるまっているときは一こ、二こだよ」

ダンゴムシが動いているときは一匹、二匹。丸まって動かないときは物と捉え一個、二個と数える子どもの感覚に感心します。

ダンゴムシが観察しやすいように飼育ケースに入れると、飼育ケースの上や横からのぞいたり、下から持ち上げたりして観察をしています。ダンゴムシの面白いところは、触ると丸くなるので転がして遊びます。しばらくするとモゾモゾ歩き出す。そのくり返しを楽しめるところです。

飼育ケースに入れたダンゴムシは、土曜、日曜と保育室に置かれたままでした。月曜日になり、登園してきた子どもが飼育ケースのダンゴムシの変化を見つけてさわいでいます。

A＝「せんせい、ダンゴムシうごかへん！」

保＝「本当だ。動かないね」

B＝（ダンゴムシにさわって）「しんでるみたい…」

A＝「しんだら、つちにうめたらいい…」

子どもはショックを感じることもなく、どこに埋めるのか相談しています。しかし、保育者として、今回の出来事を〝ダンゴムシのお墓作り〟で終わらせてはいけない、生命の大切さに気づくきっかけにしたいと考えました。

保＝「ダンゴムシが死んでしまったのはどうしてだろうね

A＝「きちんとせわしなかったからや」

保＝「そうだね、きちんと世話しなかったからかもしれないね。〝きちんとせわをする〟ってどうしたらいいのかな？」

B＝「エサをあげたり、そうじしたりする」

保＝「そうだね、みんなもお腹すくと力が出ないよね」

C＝「ごはんをたべなかったらしんでしまう」

B＝「しんだら、かわいそうや」

保＝「ダンゴムシが死なないようにするにはどうしたらいい？」

A＝「こんどは、よくしらべてせわをする」

子ども達は、ちゃんと世話をしなかったことを反省し、もう一度ダンゴムシの飼育に挑戦することにしました。

ダンゴムシの飼育方法を調べる

ダンゴムシの飼育はどうすればよいかを知るために、もう一度、『ぼく、だんごむし』の読み聞かせをしました。前回、読み聞かせた時とは

反応が違い、ダンゴムシが食べるものや、脱皮をするところにも、強い興味を示しました。

次の日には、**『ダンゴムシ』**(10-9)を読み聞かせました。これは写真絵本で、ダンゴムシのアップはまるで怪獣のようです。子ども達は「ダンゴムシって、こんな顔してるんやなあ…」と真剣に見ていました。

続いて、**『にわさきのむしーしゃがんでみつけた』**(10-15)を読み聞かせました。この本は虫の絵が写実的に描かれています。リアルな写真とは違うので、虫が苦手な子どもも安心して見ています。そして、子ども達は、ダンゴムシの飼育の方法が書いてある場面を見つけて、飼育するにはどうしたらよいのかわかったようです**（図1）**。

子ども達は、絵本に書いてある飼育方法と同じようにダンゴムシのいた場所の土を取ってきて飼育ケースに入れています。

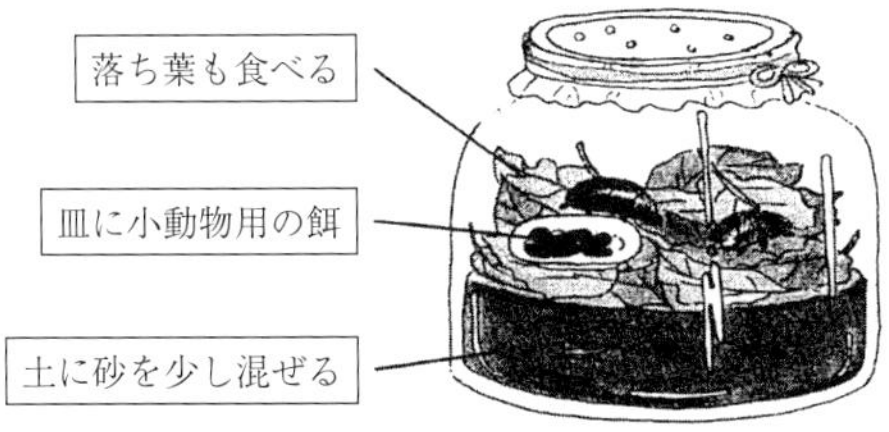

図1　絵本を参考に作った飼育ケース

本当に枯れ葉だけでいいの?

餌は枯葉ということがわかった子ども達は、いろいろな葉っぱを集めてきます。保育者が「その葉っぱで良いのかな、もう一度本を調べてみよう」と言って子ども達と一緒に本を見ました。

「ダンゴムシの餌」は、枯れ葉は好きだが、緑の葉っぱはダメ、草もダメ、濡れた葉っぱもダメ、他の虫が食べ残した葉っぱもダメ、ということがわかりました。次に、「飼育ケースの掃除」は、①枯葉を入れ替える、②時々霧吹きで土を湿らす。という子ども達にもわかりやすい内容でした。

今までダンゴムシにあまり興味がなかった子どもも掃除を手伝うことにより、ダンゴムシの動きに興味を持つようになりました。

これ何?

一か月たちました。A男がいつものように飼育ケースの掃除をしようとしていたときに、「これ　なに?」と大声を出したので、近くにいた子ども達が　「なに、なに?」とみんなで飼育ケースをのぞき込みます。

A＝「あかちゃんとちがうか」

B＝「ちいさいけれど、ダンゴムシのかたちしてるやん」

C＝「ほら　おかあさんのまわりにあつまってるで」

など、口々に話しています。そして大きなダンゴムシの下から白い小さなダンゴムシがモゾモゾと体をくねらせながら、いっぱい出てくるところでした。「これ、えほんのしゃしんとおなじやー」と大騒ぎになりました。保育者は、ダンゴムシの赤ちゃんをどうするのか問いかけました。

B＝「ケースがせまい」

C＝「にがすとほかのむしにたべられる」など、子ども達なりにダンゴムシを心配しています。実際に、ダンゴムシの子どもは次々と死んでいくので、自分達では育てられないことがわかり逃がしてやることにしました。

飼育ケースの中の土ごと園庭の花壇の中に出し、葉っぱをかけて逃がしました。二～三日して見に行くと、ダンゴムシはそれぞれの住み家を見つけたようでした。

（兵庫県／伊丹ひまわり保育園・池川正也）

⑿「ザリガニ」を飼う（五歳児）

　ある朝のことです。虫が大好きなT君が「ちゅうしゃじょうにザリガニがたくさんいるよ」と言うのです。園舎の裏にある駐車場の隣には、用水路が流れています。そこにザリガニがいると言います。普段は水が浅く流れているだけで、生き物など見ることはありません。「ウソだぁ〜」とみんなは思いました。しかし、「ほんとだよ！」と真剣に言うので、子ども達と見に行くことにしました。「ぼくもいく！」「わたしも！」と、ドタバタしながら門を出て行くと、園庭で遊んでいた他のクラスの子どもが、「どうしたの？」と声をかけてきました。「ないしょだよ」「いいでしょ！」と鼻高々に話しながら、用水路を見てビックリ！ザリガニが、あっちにもこっちにも本当にたくさんいるのです。「すごーい！」「あそこみて！」「あっ！うごいたぁ！」と子ども達は大興奮です。理由を考えてみると、数日前の大雨の影響で、この用水路は水かさが増し、溢れそうになっていたのです。その時に、田んぼから流れてきたのでしょうか？

　そんな疑問はお構いなしに、「つかまえてばらぐみでかおうよ！」と盛り上がっています。「じゃあ一匹だけね」と言いましたが、「えーっ！こんなにいるのにもったいないよ…」と男の子が言います。「たくさんとったら、かわいそうだよ！」と女の子が返します。結局、二匹だけということになり、私が捕まえることになりました。「おおきいのとってね！」と言うので、大きなザリガニを捕まえました。ハサミを振り上げた立派なザリガニに、「ワーッ！」と驚きの声があがります。もう一匹捕まえましたが、そのザリガニは、ハサミが一本取れていたのです…。「そんなのやだぁー」と言います。Mちゃんが「かわいそうだから、つれてかえろうよ！」というので、この二匹を育てることにしました。

　二匹のザリガニは、プラスチックの飼育ケースに入れて飼いました。当番を決め、餌をあげる、水を取り替えるなど、子ども達と一緒に育てます。餌は、煮干やするめを給食室にもらいに行ったり、自分のお弁当のご飯をあげたりしました。水は、水道水をバケツに移し、一日くみおいて塩素を抜きました。しかし、食べ残した餌で、すぐに水が汚くなるので、ケースの掃除も大変です。でも、「ぼくがやる！」「かしてよ！」ともめるほど、やる気がありました。ザリガニは人気者になり、他のクラスの子どもや、一歳・二歳児の子どもも保育者と一緒に見に来るようになりました。

絵本の中にもザリガニ

　ある朝、子ども達が「ザリガニがしんじゃった！」と騒いでいます。「どうしてだろう？」と思い、急いでケースを覗きました。すると、ハサミは取れ、体が折れているのです。「どうしてだ…」とがっかりしました。しかし、色の薄いザリガニが、下のほうに隠れていました。脱皮したのです。よく見ると、一本取れていたハサミが再生して、二本になっています。持ち上げてみせようとしましたが、体が軟らかく、折れてしまいそうだったので、脱皮した殻を見せました。生きていたんだという安心感と、ハサミが再生している驚きで、子ども達は大喜びです。すると、Y君が「これとおなじだ！」と、一冊の絵本を持ってきたのです。みると、ザリガニの脱皮が描かれていました。周りの子ども達も「ほんとうだ！」「みせてよ！」と絵本を取り囲みます。

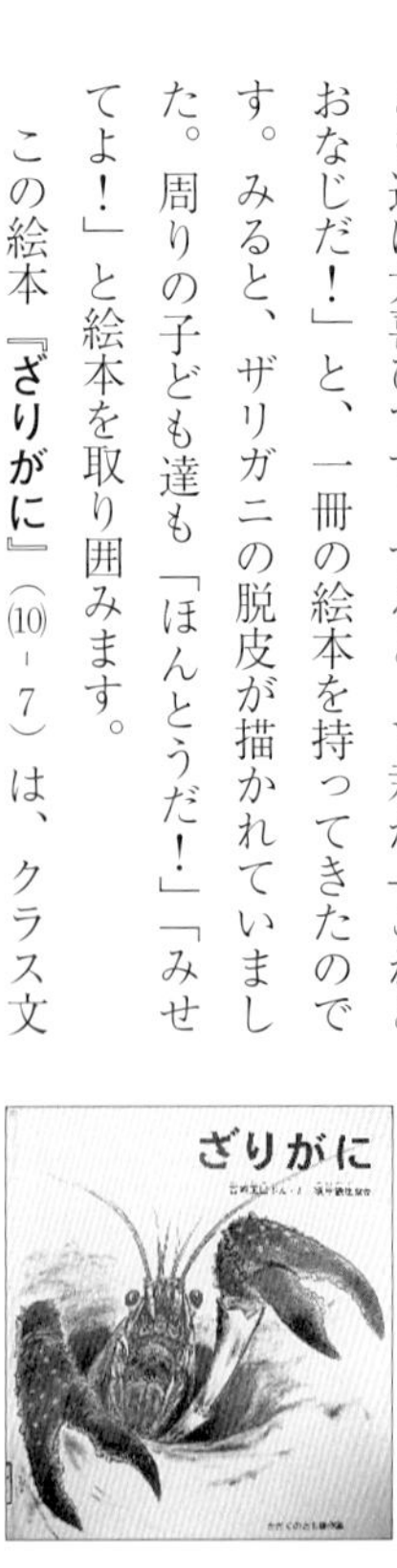

　この絵本『ざりがに』（⑽-7）は、クラス文

庫の本棚にありました。本棚には、各家庭に配っている月刊絵本、子ども達の好きな本、年齢に合った季節に関わりのある絵本を置いています。「よく見つけたね」とY君に言うと「エへへ…」と照れています。さっそく、クラスで絵本を読み聞かせました。

子ども達は、じっと見つめながら、話を真剣に聞いています。ハサミが一本ないこと、脱皮してハサミが再生したことなどまったく同じです。読み終わると、ザリガニへの興味と愛着が、さらに増した感じがしました。その日から、みんな本棚から絵本を取り出しては、ザリガニの様子と比べて見るようになりました。

ざりがにの脱皮

新たな発見

ある日、T君が、「ちがうのをつかまえてきたよ」と、ザリガニを持ってきました。お腹に卵をビッシリと抱えています。「へんなたまごだね?」「ブドウみたいだね」と、子どもが話しています。「えほんといっしょだ!」と比べています。「あかちゃんがうまれるのかなぁ」と、目を輝かせています。ケンカしないように、別のケースで飼うことになり、新しいケースを用意しました。ケースに入れると、前のザリガニよりも用心深く、はさみを振り上げ、威嚇しています。「おこっているのかな?」「たまごをまもっているのかな?」「とられちゃうとおもったんだよ!」などと、口々に話しています。新しい飼育ケースは、水だけだったので、「ザリガニがかくれられるようになにかさがそう!」と、みんなで、園舎の裏に行き、石や植木鉢のかけらを探しました。また、散歩に出かけた時など、「これはどう?」と、いつもザリガニを気にかけるようになりました。

餌は、元気な赤ちゃんが生まれるようにカルシウム入りです。しかし、人の気配を感じると食べません。「みんなが見ているとダメなんだ!」と、少し離れて見守ることになりました。それでも子ども達は、「たべたかなぁ…」と気になり、飼育ケースを覗きに行っては、「せんせい、たべないよ!」と心配しています。何日か経つと、「たまごのいろがかわった…」と変化に気づいて、保育者に伝えます。Y君は絵本を見ながら、「こんど、こうなるんだ!」と、みんなに教えて得意そうです。親ザリガニも、お腹を揺らしながら、一生懸命に世話をしています。

ある日、ついに小さな赤ちゃんが生まれました。夜のうちに生まれたらしく、卵から出てくる瞬間は見られませんでしたが、子ども達は「すごいね!」と、大喜びです。赤ちゃんザリガニが、親ザリガニのお腹から、出たり入ったりしています。「かわいいね」と、子ども達もニコニコしています。みんなに見せてあげることになり、ケースを廊下に出し、「あかちゃんがうまれたよ。そーっとみてね」と張り紙をしました。

水の取り替えでは、親ザリガニを優しく運ぶのですが、何匹か赤ちゃんが残ってしまうので、それをスポイトで吸い取りながら、慎重に育てていました。すると子ども達が「いえでそだてたい!」というのです。みんなで大切に育てたザリガニです。きっと、家でも大事に面倒を見てくれると思い、みんなに分けることにしました。毎日、子ども達は「うまく育たなかった」「脱皮した」など、家でのザリガニの様子で話がもちきりです。卒園してからも子ども達に会うといつもザリガニの話になり、みんな今でもよく覚えています。

ザリガニの飼育により、子ども達の好奇心や探究心は一層活発になり、絵本と比べたり、よく観察するようになりました。今回の出来事から、絵本の面白さと絵本の果たす役割や感動を実感し、子どもに与える影響の大きさを改めて思いました。

（埼玉県／なでしこ保育園・小板橋康利）

(13) 「ヤギ」と生活して（五歳児）

A幼稚園では、年長組になると動物係になります。動物を選ぶのは子ども達です。ウサギ、アヒル、チャボ、ヒツジ、ヤギなどの係になって世話をします。この実践は、ヤギ係になった「けやき組」の子ども達が、ヤギと生活した一年間の実践です。この一年間に何度も読まれたのが、〝やぎのしずかシリーズ〟(12)-35、36、37）です。

この絵本は、年中組のときにも読み聞かせをしたので知っていました。でも、年長組になると、全然真剣さが違います。なにしろ、自分達でヤギの命を守り、毎日可愛がって世話をするのです。

初めて読み聞かせたのは、まだヤギ係に決まっていない六月五日です。

やぎのしずかシリーズ**『こやぎがやってきた』**の最初に、作者の田島誠三が、次のように書いています。

> 「しずか」というのは、春ぼくの家に貰われてきたヤギの名前です。この絵本は、子ヤギのしずかがお母さんヤギになるまでのお話です。みんな本当にあったことをもとに創りました。だから、この絵本は家畜とその飼い主一家の「絵日記」のようなものなのです。

初めて読み聞かせた絵本は、**『こやぎがやってきた』**です。主人公のなおこは、家にやって来た子ヤギとすぐ仲良しになります。ある日、ひとりで飛びだした子ヤギは、老夫婦の家に入り、ちゃぶ台の上に乗り、うんちをたくさんしてしまい、なおこは泣きだしてしまいます。優しい夫婦は全然気にしないのですが、なおこは、ヤギを綱でつないでしまいました。ヤギがメェー、メェーとうるさく啼くので「しずかにして！」と怒鳴り、名前が〝ヤギのしずか〟になったというお話です。

ヤギの赤ちゃんが生まれる

「けやき組」の子ども達とお父さんとで作った牧場で、のびのびと過ごしたヤギ達は九月になって赤ちゃんを産みました。あいにく赤ちゃんが生まれた日は、子ども達は「動物園」に行き留守でした。

翌日、登園してきた子ども達は、ヤギの赤ちゃんが生まれたことを知ると、ヤギの親子が静かに過ごせるように、柵を作ったり、ワラを入れたり、ヤギのみそ汁を作ったりして、大忙しです。その最中に、ようこちゃんが、「たいへん、ジジ（雌ヤギ）が、ちをだしている！しにそうだ」と言ったのです。保育者は、ジジがこれから、出産するのだと判断して、すぐに出産準備に取りかかりました。みんなが心配そうに見守る中で、ジジは苦しそうな啼き声を出すだけで、一時間たっても生まれないのです。何か、黒い先っちょが、見え隠れする状態が続きました。

すぐに、獣医さんに電話をしましたが忙しくて来てもらえません。獣医さんは「引っ張って、出すように」と、指示されました。保育者が軍手をはめ、もうひとりの保育者に手伝ってもらって、黒い先っちょを引っ張りました。ずずーっと黒いものが出てきたので、それ以上は、手出しをしませんでした。ジジは、黒いものをペロペロなめ始めます。黒いものは、だんだんヤギらしくなり、しばらくすると、ヨロヨロと立ち上がったのです。ヤギの赤ちゃんは、双子で、もう一匹のヤギも生まれました。

その一部始終を子ども達は、ドキドキしながら見ていたのです。長い長い一日の「帰りの会」で、〝やぎのしずかシリーズ２と３〟を読み聞かせました。

やぎのしずかシリーズ2
『**しずかのけっこん**』の内容
草をたくさん食べてしずかは、大きくなり、力も強くなって、なおこの手におえなくなってきました。
秋になり、しずかは草も食べないで、メーメーと啼くばかりです。父さんは、しずかをリヤカーに乗せて、遠くの雄ヤギと結婚させました。それから、しずかのお腹は、少しずつ大きくなっていきました。

やぎのしずかシリーズ3
『**しずかおめでとう**』の内容
山でシダを採ってきて、なおこがしずかに食べさせようとすると、しずかは、なおこの方へ突進してきて頭突きをするので、なおことの仲が悪くなります。その間もしずかのお腹は、どんどん大きくなり、日ざしが暖かくなった日に赤ちゃんが生まれました。

実際に、ヤギの出産の場面を見て感動したその日に読み聞かせたので、子ども達は実感を込めて、絵本の読み聞かせに引き込まれていきます。

そして、最初に、赤ちゃんを産んだ雌ヤギを「いちばんおかあさん」、次に産んだヤギを「にばんおかあさん」と呼ぶようになりました。生まれたヤギの赤ちゃんの体の特徴をよく捉えて、見分けていいのるのに驚きます。

それから五日たち「さんばんおかあさん」から五匹目の赤ちゃんが生まれました。

赤ちゃんヤギが病気になり、死んでしまう

その翌日のことです。園長先生が、にばんおかあさんが後から産んだ赤ちゃんヤギを筵《むしろ》に寝かせています。「赤ちゃんが熱を出したのだよ」と言いました。自分でおっぱいが飲めないので、少し温めた牛乳をスプーンでのませました。保育室では、栄養をつけるためのみそ汁を作っています。赤ちゃんヤギの看病と、お母さんヤギの世話のために、子ども達は行ったり来たりして頑張りました。

翌日は、何人もの子どもが、家から哺乳瓶を持って来て、牛乳を飲ませようとします。ピアノを弾きながら、「いい子にする、ねるよ」と歌をうたって子ヤギをあやしている子どももいます。

その次の日、看病のかいもなく、登園してきた子ども達は、赤ちゃんヤギが死んだことを知りました。「おはかをつくって、あげよう」「ヤギのすきなえさをいれてあげよう」とお母さんヤギの見える場所に穴を掘り、落ち葉を敷いて、哺乳瓶や餌も入れました。

お墓には、いつも花が供えられています。運動会が近づくと、みんなで「けやきぐみが、リレーでかちますように…」と、お墓の前でお願いする姿が見られました。運動会では、「動物係競争」をしました。

赤ちゃんヤギの成長

ヤギの赤ちゃんは、少しずつお乳以外のものも食べるようになりました。運動会が終わったら、子ヤギを抱っこしたい気持ちをずっと我慢していたのですが、とうとう今日は抱っこをしようということになりました。子ども達は、かわるがわる保育者に子ヤギをそーっと抱かせてもらい、嬉しくて大興奮です。子ヤギの体温の温もりが子どもの手や体に伝わってきます。

（**横浜市／安部幼稚園・樫野弘子**）

⑭『おおきなきがほしい』の実践（五歳児）

A幼稚園にはグランドが二つあり、子ども達は上のグランド、下のグランドと呼びます。段差は、坂道や崖になっています。上のグランドの奥には広く自然が拡がり、自由にいつでも行って遊ぶことができます。園内にはウメ、サクラ、グミ、ブドウ、ミカン、ドングリ、その他のたくさんの樹木があり、一年中食べたり、木の実拾いをしたり、木登りをしたりして楽しみます。また、子どもが耕した畑ではダイコン、ジャガイモ、キュウリ、ナス、トマト、トウモロコシなどを育てています。Hくんが夏休みに田舎のおばあちゃんの家に行くと、「Hは、けやき組だから、ケヤキの木をあげよう」と言って、小さなケヤキの鉢植をもらってきました。年長組の名前は、いちょう、ぽぷら、すぎなどの樹木の名前です。ケヤキの鉢植を園庭に植える前に、園長先生から幼稚園ができた頃に植えたケヤキの話を聞きました。

園長＝「ずっーと前、幼稚園ができた時、けやき組の子ども達が他のクラスの名前の木はあるのにケヤキの木がないから、植えたいと言い、ケヤキを植えたんだよ。その木はどんどん大きくなり、三年前の工事の時に、ブルドーザーで引き上げたら根っこが切れていて、上のグランドに植え替えたのを知っているかな？」

子＝「しってる、はっぱがない」。

園長＝「それだけでなく、木の幹が割れて枯れてしまったんだよ」

子＝「かわいそう、しんじゃってるの？」「それなら、ほってとればいい」「たいへんだよ」「まいにちやればいい」。

子ども達は、穴掘りの道具を持ち、上のグランドへ行きました。グランドに着いた子ども達は、「あれだ！」と叫び、さっそく枯れたケヤキを掘り始めました。しばらくたつと、少しグラグラしてきたのでロープをかけて、みんなで引っ張ります。うわさを聞いて、他のクラスの子ども達も道具を持って駆けつけてきました。とうとう昼になったので、木の周りでお弁当を食べることにしました。

まだ、ほんの少し掘っただけなのに、枯れたケヤキには幼虫がたくさんいて、虫の大好きな子ども達は虫探しに夢中になります。

『おおきなきがほしい』の絵本から想像が拡がる

その日の「帰りの会」に、『**おおきなきがほしい**』（⑩－31）を見ました。あらすじは、主人公のかおるが大きな木が欲しいと思い、大きな木があったら、いろいろなことをしたいと考えます。太さは四人でやっと抱えられるほどです。その木に梯子《はしご》を掛けて、上のウロを抜けると、可愛い部屋の中に入ります。みつまたの枝のところに小屋があり、テーブルや椅子もあり、ここでホットケーキを焼くのです。かよちゃんのためにブランコもベッドの部屋も作りました。梯子《はしご》を登りつめると、見晴らし台があり、遠くの山や町、自動車も見えます。さらに考えます。夏になったら…、秋や冬になったら…、春になったら…。かおるは、この大きな木を画用紙に描きました。その日、お父さんに絵を見せて話しました。次の日曜日に、お父さんとかおるは、本当に木を植えました。

途中までしか読み聞かせができませんでしたが、子ども達は、ケヤキが大きくなったら登って遊びたいと想像を膨らませます。

翌日も登園すると、すぐにケヤキを掘ります。でも、虫好きの子どもは虫探しをしています。次の日は、年長組全体でドッヂボールをしたため、ケヤキ掘りはできませんでした。子ども達は「きょうは、ほらないの？」と、とても残念そうでし

た。

「帰りの会」で、昨日の続きの『おおきなきがほしい』を読み聞かせました。ケヤキが大きくなり、その木で遊ぶという発想が昨日よりも膨らんできて、子ども達は「ウサギもつれていこう！」「ロッカーもはこぼう…」「すいどうも、つみきもだよ」「ええっ、そうしたら、このへや（保育室）どうするの？」などと、楽しい想像が広がっていきます。

次の日は、みんなの考えた「ケヤキの木の遊び場」を描くことにしました。子ども達と、どんな遊び場が欲しいかを話し合いました。階段、スベリ台、ロープ滑り、エレベーターやプールもいると意見が出て、みんな思い思いに絵を描いていきます。大好きなウサギも登場させた、みんなの思いが詰まった楽しい絵になりました。

秋祭に「神様の木」を運ぶ

十一月には秋祭があります。子ども達の成長と収穫を喜び、感謝をするお祭です。年長児全体で相談し、「神輿《みこし》グループ」「太鼓グループ」「神様の木グループ」の三つに分かれて、クラスに関係なく交流活動として取り組むことになりました。「神様の木グループ」を選んだ子ども達に、「諏訪神社の御柱」の話をしました。高い木を十六本切り、ロープで引いたり、崖から落としたり、川に流したりして、大勢の人々が「諏訪神社」まで運んでいき、神社の前に立てることを話しました。

子ども達は、自分達も枯れたケヤキの木を運びたいと言いだします。その日は、雨降りだったので、神木につける飾りを作りました。翌日から、シャベル、スコップ、バケツ、ロープなど自分が使う道具を持ち、再び、ケヤキの掘り起こしが始まりました。

子＝「ねっこもつけないと、かみさまはよろこばないよ」

子＝「なかなか、ほれないよ」「いっしょにほろう」

などと、友達と協力したり、保育者に手伝ってもらったりして、やっと掘り起こすことができました。長いロープを付けてみんなで引っ張ります。ウンウン言いながら木を押す子ども、ケヤキは大きくて重いので、みんな一生懸命に力を入れます。

いよいよ、上のグランドから、崖のようになっている下のグランドへ下ろすことになりました。上にいる子ども達がロープで引っ張りながら、ヨイショ、ヨーイショと少しずつ下ろしていきました。

秋祭の当日は、「神輿《みこし》グループ」の作ったにぎやかな神輿《みこし》をワッショイ、ワッショイと担いでまわります。「太鼓グループ」の子ども達が、元気に太鼓を打ち鳴らします。「神様の木グループ」の子ども達は大きなケヤキに飾りをつけて、神様の祭壇のところへ運んでいきます。先頭は「おんべ」を持った子どもが進み、その後ろに神様へのお供えの飾りを持った子ども、その次にロープを引いたり、木を押したりする子どもが続き「ワッショイ、ワッショイ」の掛け声と共に進んでいく様子は、とても迫力があり、見物の保護者もびっくりしていました。祭の終わったあとのケヤキは、虫好きの子ども達が金槌、ドライバー、長いクギなどを使い虫探しの遊び場となりました。

小さなケヤキを植える

秋祭の間、ケヤキの鉢植をそのままにしていたので、みんなで、どこに植えるか相談しました。上のグランドに三本のケヤキの木があるので、その隣に植えることになりました。ケヤキを植える日に、もう一度、『おおきなきがほしい』を読み聞かせました。「はやくおおきくなるといいね」とみんなで願い、ボールが飛んで行かないように守り、水やりをして時々見廻りをしています。

（横浜市／安部幼稚園・樫野弘子）

(15) たっちゃんの大好きな絵本―障害のある子どもとともに

「さくらんぼを……どうぞ」

子ども達は、友達と体をくっつけ合って絵本を読んでもらうのが好きです。そしてそれはまた、「みんなと一緒」を実感することができる何よりも嬉しい時間です。

三歳児の大好きな絵本には**『たろうのともだち』**(5-35)、**『はらぺこあおむし』**(2-43)、**『たまごにいちゃん』**(5-13)、**『しろくまちゃんのほっとけーき』**(2-28)などがあります。

ダウン症のたっちゃんも保育者と一対一で絵本を読んでもらう触れ合いが好きです。今日もブックスタンドからお気に入りの絵本**『くだもの』**(1-15)を保育者のところに持ってきて「…あい」と言って横に座ります。

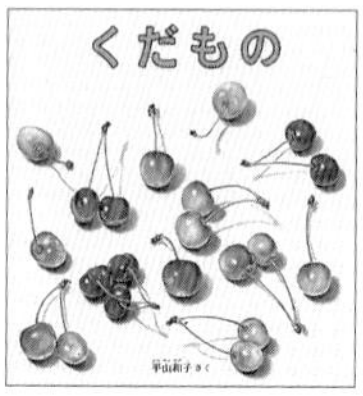

おいしそうなサクランボの表紙を指さして読んでと催促をします。「サクランボやねえ、たっちゃん、はいどうぞ」と差し出すとたっちゃんは「…んぼ」と言って指先でつまんで口に持っていきます。保育者も一緒に食べるふりをして「もぐもぐもぐ、あーおいしかった」。たっちゃんも「……かった」と顔を見合わせて笑います。「大きなスイカ、はい、どうぞ」「あーおいしかった、ごちそうさまでした」「…かった」とページをめくりながら次々に現れるモモ、ブドウ、ナシ、リンゴ、クリ、カキ、ミカン、イチゴ、バナナとこのやり取りが続きます。そして最後の場面で「あーおいしかった、もうおなかがいっぱいごちそうさまでした」「…た、…ま、…た」で絵本を閉じて、「おしまい」にします。たっちゃんは、満足するまでくり返し読んでもらった絵本を抱え、クラスの子ども達のところへ行き、「一緒に読もう」と身振りで誘います。絵本コーナーに座って、まずサクランボを側にいる友達一人ひとりに「…ぞ」と言って差し出します。子ども達は「ああおいしい、ありがとう」と応え絵本の楽しさを共有しています。そして「ぼく、スイカがすき、たっちゃん、スイカちょうだい」「私はイチゴちょうだい」と友達はたっちゃんに注文をして、やり取りが拡がります。ほとんど毎日くり返される「サクランボ…どうぞ」で始まるこの絵本の読み聞かせは、たっちゃんを中心に自然な形でクラスの遊びとして展開され、たっちゃんとの言葉のやり取りを楽しんでいるのです。子ども達は「ほんまに、たっちゃんはこの絵本好きやなあ」と言いながら、みんなの好きな絵本にもなりました。

「ブッブー　自動車です。のせて、のせて」

たっちゃんは**『じどうしゃ』**(1-23)の絵本も好きです。保育者が「ブッブー　ブッブー、これはトラックです」と言うと、たっちゃんは体をゆすり、ハンドルを持つふりをして見ています。表紙にある「ダンプカーはどこにあるのかな?」と追いかけながらページをめくっていくと、ダンプカーを見つけました。たっちゃんは「…ああ」と言って保育者の手をトントンと叩き、「これだよ」と指さして得意げに教えてくれます。信号が赤になって、保育者がダンプカーは「とまれ」と言うと、信号を指さして「あか」と言い、パトロールカーを指さして「バイバイ」をします。たっちゃんがジェスチャーを交えて大きな声で嬉しそうに絵本を見ていると、いつの間にか、周りに子ども達が寄ってきます。口々に「きゅうきゅうしゃ」、「これはトラック」「パトカーや」と車の名前を言ったり、いつのまにかバス遠足の話に広がったり、絵本を囲んで自分達の経験したことが話題になります。たっちゃんは絵本とみんなの顔を見ながら満足そうに友達の輪の中にいます。

「どんどこどんどこ」みんなといっしょに

クラスのブックスタンドには、一、二歳児クラスの時からくり返し読み続けてきた絵本も並べてあります。たっちゃんの最近のお気に入りの**『どんどこももんちゃん』**(12－24)もその中の一冊です。

「どんどこ　ももんちゃんが　いそいでいます」リズミカルなこのくり返しが楽しくて、「…ん、……ん」とページをめくるのを早く早くと促しながら、「どんどこ、どんどこ」に合わせて体をゆすって見ています。「どんっ」山の上でクマがとうせんぼの場面にくると「あっ」と声を上げて身を乗り出します。「どんっ　ど、ど、ど…」「どーん」とももんちゃんがクマを押していき、押し倒す場面では「あーっ」と言い、ほっとした表情をして、「あい」と次を促します。また「ももんちゃんは、いそいでいます」「どんどこ　どん、　あれっ　ど、ど、ど　どどど……」「どちっ」ももんちゃんがころびました。ももんちゃんは涙を流しながら、それでも急いで「どんどこどんどこ」、「どーん」、そして「とん」と最後の場面でお母さんの胸に飛び込むももんちゃんを見て「うんうん」とうなずくような身振りをしながら「よかった　よかった」という顔をして保育者の方を見ます。

ある日、絵本コーナーから聞こえるリズミカルな「どんどこ　どんどこ」の声を聞いて子ども達が集まってきます。そしてみんなも、「どんどこ　どんどこ」と真似をしています。見ると、三歳児の一人が保育者になって、『どんどこももんちゃん』を読み聞かせています。ところどころ抜けるところもありますが、声をはりあげて、自信たっぷりに言葉を言います。たっちゃんを見ると、「ど…ど…ど…」と身体をゆすってみんなと一緒に楽しんでいます。

三歳児の子ども達の興味のある絵本とたっちゃんの好きな絵本とは違いますが、子ども達はたっちゃんの好きな絵本にも興味を示し、楽しんで見ます。たっちゃんが三歳児二十人の仲間になってもうすぐ一年になります。みんなと一緒に生活し、認められ、遊びの楽しさを共有しながら、たっちゃんのペースで少しずつ成長していくのがよくわかります。三歳児は、くり返し言葉や、くり返しのあるストーリーを好み、声に出して言うのを喜びます。それはたっちゃんも同じで、自然な共感が生まれていくのです。

（大阪市こども青少年局・堀　千代）

(16) 『さっちゃんのまほうのて』からイメージを拡げる（五歳児）

園に、耳がほとんど聞こえない人が実習に来ることになったので、五歳児に難聴の人のことについて話をすることにしました。どのように説明したらよいのか、何日も考えましたが、結局、ありのまま伝えることにしました。

保＝「来週から、トラック組に実習生のお姉さんが来ます。でも、その人はほとんど耳が聞こえません」

子＝「じゃあ、そのひとおはなしできるん？」

保＝「しゃべるのはできないけど、紙に字を書いて伝えたり、身振りでも伝えられるよ。手話でもお話しすることができるよ」

子＝「しゅわしってる、しってる」と口々に言います。

月に一度、みんなで覚えている『よいこのがくしゅう』の手話ページを思い出し、「こんにちわ」「ありがとう」「さむいね」「ごめんね」と覚えた手話をやって見せます。

やって来た難聴の実習生は、とても意欲的に一生懸命声を出しながら、手話や身振りで自分の気持ちを子ども達に伝えようと努力しました。子ども達も、自分の顔を実習生に近づけて、実習生が何を伝えたいのか真剣に聞き取ろうとします。また、子ども同士で「おおきいくちでいうと、わかるで」「かおみて、いわんとあかん」などと、伝え合っています。

子ども達が当たり前のこととして、難聴の実習生にどのようにして関わればよいか考えて行動する姿に感動し、胸が熱くなりました。当園では、障害のある子どもを受け入れて「統合保育」をしています。日々の保育の中で、障害のある人とどのようにかかわればよいか、考えながら行動する習慣や態度が育っている姿を確かめることができ、保育者一同で喜び合いました。

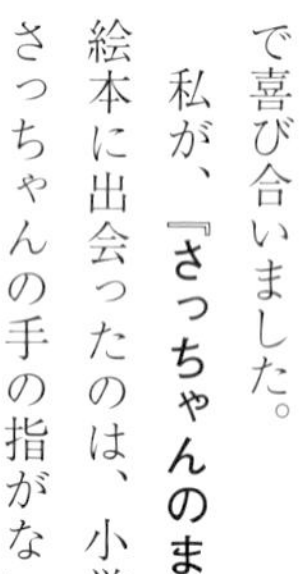

私が、『さっちゃんのまほうのて』(7-15)の絵本に出会ったのは、小学校一年生の時です。さっちゃんの手の指がないことが不思議で、自分の指を曲げて、グーにしてみたり、グーの手のままジャングルジムに登ろうとしたことを、今でもよく覚えています。障害のある実習生とのかかわりを機会に、この絵本を読み聞かせようと考えました。

保＝「今日の絵本は、いつもとちょっと違う絵本です」

子＝「どんなん？」「はよ、よんで…」と、期待します。しかし、読みおわると子ども達はシーンとしています。

保育者が「みんなの手を出してみて…」「指はいくつありますか」と、問いかけると、子ども達は自分の指を「一ぽん、二ほん…」と数えます。「五ほんや」「りょうてで、十ぽん…」と、言います。保育者が「では、右手をグーにして、握ってみてね。握ったままお箸が持てるかな？」「クレパスで絵が描けると思う？」と、問いかけました。子ども達は自分の指を曲げてみて「せんせい、つかめないよ」と、口々に言います。Y君が「せんせい、さっちゃんはどうしててがないの」と、尋ねたので、もう一度、絵本を見ることにしました。

○「あなたのてには、ゆびがいくつありますか」のところでは、自分の指を見て数えます。

○「でも、さっちゃんのみぎてには、いつつのゆびがないのです」では、絵本のさっちゃんの手をみた子ども達は、驚いた顔をします。

絵本の中のお母さんの説明は、子どもにもわかりやすく、みんな納得できたようでした。

E君が「せんせい、さっちゃんは、ゆびがないのにジャングルジムにのぼるのは、えらいね」と、言うと、みんな「そう、そうえらい」と、共感します。

T君が「せんせい、ひろくんやったら、なんていうかな？」と、聞きます。ひろ君とは、数日前に読んだ絵本『**どんなかんじかなあ**』（7－27）の主人公です。ひろ君は、目の見えない友達に「みえないって、すごいんだね、こんなにたくさんきこえるんだものね」と、感心します。また耳の聞こえない友達には「きこえないって、すごいんだね。あんなにたくさん、みえるんだものね」と、それを前向きに受けとめている姿に、子どもながらに「えらいなあ」と、思うのです。絵本のひろ君自身も、車いすなのです。

保＝「みんなは、ひろ君だったら何て言うと思うの？」

子＝「うーん」「わからへん…」、しばらく待っても子ども達から、答えはありませんでしたが、これが五歳児の姿です。

保＝「ひろ君が何て言うかは、先生にも分からないのよ。みんなで、よく考えてみようね…」と、返しました。

『さっちゃんのまほうのて』の読み聞かせを通して、さっちゃんやひろ君のような子どもがいて、健康な子ども達と同じように一生懸命、「自分の好きなことをしたい」「友達と遊びたい」と、思っていることをわかって欲しいと思っています。そして、障害のある人のことに関心を持っている、この機会を捉えて問いかけました。

保＝「みんな盲導犬のほかにも、体の不自由な人を助ける犬がいることを知っている？」「車椅子を使っている人を助けるのは、介助犬って言うのよ。そして、耳の不自由な人を助けるのは、聴導犬って言うのよ」

と話しました。そして、『**ありがとうシンシア**』（7－4）と、『**聴導犬ものがたり、ジェミーとペッグ**』（7－23）を読み聞かせることにしました。この二冊の絵本の内容は、少し難しいので、写真を中心に場面の説明をすることにしました。その後、絵本棚においておくと、時々友達と一緒にあれこれ言いながら見ています。

（兵庫県／千鳥が丘親和保育園・合志　薫）

●「障害のある人」にかかわる絵本紹介●

ありがとう　シンシア
- ●小田哲明（写真）
- ●山本由花（文）　●太田朋（絵）
- ●講談社　●1999

聴導犬ものがたり
ジェミーとペッグ
- ●有馬もと（作）　●MAYUMI（写真）
- ●福音館書店　●1999

耳がきこえない エイミーのねがい
- ●ルー・アン・ウォーカー（作）
- ●マイケル・エイブラムソン（写真）
- ●森丘道（訳）　●偕成社　●2000

ゆめのおはなしきいてェなあ
- ●吉村敬子（文）
- ●佐々木麻こ（絵）
- ●偕成社　●1980

⒄ Kちゃんと絵本――絵本を通して人とのかかわりを拡げる

六歳になったKちゃんは、年長組の女の子。朝、玄関で「おはようございます」と保育者が声を掛けると、ニコニコと笑顔を見せながら、小刻みに手を振って応えてくれます。「おはよう」の言葉は言えないけれど、それが彼女のできる挨拶です。

Kちゃんは、二年保育から入園し、生活や身の回りのことはほとんど自分でできるようになりました。「あ〜、う〜」と、もどかしそうに何かを伝えようとしますが、単語にはなりません。でも、Kちゃんは保育者の言うことは簡単なことなら理解し、Kちゃんが伝えたいことも身振り、手振りで何となくわかります。友達や保育者と一緒に過ごすことは大好きで、穏やかで親しみのもてるKちゃんをみんなとても大切に思っています。

絵本コーナーがお気に入り

Kちゃんのお気に入りの場所は、「絵本コーナー」です。言葉が話せないKちゃんにとって、絵本は自分の心の中の思いを他の人と共有できる大切なツールです。絵本を通して、Kちゃんと同じイメージを私達も感じ、「会話」ができます。園や家庭で読んでもらった絵本のストーリーを、園で出会う保育者一人ひとりに、身振り手振りで一生懸命伝えようとします。

K＝（頬にグーを押し当てる）
保＝「なあに？あっ、アンパンマンね」
K＝（口に人差し指をあてて動かす）
保＝「はみがき？」

K＝（すごい速さで首を振る）
保＝「あーわかった。〝アンパンマンとはみがきマン〟のお話ね」
K＝（にこっと笑い、うなずく）

Kちゃんの思いが通じた瞬間です。そして、別の保育者が通りかかるとまた同じように一生懸命話しかけます。

『三びきのこぶた』のお話

Kちゃんがまだ年中組の頃、絵本コーナーで『**三びきのこぶた**』（12－17）の絵本を見つけると、（この本見たことがある）というふうに指をさしながらM保育者の所へ持ってきました。「ブタのお話だよね」と、人差し指で鼻を押し上げブタの真似をして見せると、Kちゃんも同じようにブタの鼻の真似をしてニッコリとします。

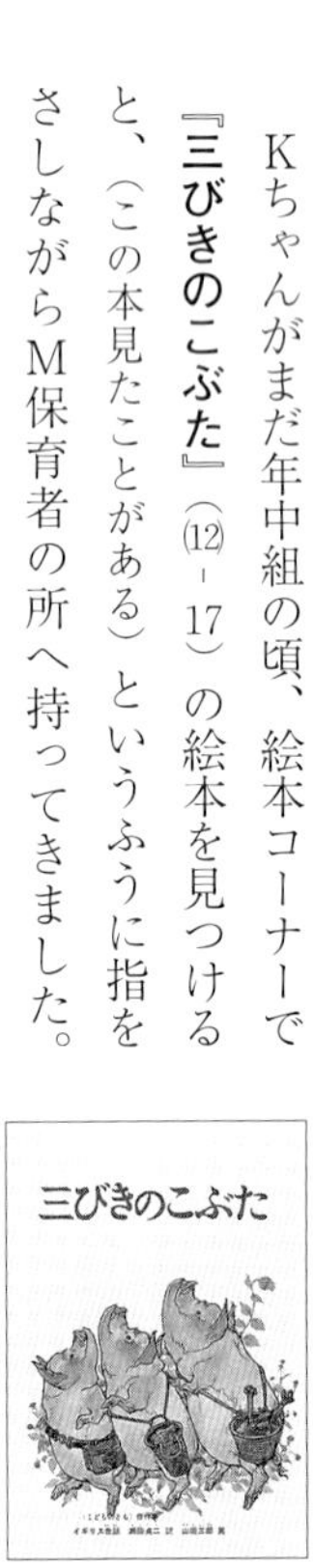

翌日、登園してきたKちゃんは、ブタの鼻の真似をしながら「あ〜、う〜」と話しかけてきました。「ブタのお話（鼻に指を当てて）って、オオカミ（指を曲げて爪を立てるしぐさ）が出てくるんだよね」と言うと、Kちゃんは、（鼻に指をあてて）、（指を曲げて爪を立てる）二つのしぐさをつなげてやって見せて、その日は一日中そのしぐさを繰り返し、その本を読んだことをみんなに伝えようとしていました。

次の日、またKちゃんがその二つのしぐさを繰り返して見せにきました。そこで、両手の先をくっつけて手でとんがり屋根を作り、思い切り「フー、フー」と息をふきかける動作を付け加えて、「ブタ（鼻を押す）のお家（屋根の形）、オオカミ（爪）にフーフー（息）って飛ばされちゃったんだよね」と話を続けました。すると、Kちゃんも真似をして、はじめは手で屋根の形をうまくつくれませんでしたが、手を持って一緒にやってみるとすぐに覚え、その屋根に向かって唾が飛び散るほど勢いよく息をそこに吹きかけました。「ブタ＝鼻を押す」、「家＝手で屋根」、「オオカミ＝爪を立てる」、「フーフー＝息を吹きかける」というしぐさをつなげて、『三びきのこぶた』のお話が出来上がりました。

それ以来、毎日のように保育者をつかまえては、そのしぐさを繰り返して見せるようになりました。保育者が「『三びきのこぶた』の本を読んだよね。ブタのお家がオオカミにフーフーってされて、吹き飛んじゃったんだよね」と、Kちゃんの伝えたいことを言葉にすると、Kちゃんはそのたびに、とても満足そうにうなずき、「会話」を楽しむようになりました。

それまで、Kちゃんは人とのかかわりが少なかったのですが、絵本をなかだちとして「伝える喜び」を知り、積極的に自分の思いを保育者に伝えるようになりました。

「十二支のはなし」で通じ合う

Kちゃんは、冬休みにお母さんと本屋に行き、**『十二支のはじまり』**(12-19)を買ってもらいました。

Kちゃんは絵本を見ながら、指を頭に立てて角のようなしぐさや肩をトントンたたくしぐさ、手を開き頭にのせる耳のようなしぐさ、手を振って何かをつかむしぐさ、ブタの鼻のしぐさなどをお母さんに見せて、何かを一生懸命伝えようとするのですが、お母さんにはうまく伝わらないようです。保育者は母親からその本を見せてもらい、ページをめくると牛の背中にねずみがしがみついている姿が大きく描かれていました。

そこで、Kちゃんに「ネズミが（頭に耳をつくる）ウシの（頭に角）背中（肩をさわる）に乗っているね（しがみつく）」と話しかけてみると、Kちゃんは目を輝かせて同じしぐさを繰り返しました。肩をトントン叩くしぐさはどうやら背中のことだったようです。

見開きのページには、神様の所まで競争する十二支の動物が出発する姿が描かれていて、よく見ると遠くの方で豆粒ぐらいのブタが手を振っています。「ブタが（鼻を押す）みんなにいってらっしゃーい（手を振る）って言っているね」と話すと、Kちゃんは夢中になって「あ～、う～」と声を出しながら「ブタ（鼻）がいってらっしゃーい（手を振る）」のしぐさをして、その後に、「ネズミ（頭に耳）がウシ（角）の背中（肩）にしがみついて乗っている（しがみつく）」しぐさを続けました。

こうして、『十二支のはじまり』ができあがり、何度も繰り返してみせます。そして、側で見ていたお母さんにも、少し自慢げに〝こういうお話なんだよ〟というように何度も繰り返し教えます。お母さんもやっとKちゃんの伝えたいことが理解できるようになり「そうだったんだぁ」と感動していました。

『かちかちやま』のお話では…

Kちゃんは、登園すると身支度するのももどかしそうに絵本コーナーにやってきます。今のお気に入りは**『かちかちやま』**（おざわとしお再話、赤羽末吉画、福音館書店、一九八八年）。

K＝（長い耳を頭の上につくり、お腹をポンポン叩く）
保＝「ウサギとタヌキ？」
K＝（頬をさわり、目に手をあてる）
保＝「熱くて、泣いちゃったの？」
K＝（両手を握りカチカチと石をこすっているしぐさ）
保＝「カチカチってしたら、火がボーッとなって、アッチッチー（頬をさわる）ってなっちゃったんだよね」
K＝（ウサギがタヌキにカチカチすると、熱くて泣いた）
こうして、『かちかちやま』の話を伝えようとします。

次の日も繰り返して見せるので、保育者が「タヌキは背中を（背中をさわる）アッチーってやけどしちゃったから、ウサギが薬を塗って（指を立てぐるぐる回す）あげたんだよね」と、続きを話すと、Kちゃんは「そうそう」という表情をして（薬を塗る）しぐさを真似てみせます。「ウサギが、タヌキにカチカチってすると、アッチッチーってなって、やけどしちゃったので、薬を塗った」という話が完成しました。

そしてKちゃんは、いつものように園で出会う保育者に、『かちかちやま』の話を教えてあげます。保育者が「塗った薬は痛い薬だったから、タヌキはギャァーってびっくり（両手を開き驚くしぐさ）しちゃったんだよ」と続けると、ニコニコと笑いながらうなずき、またその絵本を嬉しそうに眺めています。

毎日、Kちゃんは、大好きな絵本を通して自分の世界を広げ、それを保育者や友達に身振りで伝え、共感・共有し合うことによって、人とのかかわりを広げています。園で読んだ話が気に入ると、毎日、お母さんに一生懸命伝えようとするので、家でも同じ絵本を買って、Kちゃんと一緒に楽しんでいるそうです。

（千葉県八千代市／八千代わかば幼稚園・守　里恵）

●「障害のある人」にかかわる絵本紹介●

うさぎのユック
- ●絵門ゆう子(作)　●山中翔之郎(絵)
- ●金の星社　●2005

わたしの足は車いす
- ●ヨーゼフ・ファイニク(作)
- ●フェレーナ・バルハウス(絵)
- ●ささきたづこ(訳)
- ●あかね書房　●2004

チーちゃんのくち
- ●わたなべまみ
- ●口腔保健協会　●2006

プレゼント
- ●おとたけひろただ(作)
- ●さわだとしき(絵)
- ●中央法規出版　●1995

〔品切れ・重版未定〕

のんちゃんはおとうばんです
- ●今関信子(作)　●垂石眞子(絵)
- ●童心社　●1999

ノエルのおさんぽ
- ●るりこ・デュアー(作)
- ●たかはしみちこ(絵)
- ●メディアファクトリー　●2001

第4章
子どもと絵本
絵本にかかわる理論・実践・活動

幼い人たちへの贈り物
親子をつなぐ文庫活動
「ブックスタート」って何？
『いないいないばあ』は、ロングセラー絵本
「絵本で子育て」センター活動

(1) 子どもの育ちと絵本

赤ちゃんと絵本

赤ちゃんと絵本をつなぐ「NPOブックスタート運動」が二〇〇一年に発足し、全国の自治体で活発に展開されるようになってから、絵本は一気に〇歳までを読者対象として包み込むようになりました。赤ちゃんと絵本のかかわりも従来からの定説である「ものの絵本」がはじまりではなく、その前にもっと奥深く複雑な世界があることもわかりはじめています。ここでは、絵本の効果的な読み聞かせや、絵本が子ども達の発達に及ぼす影響、それに絵本が読み手や聞き手の人間関係にどのような役割を果たすかなど、さまざまな観点より保育者・子ども・絵本の関係について述べてみたいと思います。

最近では、絵本を子どもに「読み聞かせる」というよりも、「読み合う」という言葉の方がよく使われるようになりました。なぜでしょうか。普通「読み聞かせ」という言葉を使いますと、保育者（大人）が読み手で子ども達は聞き手というように一方的な関係とみなされます。しかし、実際はどうなのでしょうか。子ども達を前にして、普段絵本を読んでいるときの状況を思い起こしてください。

子どもも独立した「読み手」であることを忘れないで

一冊の絵本を間において向き合いますと、たとえ読み手が大人であっても、子ども達は自らが読みとったことを表情や笑い声、言葉などを使ってどんどんと表現しはじめます。たとえ相手が〇歳の赤ちゃんであっても声を立てて笑ったり、「おはしゃぎ反応」などをすることで、「ここが好きだよ」とか「この言葉はおかしいじゃないか」などと、そこで読み取ったことを、即座に明確に伝えてくれることは、もう経験されていることでしょう。そのようなとき読み手は、それら子ども達の反応に影響されて、できるだけその場面のところを気に入ってもらえるように抑揚をつけて読んだり、リズミカルに表現するように努力します。つまり、一冊の絵本は読み手と聞き手の相互作用の中で読み進められていくことになり、そのことが「読み合い」という言葉を生み出したのです。もし、読み手がそのような子ども達の反応に無関心であったり、読み手の気持ちだけで一方的に「読み聞かせる」ならば、絵本を読むことは決して双方にとって楽しいものにはならないでしょう。

さて、赤ちゃんと絵本のかかわりについての経験や研究が積み重なるにつれて、「赤ちゃん絵本」（〇、一、二歳）の概念は歴史的にも大きく変化し始めました。私は、人生で最初に出会う絵本を今のところ、次のように三分類しています。

赤ちゃん絵本の三つのパターン

①図鑑的絵本・絵解き絵本・ものの絵本（知識のリストづくり／観察の目録づくり）

これらの絵本は、従来、一歳前後で一語文が出る頃から読まれ始める典型的な赤ちゃん絵本の一つでした。赤ちゃんがよく日常生活で見聞きしたり、経験しているモノが明るい色と丁寧な絵で親しみやすく描かれています。

朝の落ち着いた時間やお昼寝の後のゆったりとした時に、膝に抱いたり、椅子に腰掛けるなど、読み手・聞き手・絵本が三角形の形をとり、お互いの表情が見える位置で読み合いが始まります。

動物が正面を向いて次々に現れる絵本であれば、「ほうら、わんわんがいるねえ。わんわん」とか、眠っている場面であれば「ねんねんねん、ねーむいな」と軽く抑揚をつけ、擬音語・擬態語を織り交ぜて語りかけます。読み手もさも眠そうに首を傾けて目を閉じることも良いですね。赤ちゃんも腕の中で抑揚に合わせて、ぴょんぴょん腰を振ったり、首をかくんかくんと振りながら「アンアン」などと唱和してくれます。

赤ちゃんは、笑いながらそこに一緒にいる読み手の笑い顔や声をしきりに見つめ確認します。その様子は「そうだよね。おかしいんだよね。もう笑っちゃうんだから」と、同じ絵を眺めながら共感・共鳴ができて大満足です。食べ物や日常生活の動作、それに動物を描いた絵本には、特に興味をひかれるようです。

このように絵本を読んでもらうことが楽しいのは、描かれた内容世界が赤ちゃん自身の生活経験と深く結びついているからでしょう。五感にしっかりと根をもつ経験があればこそ、絵を眺め読み手の言葉を聴きつつ、そのときの感情などが記憶の底からよみがえるのだと思います。

②伝承遊びに水脈をもつ絵本（わらべ歌・手遊び・指遊びなど）

このタイプの典型的な絵本として描かれ続けているのが、「いないいないばあ」の系統です。すでに五十種類以上の「いないいないばあ」絵本がわが国では出版されているとも言われています。

さて、○歳の赤ちゃんのためにはまだ絵本など必要ない。もっと手遊び・指遊び、それに優しいわらべ歌をたくさん歌うことの方が大切で、この時期には信頼関係を築くための直接的なコミュニケーションの基礎を育むべきだ、という批判は少なからずあります。

私もそれは正論だと思いますが、残念ながら現代では世代間伝承がうまく行われておらず、映像メディアが出現する前の時代のようにはいきません。現在では、DVD付きの絵本も数多く出ていてこれらの絵本を効果的に使いこなすことも必要だと考えます。同じテキストであっても、さまざまな地域にはさまざまな節回しや歌い方があります。わらべ歌や手遊びなどは、その地方独特の言葉のイントネーションやリズムを基礎に歌われる訳ですから当然のことでしょう。

私は、DVD等に表現された歌い方は記憶を呼び起こすための「はしご」だと考えます。視聴覚財を通して大体のリズムやメロディがつかめれば、後は「はしご」を外して自由にその土地に馴染む歌い方をすればよいのではないかと思います。この種の絵本がそのように使われるならば、伝承遊びが新しく復活される機会にもなるでしょう。

③オリジナル赤ちゃん絵本（ユーモア・ナンセンス絵本）

私は、このタイプの絵本は赤ちゃんにもっとも早く楽しまれる絵本だと考えています。同じ「赤ちゃん絵本」と名付けられていても①の絵本と全く質の異なる絵本です。

たとえば、『もこ　もこもこ』（1-47）、『じゃあじゃあびりびり』（1-24）、『がたんごとん　がたんごとん』（1-14）、それに長新太のナンセンス絵本などが、これらのタイプに入ります。いずれもテキストは、擬態語・擬音語などのオノマトペが中心です。しかし、この種の絵本の中には最初から赤ちゃんのために制作されたわけではなく、試行錯誤の中で赤ちゃんが好むことがわかりはじめたものも数多くあります。例えば、長新太さんの絵本などはかなり多くのものがそのタイプに入ります。

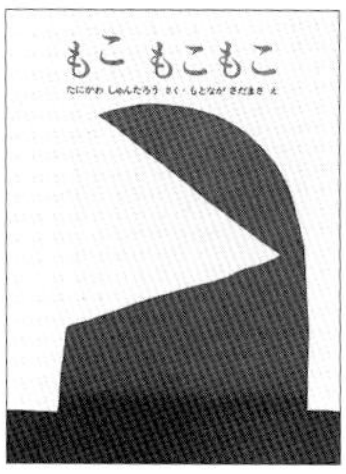

意味が分からないと読めない？

長新太のナンセンス絵本は脈絡がなく「何を言いたいのかわからない」という理由で、保育者から敬遠されるということを聞くことがあります。確かに、長新太の絵本の多くは物語的な起承転結があるわけではなく、おおよそしつけや知識の獲得とも無縁なものです。赤ちゃん絵本とは「図鑑的でものの絵本である」と①型の絵本を頭に描いていた保育者には、とまどいが多いようです。でも、多くの子ども達、とくに赤ちゃんは十か月くらいからナンセンス絵本に大喜びをします。なぜでしょうか？

たとえば、**『ちへいせんのみえるところ』**（12－22）、**『にゅーっ　するするする』**（12－25）、**『ごろごろ　にゃーん』**（12－16）等は、一歳半くらいまでの赤ちゃんがとても好きな絵本です。まるで赤ちゃんの喃語や一語文（one-word sentence）の続きのようなテキストをもつこれらの絵本は、赤ちゃんを主役に据えて、読み手と赤ちゃんの間に、音声や動作のやりとり、掛け合いなどのコミュニケーションを促す機能をもっています。

『ちへいせんのみえるところ』は、青と黄色を基調とした地味な色遣いで描かれており、テキストはページをめくるたびに「でました」という文章があるだけです。めくるたびに地平線から現れる絵も、男の子やゾウの顔だけ、爆発する火山、難破した飛行船など、特に脈絡があるわけではありません。しかし、一歳二か月のある男児はこの絵本が大好きで、お母さんがページをめくり「でました」という言葉を言うたびに、「きえっ！」、「ふよ〜」、「あんりょ〜」などとリズムをとりつつ実に嬉しそうに読みをリードしてゆきました。彼が楽しんだのは描かれたモノを命名したり、知識を披露したり、「これは？」と聞くことでコミュニケーションをとることとは少し異なります。

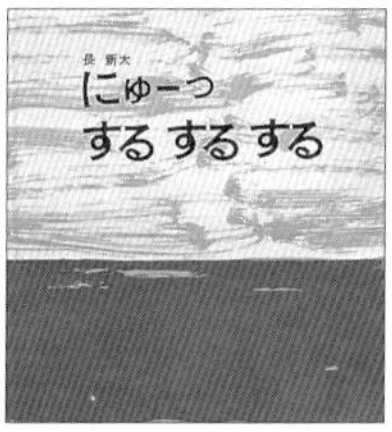

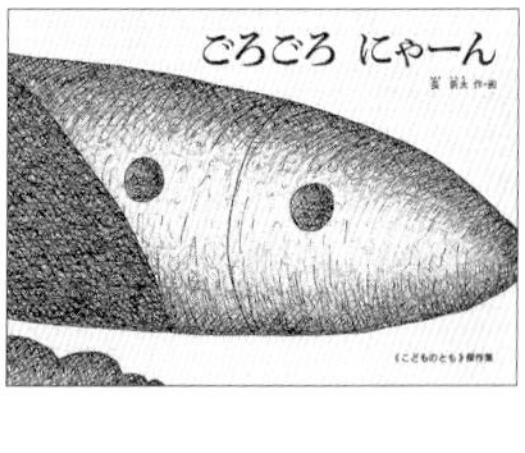

長新太は、自らの絵本を「シュールレアリズム的ナンセンス」と呼び、読者が楽しむためには「生理的な参加」が必要であると述べています。したがって、幼い子どもと彼の絵本を読み合う場合、読み手は感覚や生理的な読み方の訓練をかなり修業する必要があるのだと主張しています。[1]

赤ちゃんが長新太の絵本に惹かれるのは、読み手の大人が生理的な読み方の訓練をした場合だけであり、普通に読むとおそらく知らぬ振りを決め込むでしょう。まだ、意味の世界に入る前に、リズミカルなオノマトペを使って、読み手と赤ちゃんがまるで「じゃんけんぽん」や「せっせっせ〜」でもするようなノリで、絵本の扉を次々にめくってゆくのです。まさに、生理的なリズムでやりとりすることの面白さとおかしさなのです。

保育者も「きまじめ」を壊そう

理屈で順序よく知識や論理を組み立ててゆくことは、とても楽しく、そのようにして物事を理解することは、子どもの心を充実感で充たします。しかし、そのように既成の知識体系を獲得してゆくことが楽しいのと同様に、壊し揺さぶりをかける面白さもあるのです。それは、今までに経験しなかった感情の解放を通して、新しい発想を生み出すきっかけを作るからです。子ども達は集中して創った積木の城や砂場での壮大な山を惜しげもなく壊して、再び新しいものへと挑戦を始めます。

それと同じように、ナンセンスやユーモア絵本を読むことで、自分の既成の価値観や知識体系を壊したり、ひっくり返してみることも大好きです。保育者も時には一緒になってユーモアやナンセンスの世界を泳いでみませんか。

絵本をとおして子どもが自分の生活を深く解釈すること

絵本を子ども達に読むとき、生活から離れて、できるだけ夢のあるものやファンタジーに彩られたものを、選択しようとすることがあります。昔話や民話などは、骨格がしっかりとしていて内容はファンタジーの世界であっても理屈（論理）は単純ですから多くの子どもに好かれます。

最近ではナンセンスなものや論理を超えた滑稽な内容の本は、もっぱらマンガやアニメーションが請け負い、幾重にも意味が解釈できる深い空想の世界を描いた本は、小学生になってもなかなか読み込んでもらえません。そこで、今回は就学前の子ども達が絵本によって自分たちの生活の豊かさを解釈できるような絵本を取り上げてみたいと思います。

新しく弟妹が誕生したときの葛藤

順調に幼稚園や保育所に通っていた子どもが弟や妹が誕生することで、荒れたり登園を渋ったりして、保育者はどう対処したらよいのか悩むことがあります。そんな時に、一緒に読んでみたい絵本に『**おねえさんになるひ**』（12-11）があります。

両親とともに、新しい赤ちゃんの誕生を期待いっぱいで待ち望んでいたはずなのに、いざ、生まれてみると父母は新しい弟に手を取られてしまい、疎外感と寂しさで「あかちゃんなんかいらない」と、大泣きのソフィーが主人公です。そんな時、両親や保育者は、どのような言葉かけが必要なのでしょうか。

雪の降る庭で怒りと悲しみで「もうあかちゃんなんか、どっかいっちゃえ！」と泣くソフィーを見たお父さんは、ソフィーをしっかり抱きしめて

「ソフィーのきもち、おとうさんにはよくわかるよ。おねえさんになるって　たいへんだね」と語りかけます。

なんと素晴らしい言葉なのでしょうか。大きくなることに強いあこがれをもつ子ども達ですが、そのためには何が必要なのかを丁寧な絵と言葉で語りかけます。お姉さんになるためには、ただ下に弟や妹が生まれれば自動的になれるものではありません。弟妹が誕生したその日から、お姉さんになるための厳しい訓練が始まると言っても過言ではないでしょう。新しい家族の構造や関係の中で自分はどこに居場所があるのか。お姉さんとはどのような生き方が要求されるのか。今までの自分の中から何を手放し何を築かねばならないのか。ただ「お姉さんなのだから」という言葉だけでは、何の手がかりも得られず苦しむこともあるでしょう。少子化の中でなかなか周囲に手本も見つからないわけですから、保育者や保護者はしっかりとふさわしい言葉を準備しておきたいものです。

会社と保育所に離れていても、いつも可愛い私の子どもたち

日中、ほとんど父母と離れて過ごす子ども達が増え続けています。そんな状況を生きる子どもに『**かわいいかわいいわたしのぼうや**』（12-14）と、力強い言葉で迫る絵本があります。

「はなれていてもママは　いつだってあなたといっしょよ」。ぼうやが保育所で踊っているとき、ママも「あなたのかたのうえで　いっしょにうたっているのよ」。ママがお仕事をしている間は、「あなたはママのか

たに　ちょんとのっているわ」。ママがコーヒー飲みながらお仕事の話をしているときも「あなたは　カップのまわりにいたり、いすにこしかけたりしているの」と、いつもいつも心は一緒であることを細やかに語ります。

ともすれば、わが国では子どもを保育所に預けて働くことにネガティブな雰囲気が漂いがちです。そのようなときに「ママも頑張っているからあなたも頑張ってね」とか、「もう少しの我慢よ」などの平板な言葉ではなく、子ども達が自らの生活の意味をもっと豊かに見いだせるようなこのような種類の絵本を、集団の場で読んで欲しいですね。その積み重ねが、集団の文化を育みます。

絵本のイメージを深く読みとり子どもに伝える

幼い子ども達は、遊びの環境を豊かに整え、自由な時間をたっぷり用意するとさまざまなごっこ遊びを始めます。ミニカーや電車を手に握りしめて床に寝そべり、黙々と動かしつつ何かの擬音語を発したり、つぶやいたりする子どもがいます。ままごと遊びで延々と自分の家族模様を再現し続ける子ども達は、どの保育所や幼稚園でも見られることでしょう。保育者は、このような子ども達の心理世界をどのように観察し、解釈しているのでしょうか。私は保育者としての資質は、一斉の保育活動が効率的にできることよりも、このような子ども達一人ひとりの遊びの内面世界を深く見取り解釈できる能力の中に存在すると考えています。

『かいじゅうたちのいるところ』（12-13）は、センダックが自らの幼い頃の遊び経験を基礎に創作した、幼児心理学のテキストのような絵本です。

主人公の少年マックスは、いたずらをして、お母さんに晩御飯抜きで寝室に放り込まれ鍵を掛けられてしまいます。そこから始まる「怪獣ごっこ」の世界の組み立ては、子どもの心と論理を見事に絵で現しています。ドアやベッドの縁が木に変身し、窓際に置いてあるテーブルと花瓶の緑は、同じ形の茂みへと見立てられてゆきます。マックスを運ぶ船はベッドがその見立ての土台になっており、王様になったマックスが入っているテントは、彼が今まで遊んでいたベッドカバーの使い方（宙づり）がイメージの素材になっていることを明瞭に描いています。

じっくりと眺めて読むと、子どもの遊びの内面世界の成り立ちの解釈とその精確な描写に驚かれることでしょう。空想遊びの絵本を巧みに読み聞かせるということは、絵本内容がいかに子ども達固有のイメージに深く根ざしているかを理解することから始まります。つまり、読み聞かせとは、読み手の解釈したことを絵本を通して伝えることでもあるのです。

友だちをつくることは新しい心をつくること

少子化が進む中で、多くの親は保育所や幼稚園に「ともだちづくり」を期待しています。集団が順調に育っていると、子ども達は友達とうまく遊んだり心を通わせることの面白さを味わうことができます。「ともだち」の意味は、交際が深まると共に変化し成熟してゆきます。そんなとき、次のような一冊はいかがでしょうか。

『ともだちや』（5-44）では、「ともだちや」という宣伝ののぼりを掲げたユーモラスなキツネが主人公です。「ともだちはいりませんか。さびしいひとはいませんか。ともだちいちじかんひゃくえん。…にじかんにひゃくえん」とかけ声をかけつつ、キツネは森の中に分け入って行きます。「ともだち」の心をお金で買ってもらう魂胆のキツネです。しかし、最後に呼び入れてくれたオオカミと楽しく遊んだ後、おそるおそるお代を請求したキツネは、「おまえは、ともだちからかねをとるのか。それがほんとうのともだちか」と一喝され、友達の意味に初めて気づきます。マニュアル時代を生きる大人にも、読んで欲しい絵本ですね。

幼児が絵本を「味わったり、楽しむ」ためにできることは

いままで絵本と乳幼児を結びつけるキーワードとしては、「絵本は読みっぱなしが原則」であり、あれこれと問いかけることは、子どもの楽しみとしての読書に反する、といった考え方が暗黙の了解事項になっていました。実際、私も子ども達の興味関心から逸脱したような教訓的な質問はまっぴらだと感じていましたので、私はいまでもその考え方には基本的には賛成です。しかし、子ども達がどのような絵本に興味関心をもち、どのような絵本に深い味わいを感じるかは、やはり保育者の働きかけと子ども達自身の表現抜きには育たないことも事実です。

フィンランドの小学三年生の国語教科書[2]には、本を読むときのポイントとして二十項目をあげていますが、参考のために四、五歳児にもできそうな問いかけを、いくつかあげてみたいと思います。

☆登場人物で、いちばん好きな人はだれかな？　どうして好きなのかな？
☆何か登場人物にいいたいことはないかな？
☆本に書かれていたことで、いちばん興味をもったことは、何かな？
☆物語の続きを考えてみよう
☆物語から好きな場面をえらび、絵をえがいてみよう　などです。

このような質問はあえてしなくても、子ども自らが発することもあります。私は、幼児にふさわしいこの種の問いかけについては、もう少し行われてもよいのではないかと思います。

引用文献
（1）『長新太―こどものくにのあなきすと』河出書房新社、二〇〇七年、九五ページ。
（2）日本語翻訳版『五つの基本が学べるフィンランドの国語教科書　小学三年生』経済界、二〇〇六年。

（佐々木宏子）

⑵ 赤ちゃん（〇〜二歳）と絵本を読むということ
——未来に生きる幼い人たちへの贈り物

赤ちゃんが生まれました。
なにをプレゼントしたらいいでしょう。
この世に生まれてきた赤ちゃんたちに、「絵本を読んであげること」をプレゼントしてあげてください。「生まれてきてくれてありがとう」という思いを込めて。

赤ちゃんたちと『いないいないばあ』を読む

ここに絵本があります。**『いないいないばあ』**（1-3）です。首が据わるようになったら、抱っこして、ていねいに読んであげてください。赤ちゃんの機嫌のいい時に、大人の読み手は自分の声を聞くくらいのゆっくりした調子で、赤ちゃんに語りかけるように読んであげてください。「にゃあにゃが　ほらほら　いないいない」、絵本をめくって、「ばあ」。赤ちゃんは体をゆらしたり、足をばたばたさせたりして、喜びを表します。

九か月頃になると、ひとりで安定して座れるようになり、読み手の前にクマさんのように座り、「ばあ」のところで、「にーっ」と笑ったり、手を振ったりします。時には、ひとりで絵本『いないいないばあ』の表紙を見て、「アーバー、ダーバー」と言いながら読んでいます。一歳になりました。声が出るようになり、「ばあ」のところへくると、読み手と一緒に「ばあ」。この頃は、泣いていても『いないいないばあ』を読み始めると、よほど泣きじゃくっていない限り、泣き止んでじっと絵本を見ます。

一歳三か月くらいになりました。「ばあ」の箇所を待ち構えています。読み手が少し間をおいていると、赤ちゃんたちのほっぺたがふくらんで、待ちきれないような口元をして、大きな声で「ばあ」。時には、わざと物凄い大きな声で「ばあ」と言って、自分で大笑いしている子もいます。また、自分ひとりで絵本を手に持ち、「いないいない」のところはムニャムニャと言い、「ばあ」のところでは、とても元気に「ばあ」といい、また、ページを開いて「ムニャムニャ」、次にはまた、大きな声で「ばあ」。こうして絵本一冊を読み上げ、大満足で絵本を閉じます。

赤ちゃん達と絵本を読んでいると、驚くことがあります。生まれて半年も経っていないのに、「いないいない」の次には、「ばあ」がくるぞ、と次の場面を想像することができることです。「いないいない」でめくると、やっぱり「ばあ」となり、大喜びする赤ちゃんたちの姿に、びっくりします。次はどうなるかを想像することができる能力は、生きていく上で非常に重要な「未来への志向性」となります。あることをしたら、こうなるだろうという想像力、それは、このことをしたら、お母さんは喜ぶだろう。そのことをしたら、友達は悲しむだろう、と次（未来）の段階を想像し、では、やってみよう、いや、やらないでおこう、と未来に向けて、今の行為を判断する力になるからです。

五、六か月の赤ちゃんに想像力があるとすれば、それは、育てられ教えられた能力ではなく、生まれながらにして持っている能力だと考えられます。では、赤ちゃんとはどういう存在のありようなのかを考えてみます。

赤ちゃんとは

大阪の千里で青山台文庫という子ども達と絵本や詩や物語を楽しむ会を主宰して三十五年になります。文庫の中の活動の一つとして、「だっこでえほんの会」という赤ちゃんたちと絵本を読む会を行って八年になります。また、聖和大学でも地域の赤ちゃんたちと絵本を読む「だっこでえほんの会」を開催して三年になります。二つの「だっこでえほんの会」を通して、私が赤ちゃん達から教えられた大事なことがいくつかあります。

①赤ちゃんは、人間になるべくして、生まれてくる。

赤ちゃんたちは、将来、ライオンになるのではない、キリンになるのではない、タンポポになるのでもない、人間にしかならないのです。ましてや、赤ちゃんたちは、他の人を傷つけたり、殺したりする犯罪を犯す人になろうなどと思って生まれてくるのではない、ということです。犯罪を起こした思春期の子ども達や若者たちのことを、まるで「人間」ではないようにマスコミに書かれることがありますが、赤ちゃんたちに接していると、どの赤ちゃんも、人間になるべくして生まれてくる、ということがわかります。このことは、どんなに強調してもしすぎることはありません。

②赤ちゃんは、想像力の種を持って生まれてくる。

赤ちゃんたちが、絵本の世界にまっすぐに入る姿を見ると、人は生まれながらにして想像力の種を持っているのだとしか思われません。しかし、小学生、中学生、大学生、大人ともなると、真の想像力を持っている人が少ないような気がします。六歳くらいで、すでに想像力などまるで持ち合わせていないように見える子ども達が増えています。持って生まれてきた想像力の種はどこへ行ってしまったのでしょう。生まれてしばらくの間に、想像力の芽は摘み取られ、踏みにじられてしまったのです。想像力がなければ、明日や未来への志向性はなく、人間らしい生き方ができなくなります。赤ちゃんたちと絵本を読むということは、想像力の種に水やりをして、想像力が育っていくように手をかしてあげることではないでしょうか。

③赤ちゃんは、本質的に言葉を獲得する装置を持っている。

赤ちゃんたちは、言葉の獲得力も身体の成長力も生得的に持っています。寝返りの仕方、立ち方、歩き方を、教えてもらってできるのではなく、人間としてできるようになっているのです。身体の成長はひとりでできるようになるのですが、言葉の習得は、大人の関わりを必要とします。特に生きていく上での大事な思考力のもとになる言葉を身に付けるには、大人の助力を大いに必要とします。アメリカの言語学者であるチョムスキーは、大人の役割を、「教えるということは、水をビンに満たすことではなく、花が自らの仕方で成長するのを助けることに、たとえられるべきである[1]」と美しく表現しています。赤ちゃん達が持って生まれてきた能力を自ら使って成長できるように、手助けをすることが、大人の役割です。植物に水やりをして花を咲かせるように。

赤ちゃんたちに絵本を読むことは、水やりをすること

絵本を読むことは、幼い子ども達に水やりをして、持って生まれてきた機能を十全に使いこなし、豊かな人生を送れるようにしてあげることと言えます。とりわけ、言葉を育て、豊かな想像力を育み、人間として人生をまっとうできる方向に向けて自分で舵取りができるようにすることです。「生きる」ということは、大変なことですが、それでも、自分の人生を責任をもって生きていける人になって欲しいと願います。そうなれるようにする水やりの手立ての一つとして「いっしょに絵本を読む」という方法があります。

では、どんな絵本がいいか、また、どんな読み方をしたらいいか、を考えてみます。

絵本を選ぶ

子ども達に読む絵本は、絵が単に可愛いらしいもの、面白おかしいもの、騒々しいもの、「受け」をねらっているものは避けてください。とりわけ、赤ちゃんの場合、信頼を裏切らないものを選んでください。齋藤壽始子は、論文「乳幼児絵本のドラマツルギー」のなかで「いないいないばあ」の児戯と絵本を詳説し、生後三～四か月の頃には、児戯「いない いない ばあ」の遊びで、「子どもたちはおとなの顔と瞳が、必ず再び戻って来ること、現われて来ることを確信して待つようになる。遊びの途中で演じ手のおとなは裏切らないし、決して裏切ってはならない。観客の子どもは遊びのなかの物語を満足する。結果は安定していることが肝要である(2)」とし、最終的に松谷みよ子・瀬川康男コンビの『いないいないばあ』を高く評価しています。

絵本を声に出して読む

絵本を選んだら、絵本を信頼し、子ども達を信頼して、絵本を大事に持って、子ども達の前に座ってください。表紙をきちんとていねいに見せてあげて、タイトルから読んでください（三歳以上くらいになったら、作者の名前を読んであげてください。その絵本を心を込めて創った人の存在を伝えるために）。それから、絵本の絵も文字も大事にして、ゆっくりとていねいに読んでいってください。絵本の中の文字は、「声」に出して読まれることによって、生きている言葉として立ち上がってきます。

日本の絵本文化の発展に大きな寄与をしてきた松居直は、「子ども達に絵本を読んでやることは、文字に移されて息づかいを失いがちな書かれたことばに、ふたたび自分の息を吹きこんで声のことばとし、ことばの命を子ども達に伝えて感じさせ、生きたことばの体験をゆたかにさせるためです(3)」と、声の文化の復権をわかりやすい言葉で訴えています。「声」を出すということは、「息」を与えるということであり、「息をする」は、「生きる」ことと同じです。書かれた言葉を「声」に出す時には、読み手の「生きる姿」を込めてこそ、言葉が生きてくる、ということになります。

絵本とは

ここで、一度、絵本とはなにか、をまとめてみます。

①絵本は、絵（美術）＋言葉（文学）＋装幀（デザイン）の総合芸術である。

絵本の絵は文字が読めない子どものためについているのではありません。絵本の絵は、ピカソやセザンヌなどの画家たちの絵にも匹敵します。絵も「読む」対象です。絵本は、生涯にわたって楽しむことのできる芸術ジャンルです。

②絵本をめくることから、物語が生まれる。

私は、緩やかでもいい、絵本の表紙から裏表紙に向けての何らかの連続性のあるものも読んであげたいと思います。まだ言葉が話せない赤ちゃんたちに言葉を語りかけ、絵本を読むことで赤ちゃんたちの体の中で言葉が育つということと同じで、まだ物語がわからないからといって物語を避けるのは、赤ちゃんたちが生きていく上で大事な生きることの連続性の意味を育むのを損なうかもしれないと思うからです。松谷・瀬川コンビの『いないいないばあ』でも触れましたが、めくったらどうなるか、というのが、絵本の楽しみの大きな要素であり、この「次は」というところが、「明日は」や「将来は」というところにつながる未来への志向性になるからです。

③絵本は境界を越えることができる。

絵本には絵があることで、それまでに見たことがないもの、行ったことがないところ、理解できなかったことを理解できる装置になります。

実際に経験しなければ何事も理解できないということであれば、人同士がわかり合えるということは不可能に近くなります。

ニュージーランドのドロシー・バトラーは、本の中で出会った動物たちに、動物園に行って実物に会い、大喜びしている幼い子どもの姿をいきいきと描き、「幼い子どもは実地に体験したものだけを本でみるべきだなどと［専門家に］お説教してもらわないことにしましょう[4]」と言い切っています。実物が先か、絵本が先かという議論は不毛です。子ども達が大人達に助けられて事物に豊かな意味づけをし、豊かな言葉を獲得していくことが大事だといえます。

④絵本の中で、他者に出会う。

人間は、一回きりの命であり、限りある人生ですが、絵本の中では、いろいろな世界を訪れ、多様な他者に出会い、いくつもの命を生きることができます。

⑤絵本は、年齢を超えて共有することができる。

絵本の利点のひとつは、一冊の絵本を楽しむ年齢の幅が広いということです。三十代、五十代の大人と赤ちゃんが一冊の絵本を共有できます。大人と赤ちゃんが絵本を見るとき、大人から幼い人たちに、世代を超えて、大事なことが伝わっていくと同時に、赤ちゃんたちから大人に伝わっていくものもあります。そして、ある絵本が双方にとって忘れられない「宝物」のような絵本になります。

現代における赤ちゃん（〇～二歳）と絵本の関係

岡本夏木は、『幼児期—子どもは世界をどうつかむか』の中で、現代の問題の由来するところとして、幼児期の空洞化を指摘して次のように述べています。「人は、おとなも青年も、そして学童も、自分の中にかっての幼児としての自分を内化させて生きてゆきます。その自己の『内なる幼児期』が貧困なまま、あるいは不在なままおとな社会に入ってゆく時の問題は、すでに具体的な形をとって出現して来ています[5]。」

今、乳幼児教育を見直さなければならないところに来ています。その手立てはそれぞれの専門領域からの提案があると思いますが、私は、絵本という文化財が、「内なる幼児期」を豊かにする役割を果たしうるのではないかと期待しています。

日本は絵本文化が世界の中でも非常に豊かな国

日本は、色彩の使い方、デザイン性などにすぐれた絵本画家を生み出しています。印刷の美しさも手伝って、質の高い自国の絵本を量的にも多く製作しています。また、翻訳ものも、特に英語圏に偏りはあるものの、多様な国からの絵本が翻訳紹介されています。日本では、自国の質のよい絵本と外国からの翻訳絵本を合わせると、かなりの品揃えになります。これだけの豊かな絵本をすぐ子ども達に見せられる状態で取り揃えている国は珍しいと言えます。

赤ちゃんの想像力は豊か

生後間もない赤ちゃんたちは、生まれながらにして想像力の種を持っているので、絵本の世界にまっすぐに入っていきます。全てが新しく珍しく、貪欲に吸収します。生後しばらくして、首が据わったくらいから「だっこでえほんの会」にやってきて、三年間通ってくる子ども達の成長の仕方を見ていると、それは、どの子にだって豊かな人生を送る可能性があるのだということがわかります。特に幼い子どもの場合、身体全体で絵本の世界を経験しているように見えるのが特徴的でしょう。

○歳の赤ちゃん達にも絵本を

赤ちゃん達が生まれたときと一年後を比較すれば、その変化・成長は一目瞭然です。体の成長だけではなく、精神世界も深まりを見せています。感情表現も豊かになり、他者の感情表現を読み取れるようになっています。

「人間は一年早い早産で生まれる」と書いたスイスの動物学者であるポルトマンは、動物と人間の違いを「動物の本能的な行動を、環境に制約されたとよぶならば、人間の行動は、世界に開かれたといわなければならない」[6]と語っています。そして、世界に開かれたということは、「心のなかに姿を描きだせるということである。時間的にも空間的にも遠くはなれているものを表象する不思議な能力をもつことである」。すなわち、人間の特性は、物理的存在としては、限りある時空間にしか生きられないが、想像の力によって、限りない時空間を生きることができ、だからこそ、現実世界でも未来を思い描き、希望を持ち、現在を生き、現実を変えることができるのでしょう。生まれて一年の間に、想像の種を育むことができることに、人間の早産の意味を解することができるでしょう。

赤ちゃん達には、こんな絵本を

赤ちゃんたちに、こんな絵本はどうでしょう。「だっこでえほんの会」で、赤ちゃんたちと何回となく読んできたものばかりです。

①『いないいないばあ』（1‐3）

冒頭でも取り上げた作品ですが、ここでは、遊戯の「いないいないばあ」と絵本のそれとの違いを述べてみます。赤ちゃんたちは、「いないいないばあ」という遊びが大好きです。お母さんが両手で顔を隠して、「いないいないない」とすると、赤ちゃんは心配そうな、泣きそうな顔になります。一歳前くらいになると、母親の顔から指を取り除こうと必死になります。母親の顔が見えると、嬉しさいっぱいです。赤ちゃん達にとって、お母さんが顔を隠す「いないいない」は、生きる上で一番大事な人、頼りにしている人、大好きな人を喪失する経験になります。そこにあるのは、闇であり、悲しみであり、孤独であり、絶望です。「ばあ」で、お母さんが顔を出した途端、赤ちゃんは光と喜びと愛を取り戻します。

「いないいないばあ」遊びは、身体表現を通して深い根源的な人間関係の情動を体験するのに対して、絵本『いないいないばあ』は、大人と一緒に文化体験を共有することだと言えます。「いまここ」で、抱っこされたり、並んだりして、お母さんの声、保育者の声で、想像の世界に入っていくことです。小さな四角い本の中に、不思議なもう一つの世界があるのです。現実の地平線上ではないところにその世界はあります。実際に、熊に出会って、「いないいないばあ」をすることは絶対に起こりえないはずですが、想像の世界ではできるのです。「人間」という物理的には閉じられた体の中に、無限の広がりと深さのある想像世界を持てるのだと感じる、最初の作品と言えます。

②『ととけっこうよがあけた』（1‐33）

この本の優しい唄のリズムは、子ども達の耳から体全体に届き、お母さんと一緒に、体をゆらゆらさせます。絵本として成立していることで、絵本の中にわらべうたが入り込んでいるような気持ちになります。イギリスやアメリカにはマザーグース絵本が非常に多く、絵本作家は生涯に一冊はマザーグース絵本を制作すると言ってもいいすぎではありませんが、それに比べると日本では、わらべうた絵本がまだまだ少ないよ

うです。質の良い絵がついたわらべうた絵本の登場を期待したいところです。うたのメロディーと言葉が好きなので、よく読むわらべうた絵本に**『えんやらリンゴの木』**(12-7)があります。

③**『りんご』**(1-50)

この絵本は、小型の四角い判型です。白地の表紙には、ほんのりと赤いリンゴがひとつたっぷりとした様子で描かれています。清潔感とおいしさがあふれる美しい絵です。この絵本は初めのほうは、あかいリンゴ、きいろいリンゴ、ピンクのリンゴと三拍子の展開で進み、やがて家族（おかあさんとおにいちゃんと赤ちゃん）の登場となり、みんなで食べるという行為で幕を閉じます。絵と言葉とデザインのリズムが心地よく、幼い子ども達は、現実感のある絵本の想像世界を楽しむことができます。

④**『こんにちはどうぶつたち』**(2-25)

この本は動物絵本がたくさんある中で、傑作と言える作品です。ここに登場する動物達は、向かいあう読者の子ども達と対等の命ある存在として（時には、それ以上に）、現れます。顔だけが大きく出ていますが、顔はその人物の全てを象徴するものであり、また、映し出された顔は、全て正面を向き、読者と向かい合います。自分と正面切って向かい合ってくれる命ある存在に、子ども達は、信頼と尊敬の念を寄せるでしょう。

このことは、写真絵本だから可能だったのではありません。動物写真の専門家であるさとうあきら自身が、ひとつの命ある存在として動物たちと向かい合ったからこそ、こういう写真が撮れたのです。その意味では、描かれた絵であっても、その絵に描かれた動物の命のありようが出ていれば、良い絵本と言えます

⑤**『WHAT COLOR?』**(12-40)

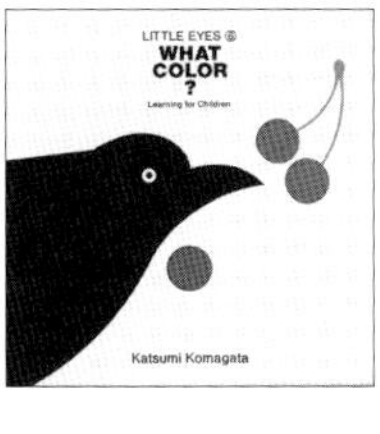

作者の駒形克己は、世界的に活躍しているデザイナーです。その色彩感覚の明快さ、余白の取り方の美しさから、日本的美意識の持ち主であることがわかります。「だっこでえほんの会」で、赤ちゃん達にこのしかけ絵本を見せると、とてもいい反応を見せてくれます。赤い丸の次にサクランボが出てくると、赤ちゃん達は一斉に「ほっ」というため息のような声を出します。もう一度めくってリンゴを見せると、また「ほっ」。赤ちゃん達は、「サクランボ」という名前も、「リンゴ」という名前も知りません。しかし、赤ちゃんたちの体の中で、感じて動くものがあるのです。

⑥**『もこ　もこもこ』**(1-47)

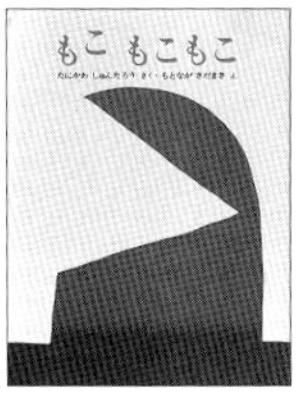

この絵本ほど、幼い子どもの魂と体を揺すぶる絵本はないでしょう。文庫の本箱に並んでいる『もこ　もこもこ』の背表紙を見ただけで、ひょいひょいと踊り出す子どももいます。現代を代表する詩人と画家のコラボレーションになるこの作品を、長年生きてきた大人より幼い人たちのほうがすぐに理解しました。青い青い「しーん」の世界。そこへ、「もこ」と現れるのは何か。それは、生まれたばかりの命。その命が増大し、爆発し、宇宙を漂う。子ども達には解説は要りません。ただ身体丸ごとでわかってしまうのです。それを見て、大人は、「そうか」と、わかろうと努力することになります。

「だっこでえほんの会」から見えてくる子ども達の成長

赤ちゃんと絵本を楽しむことは、基本的には、両親や祖父母の方々の

役割です。では、家庭で読んでもらっているから、保育園や社会的な場では、必要ないかというとそうとは言いきれません。他の赤ちゃん達と横並びで一緒に絵本を見ることで、絵本を友達と共有する喜びを発見します。

①保育園などの社会的な場での読み聞かせ

赤ちゃん達にとっては、社会的な場で絵本を読んでもらうことも非常に大事なことです。親以外の他者（保育者、文庫の世話人、図書館の司書）などと出会う場でもあり、そういう人から絵本を読んでもらうことで、多様な価値観、多様な生き方に接することになります。

「だっこでえほんの会」では、〇歳組、一歳組、二歳組（定員各十組）と、それぞれ三十分くらいずつ行っています。〇歳組だった子どもが、一歳組になり、二歳組になって、この間まで抱っこされてやってきていた子どもが、母親よりも早く階段を駆け上がってきて、まるで自分の場所のように意気揚々と会場に入ってくる姿を見ると、ふっと胸が熱くなります。

②一歳三か月くらい～二歳半くらい

「だっこでえほんの会」の二年間の期間中で、絵本が非常に読みにくい時期があります。一歳三か月～二歳半くらいは、体を動かすのが嬉しくて嬉しくて、また、お互いを友達のように思うようになり、一緒になって走り出し、絵本どころではなくなります。この時期は、体もできてきて、足腰も丈夫になり、自分の思いで自分の体を動かすことができるようになっていく時期です。怖いもの知らずの時期なので、危険も伴いますが、体が元気に動くのが嬉しくてたまらないのです。体で感じ、体で考える時期で、この時期に体で体験したことが、また絵本の世界に深く入れることにつながります。

この時期は、走り回っていて、絵本を読む人の声を聞いていないかというとそうでもなく、体を動かしながらも、耳では声をキャッチし、目の端っこでは、絵本を追っています。

③二歳半～三歳半

二歳半になりました。二歳半という年齢は、ある時空間の中での自分のポジションがわかりかけるころで、直線的な物語、また登場人物の関係がわかるようになるので、多様な世界を楽しむことができます。二歳半になると、それまで走り回っていた子ども達が、絵本を読む私の前にぴったりと座るようになります。絵本を読むとき、私は、子ども達と同じくらいの目線になるように、床の上に正座して（楽なので）読みます。すると、幼い子ども達が、膝小僧をそろえて私の前に座ってくれます。時々、誰が私のまん前に座るかで場所取りの喧嘩も起こりますが、私が絵本を読み始めると、もう絵本の世界へ入っていきます。

『三びきのやぎのがらがらどん』（12-18）を読み終えたときの感動を忘れられません。この作品では、三びきのヤギが登場し、幼いものから順に知恵を働かせて苦境を脱し、最後には、試練に真正面から立ち向かい、打ち勝つというテーマです。大人にとっては、ヤギは三びきいます。しかし、幼い子ども達に読んでみると、ヤギは一ぴきになります。子ども達は、一冊の絵本の中で、小さいヤギ、中くらいのヤギ、そして最後に大きいヤギになって、「おれだ！」と胸を張ります。子ども達は、絵本の中で「生き、成長する」のだと教えられた作品でした。

『おおかみと七ひきのこやぎ』（12-9）についても、同じような体験をしました。こやぎたちが次々におおかみに食べられていく場面では、私の目の前で、幼いのに眉間にしわを寄せて、心配でたまらないという顔をしている男の子がいました。

子ども達は絵本体験を通して、イメージや言葉の世界を豊かにしていきましたが、一方、私も子ども達との絵本体験を通して、絵本観を深めることができました。

他に、**『かいじゅうたちのいるところ』**（12-13）、**『パパ、お月さまとって！』**（4-44）なども二歳半くらいの子ども達との思い出の絵本です。

お母さんたちの育ち

「だっこでえほんの会」で、成長する姿を見せてくれたのは、赤ちゃん達ばかりではありませんでした。お母さんたちも変わりました。赤ちゃんを抱っこして文庫にこられた最初の頃は、特に一人目の子どもの場合、その必死さがお母さんの顔や体つきに出ています。幼い子どもの抱き方にしては、きつすぎます。子どもの手を引っ張るときには、子どもの手が抜けるのではないかと心配なほど強くひっぱります。中には、前にぶらさげた風呂敷のようなタイプのだっこ布に赤ちゃんを入れて、手を添えていないお母さんもいます。これでは、どんなに赤ちゃんの居心地が悪いだろうと思うのですが、お母さんの方は全く無頓着。きつすぎる場合も、構わない場合も共通しているのは、お母さん達の身体での感じとり方に問題があるのがわかります。それでは、赤ちゃんは痛いだろうとか、気持ちが悪いだろうとか、自分の身体からは感じ取れないのかもしれないと思いました。

文庫では、注意めいたことは一切言わないようにしています。子どもたちが成長するなら、お母さん達もきっと自分でわかるときがくるだろうと待つことにしています。やがて、一年経ち、二年経ち、お母さん達が変わっていくのです。表情も柔らかくなり、座り方も優しくなります。わが子を見る目がゆったりとして暖かくなります。言葉かけにもふっくらとした味わいが出てきます。わが子を抱く時、あんなにきつく抱いていたのに、ふわっと抱けるようになります。

絵本の中に知っているものが現れると、幼い子どもたちはお母さんの膝を離れて、私が持っている絵本のところへやってきて、絵の中の何かを指差します。そして、その子は、お母さんの方をみて、にっこり笑い、お母さんのところへ駆け戻っていきます。お母さんは、ゆったりと座ったまま、わが子を待っていて、その体に優しく手を回し、また、ふたりでにっこりと微笑み合います。これまで、「うちの子」ばかりに目がいき、母親として一生懸命しなければと肩に力を入れて、わが子を窒息させるほどきつく抱いていた姿から、ひとりの人間としての自分を見つめ、わが子をいとおしく見守る姿へと転換していく姿に出会うと、「だっこでえほんの会」をしてよかった、と思えてきます。

「だっこでえほんの会」にいったん入ると、遠くへ引越しでもしない限り、三年間通い、子どもが少し大きくなると続けて午後からの文庫にやってくる人、中には、文庫の世話人として活動するようになる人も現れています。一人の母親が、わが子にだけ目が向いていた生活から、社会的に何かをしようという生き方に変わっていきます。お母さん達の言葉の使い方、座る姿勢、立ち姿、行動の仕方が変化しているのに気づくたびに驚いています。今、青山台文庫の「だっこでえほんの会」には、初代赤ちゃんの弟や妹がきています。

七年目の終わりに自由記述のアンケートを実施しました。なぜ「だっこでえほんの会」に参加されるのですか?参加してよかったことは何ですか?の回答のほとんどは、「だっこでえほんの会」に参加すると、お母さんの方が「ほっとする」というものでした。この会の間、赤ちゃんを抱っこしたり、座らせたりして、赤ちゃんと同じ側に座って、赤ちゃんと一緒に絵本を見たり、読み聞かせを聞いているのが、「とっても気持ちがよかった」「至福の時間といってもいい、本当に幸せな時間でした」「絵本を読んでもらうことが、こんなに素晴しいものだとはしりませんでした」という声も多く聞かれました。

絵本を読むことは赤ちゃんへのプレゼント

赤ちゃんに絵本を読むこと、それは、大人から、この世に生まれてきた赤ちゃんへのプレゼントです。子ども達は、両親や保育者から心を込めて絵本を読んでもらうことで、他者とイメージや言葉を共有できることを学んでいきます。それは、絵本と声を通して、先に生きているものから、これから未来に生きる人たちへの、文化の伝播であり、人生の先輩から後輩へのバトンタッチの励ましの贈り物でもあります。

引用文献

（１）チョムスキー・N.／加藤泰彦・加藤ナツ子訳『言語と認知―心的実在としての言語―』秀英書房、二〇〇四年。
（２）齋藤壽始子「乳幼児絵本のドラマツルギー―児戯「いない いない ばあ」の再創造をめぐって―」中川正文監修『児童文化の伝統と現在Ⅲ』ミネルヴァ書房、二〇〇六年。
（３）松居直『声の文化と子どもの本』日本キリスト教団出版局、二〇〇七年。
（４）バトラー・D.／百々佑利子訳『赤ちゃんの本棚―〇歳から六歳まで―』のら書店、二〇〇二年。
（５）岡本夏木『幼児期―子どもは世界をどうつかむか―』岩波新書、二〇〇五年。
（６）ポルトマン・A.／高木正孝訳『人間はどこまで動物か―新しい人間像のために―』岩波新書、一九六一年。

参考文献

岡本夏木『子どもとことば』岩波新書、一九八二年。
鯨岡峻『ひとがひとをわかるということ―間主観性と相互主体性―』ミネルヴァ書房、二〇〇六年。
サンダース・B.／杉本卓訳『本が死ぬところ暴力が生まれる―電子メディア時代における人間性の崩壊―』新曜社、一九九八年。
松岡享子『えほんのせかい―こどものせかい―』日本エディタースクール、一九八七年。

（正置友子）

⑶「乳児保育」と絵本

乳児の育ちに、絵本が良い影響を与えることについては言うまでもありません。保育所の「乳児保育」における絵本の活用状況について、アンケート調査を実施しました。[1][2] その結果は、どの項目においても予想より低い数値を示していました。その理由はどのようなことであるのか、さらに、今後の課題としてどのようなことが考えられるのか、などを探るために継続的研究をしています。

ここでは、

⑴ 乳児の発達の特徴と絵本の要件、読み手の関わり方

⑵ 『いないいないばあ』絵本について

⑶ 子どもの好きな絵本、母親の好きな絵本、乳児保育で活用している絵本

⑷ 家庭における乳児（〇・一歳児）の絵本の読み聞かせの実態

などについて、筆者らの調査結果を中心に報告したいと思います。

乳児（十五か月まで）の発達の特徴をふまえた絵本の要件、読み手の関わり方

「乳児にとって絵本は玩具でもある」という捉え方は、乳児の行動をよく観察すると納得できます。乳児は目で見て触り、次に口に持っていき舐《な》めて確かめるという発達段階にあります。つまり絵本の色や形、ページをめくるという動くものに興味を持ち、玩具と同じように扱います。しかし、乳児の玩具への関わりと絵本の読みかせでは、大きな違いがあります。乳児が玩具で遊ぶときも、大人からの働きかけがありますが、絵本の読み聞かせでは、場面ごとに大人の優しくて快い、オノマトペ（擬音語・擬態語）の入り交った楽しい語りかけが介在します。それは絵本を読み終わるまで続いていく「心地よい語りかけ」でもあります。読み手の大人は、乳児が絵本の読み聞かせを喜び、「おはしゃぎ反応」をするのを目の当たりにして感動し、乳児の目を見ながら、ジェスチャーを交え、愛情を込めて読み聞かせる努力を惜しみません。

乳児の絵本の読み聞かせは、認知の始まる五・六か月頃からといわれます。すでに一か月頃には母親の声を聞き分けることができ、目の前の物を動かすと追視（運動視）が見られるなど、身の回りの刺激に対して反応するようになります。

表1[1]は、乳児の発達の特徴をふまえた、「絵本の要件」と「読み手の関わり方」をまとめたものです。

乳児（十五か月まで）の月齢別「発達の特徴と、ものへの反応」では、乳児が生活の中で出会う「身近な人がわかる」のは、五・六か月頃であり、大人の語りかけや絵本の読み聞かせを喜ぶようになります。この頃の「絵本の要件」は、一ページに一つの絵が描かれている、前向きの絵、オノマトペやリズミカルなくり返し言葉のあるものなどです。同月齢の頃の「読み手の関わり方」は、目を見ながら優しく語りかける、楽しいリズミカルな言葉、ジェスチュアを交えて語りかける、乳児の反応を見て楽しく語りかけるなどが上げられます。

八〜十か月頃には、這い這いやつかまり立ちができ、物をいじくるようになります。「絵本の要件」として、『いないいないばあ』絵本、汚れたら拭けるもの、絵本を強く押さえたり、投げたりするのでハードブックは避けるなどがあります。「読み手の関わり方」では、乳児の反応を見て好きな場面をくり返し語りかける初めての絵本は読み聞かせ方を工夫し、読み手も共に楽しむようにすることが大切です。

乳児が一語文を話すようになる十一〜十五か月の「絵本の要件」では、言葉のやりとりが楽しめるもの、乳児が持ちやすく棚（玩具箱）から出

表1　0歳児（15か月まで）の発達の特徴、絵本の要件、読み手の関わり方

		発達の特徴とものへの反応	絵本の要件	読み手の関わり方
目の前のものをじっと見る	1・2か月	○母親の声を聞き分ける　○指を吸う ○追視がみられる		
	3・4か月	○首が据わる　○声をたてて笑う ○寝返りをする		
	5・6か月	○認知が始まる　○身近な人がわかる ○身近な生活で使うものの絵に注目する ○本をおもちゃのようにいじくる ○言葉かけや絵本の読み聞かせを喜ぶ	・１ページに一つの絵 ・身近なもので、前向きの絵 ・オノマトペやリズミカルなくり返し言葉のあるもの ・暖色系で、温かみのある色使い ・ハードブックは避ける ・指を切らない用紙 ・汚れたら拭けるもの	・目を見交わしながら優しく語りかける ・楽しいリズミカルな言葉 ・ジェスチュアをつけて語りかける ・乳児の反応を見て、楽しく語りかける ・乳児の大好きな場面に共感し、くり返し語りかける ・乳児が好きな絵本を１日に２～３回読み聞かせ、乳児の要求によりくり返し読む ・初めての絵本は、読み聞かせ方をいろいろ工夫し、読み手も共に楽しむ
行動が能動的になり表現が活発・片ことを言う	6・7か月	○一人座り、腹這いなどの移動運動が始まる		
	8～10か月	○受け身の反応から、能動的行動になる ○四つん這いをする ○つかまり立ち、つたい歩きをする ○「見る⇒つかむ⇒なめる」を繰り返す ○親指と人さし指で小さなものをつまむ ○引出しや把手をつかんで引き出す ○高いところから物を落として喜ぶ	・『いないいないばあ』絵本 ・身近なものがテーマのもの ・身近な生活場面や動作のもの ・絵の表現を確かめ、簡単な説明がついているもの ・言葉のやり取りが楽しめる ・持ちやすい運びやすい大きさのもの	
	11～15か月	○絵本を上下逆さまに見る ○バンザイ、イヤイヤなどの真似をする ○ブーブー、マンマなどの片ことを言う ○興味をもった遊びは40分くらい続ける ○禁止や規制をされると大声で泣く ○自己主張が強くなる ○ひとり歩きをする		・「ワンワンはどれ？」と問いかけ、絵本の絵を示し「これね」と言う ・２冊の絵本を見せて「どっち？」と尋ね、指をさして選ばせるのもよい

したり、入れたりできる大きさのものなどの要件が考えられます。「読み手の関わり」では、「ワンワンとどれ？」と尋ねたり、「ワンワンと言ってごらん」とオウム返しを誘ったりして、片言を引き出すようにします。また、乳児の好きな絵本を二冊みせて、「どっち？」と尋ねると、自分の好きな絵本を手（指）でさすようになります。

『いないいないばあ』絵本について

阪神間の図書館の『いないいないばあ』絵本の購入要件を調査したことがあります。**表2**[2]は、その聞き取り調査をまとめたものです。

最近の地域図書館では、ブックスタート活動（本章後述の、(5)ブックスタート活動、参照）の影響もあり、乳児の絵本が充実しています。また、乳児を持つ親子のための「絵本の読み聞かせ」をしています。

『いないいないばあ』絵本の購入要件については、各図書館に差が見られました。つまり、図書館の絵本は市民が求めるものをほとんど購入しているところもあれば、『いないいないばあ』絵本の選考基準を設け、担当者が協議して購入している図書館もあります。表2のA～Hの図書館の中で、『いないいないばあ』絵本の選考基準として最も適切と考えられるのはB図書館で、全ての項目を満たしています。

その基準は、「①絵がぼかしすぎず、はっきり描いている」、松谷みよ子の**『いないいないばあ』**[1-3]絵本は、この条件に該当します。「②一ページに多くの人物が登場しない」、乳児は同じページに複数の絵が描かれている場合、どの絵のことなのかわからないのです。「③人物が正面を向いている」、乳児には、人間も動物も正面から見た絵がよくわかります。「④〇歳児には、あまり言葉の多くないものがわかりやすい」、「⑤製本がしっかりしている、ポップアップやボードブックは避ける」、乳児は絵本を玩具としてもて遊び、力を入れて押さえたり、お

表2　近隣図書館蔵書の「いないいないばあ」絵本の選考・購入基準（理由）

A	B	C	D	E	F	G	H	「いないいないばあ」絵本の選考・購入基準
	○	○	○	○	○	○		①絵がぼかしすぎず、はっきり描いている
	○							②1ページに多くの人物が登場しない
	○					○		③人物が正面を向いている
	○				○	○		④0歳児にはあまり言葉の多くないもの。わかりやすい言葉
	○	○	○	○		○	○	⑤製本がしっかりしている。ポップアップ、ボードブックは避ける
	○	○		○	○			⑥キャラクター絵本ではないもの
○	○		○	○		○	○	⑦主任・担当者による協議の上で購入する

《利用する母親と子どもへの指導的配慮》
①絵本を探している母親に「いないいないばあ」絵本を薦め、「子どもが最初に出会う」本だと伝える。
②「いないいないばあ」絵本の読み方、遊び方を母親に伝え、実際にやって見せることもある。

もちゃ箱に投げ入れたりします。「⑥キャラクター絵本ではないもの」、キャラクター絵本をどのように捉えるかについては諸説ありますが、乳児が最初に出会う『いないいないばあ』絵本では、キャラクターものである必要はないと考えます。「⑦主任・担当者による協議の上で購入する」、この条件については、公的施設である地域図書館において当然の手続きと考えます。

『いないいないばあ』絵本の最初は、松谷みよ子の『いないいないばあ』だとされています。**表3**は、筆者らの調査による、松谷の絵本以後に出版された『いないいないばあ』絵本のリストで、六十九冊（月刊誌は除く）ありました。そのうち、二〇〇六年現在、購入可能な絵本は、二十六冊あります（表3の番号欄に網をかけて示しています）。

子どもの好きな絵本、母親の好きな絵本、乳児保育で活用している絵本

表4は、家庭の読み聞かせにおける「子どもの好きな絵本」、**表5**は、「母親の好きな絵本」、**表6**は、乳児保育で活用されている絵本」です。●印は、それぞれの表の上位二十冊に共通する絵本です。三つの表を比較すると、松谷の『いないいないばあ』絵本は、表4、表5では一位となっていますが、保育所の「乳児保育」の十七位は問題だといえます。それは乳児の絵本の読み聞かせにおいて『いないいないばあ』絵本の重要性が考慮されていない実態がうかがえるからです。その理由は、わかりませんが、回答者の自由記載から推測できることは、次のようなことです。

①乳児の絵本の読み聞かせは、現在保有する絵本の中から選んでいる。②保育者の好きな絵本、子どもの喜ぶ絵本を選ぶ、③予算が少ないので、乳児用の新しい絵本は購入できない、④子どもに読み聞かせたい絵本は、保育士が自分で購入している、などの記述がみられ、これらの状況から、乳児用の新しい絵本の購入が困難な実態がうかがわれます。

自ら「このほん、よんで…」と要求できない乳児の育ちの環境を豊かにするために、保育所の乳児保育の絵本環境の整備は早急の課題と考えます。

乳児（〇・一歳児）の家庭における絵本の読み聞かせの実態

私たちの行った実態調査の概要は、次のとおりです。調査対象は、近畿、北陸、九州、四国地区の保育所・幼稚園の〇・一歳児を持つ保護者（一〇九四人）、調査時期は、二〇〇五年五月～八月。調査方法は、規定用紙の郵送による無記名方式。回答者の年齢は、三十歳代が四三・五％

表３　「いないいないばあ」絵本リスト（1967～2005年出版）

番号	書　名	叢書名	作者(文)	作者(絵)	発行所	初版年
1	いないいないばあ	松谷みよ子あかちゃんの本	松谷みよ子	瀬川康男	童心社	1967
2	いない・いない・ばあ クミコの詩集		秋吉久美子		講談社	1975
3	いないいないばあ	あかちゃんあそぼう２	木乃実光	岩井丈児	ひかりのくに	1977
4	いないいないばあ	ままとあそぼうよ	東君平		婦人生活社	1978
5	いないいないばあバー	あかちゃんとおかあさんの絵本	なかえよしを	上野紀子	金の星社	1980
6	いないいないばあ（改訂版）	松谷みよ子あかちゃんの本	松谷みよ子	瀬川康男	童心社	1981
7	いないいないばあ	あかちゃんあそぼう２	このみひかる		ひかりのくに	1983
8	いないいないばあ	バタンコ絵本２	うちべけい		偕成社	1986
9	うみのいないいないばあ	つまみひきしかけえほん	キース・モアビーク		大日本絵画	1986
10	いないいないばあ	くるりんしかけえほん	キース・モアビーク		大日本絵画	1986
11	いないいないばあのえほん		安野光雅		童話屋	1987
12	ノンタンいないいなーい	赤ちゃん版ノンタン５	キヨノサチコ		偕成社	1988
13	いないいないばああそび	あかちゃんのあそびえほん②	きむらゆういち		偕成社	1988
14	いないいないばあ	小学館の育児絵本76	いわせきょうこ	いがわひろこ	小学館	1993
15	いないいないばあ(Ⅰ)	あかちゃんのためのえほん13	いもとようこ		講談社	1993
16	いないいないばあ(Ⅱ)	あかちゃんのためのえほん14	いもとようこ		講談社	1993
17	いないいないばあ(Ⅲ)	あかちゃんのためのえほん15	いもとようこ		講談社	1993
18	いないいないはあ	0～3歳の年齢別・発達絵本	エサカマサミ		小学館	1994
19	いないいないばあ	小学館のとびだす絵本	宮本恵美		小学館	1994
20	いないいないばあ	ディズニーベビーあかちゃんえほん1	原田悦子		講談社	1995
21	いえのなか	あかちゃんえほんいないいないばあ1			小学館	1995
22	おさんぽ	あかちゃんえほんいないいないばあ2			小学館	1995
23	おでかけ	あかちゃんえほんいないいないばあ3			小学館	1995
24	いないいないばあ	小学館ポケットえほん４	木曽秀夫		小学館	1995
25	いないいないばあ	くんぺいあかちゃんえほん	ひがしくんぺい		瑞雲社	1996
26	いないいないばあ	フォト絵本・ベビー版21	ネイチャー・プロダクション		小学館	1996
27	いないいないばあ	フォト絵本20　3～5歳			小学館	1996
28	いないいないばあ さがしっこあそびつき	くまちゃんのこれなあに	津田直美		ひかりのくに	1996
29	いないいないばあ	パパといっしょ③	デビー・グリオリー		mikiHOUSE	1997
30	おふろであそぶいないいないばあ				JULA出版局	1997
31	ノンタンいないいないばぴぶぺぽ！	ノンタンのしかけ絵本	キヨノサチコ		偕成社	1997
32	うみのいないいないばあ	つまみひきしかけえほん	キース・モアビーク		大日本絵画(再版)	1997
33	いないいないばあ	くるりんしかけえほん	キース・モアビーク		大日本絵画(再版)	1997
34	あっぷっぷ	NHKいないいないばあ	木村裕一		日本放送出版協会	1997
35	にらめっこ	NHKいないいないばあ	木村裕一		日本放送出版協会	1997
36	きがえいないいないばあ	はじめてのトライ＆トライ２	山脇恭	すがわらけいこ	フレーベル館	1998
37	いないいないばあ１ かわいいどうぶつ	ポップアップ絵本	ポップス		永岡書店	1998
38	いないいないばあ２ おおきなどうぶつ	ポップアップ絵本	ポップス		永岡書店	1998
39	トーマスとおてんき	きかんしゃトーマスいないいないばあのえほん			ポプラ社	1998
40	トーマスとおともだち	きかんしゃトーマスいないいないばあのえほん			ポプラ社	1998
41	いないいないばあ	きんたろうのしかけえほん	さいとうまり		学習研究社	1999
42	いないいないばあ	ポケモンといっしょ１	木村光雄		小学館	1999
43	いないいないばあ	シールつき知育ずかん６	笹沼　香		小学館	1999
44	いないいないばあ！	アンパンマン ミニ・ポップ１	ひろせかおる	やなせたかし	フレーベル館	1999
45	ハローキティーのいないいないばあ	ポップアップあかちゃんえほん			サンリオ	1999
46	いない・いない・ばあ！	あかちゃんとあそぼ	わだことみ	さつきねむ	学習研究社	2000
47	いないいないだあれだ	おやこでよむしかけ絵本	うちべけい		PHP研究所	2000
48	ベビーミッキーのいないいないばあ	布のおにんぎょうあそびえほん			世界文化社	2000
49	いないいない…ばあ！	１さいにおくるえほん１	わらべきみか		ひかりのくに	2001

50	いないいないばあ こいぬのえほん1	講談社の幼児えほん	たかののりこ		講談社	2001
51	コロコロクリリン いないいないばあ	ポップアップあかちゃんえほん			サンリオ	2001
52	いないいないだあれ	ピーカーブーブックス1	わたりむつこ		ポプラ社	2001
53	いないいないばあ	はじめてのあかちゃんあそびえほん	La ZOO	あらかわしずえ	学習研究社	2002
54	だれかなだれかな？	いないいないばあであそぼ	わだことみ	さつきねむ	学習研究社	2002
55	あぶくぶくぶく	いないいないばあであそぼ	わだことみ	さつきねむ	学習研究社	2002
56	もぐもぐもぐ	いないいないばあであそぼ	わだことみ	さつきねむ	学習研究社	2002
57	たんたんたまご	いないいないばあであそぼ	わだことみ	さつきねむ	学習研究社	2002
58	いないいないばあ！	たまひよはじめてえほん	(製作協力)飯田力		ベネッセ	2003
59	いないいないばあ	あかちゃんあそぼ1	中川ひろたか	村上康成	ひかりのくに	2003
60	ミッフィーのいないいないだあれ	げんきしかけえほん	ディック・ブルーナ		講談社	2003
61	いないいないばー Peek-a-Boo	あいちゃんとエレくんのえほん1	なかえよしを	上野紀子	ポプラ社	2003
62	いないいないば～	いーこいーこ1	やだましろう		ポプラ社	2003
63	いないいないばああそび	あかちゃんのあそびえほん	きむらゆういち		偕成社（おでかけ版）	2003
64	ともとものいないいないばあ	ともともえほん1	きたやまようこ		主婦の友社	2003
65	いないいないプー	めくりしかけえほん	ナンシー・ペーレント		大日本絵画	2003
66	いないいないばあ かわいいどうぶつ①	たのしいポップアップえほん	ポップス	冬野いちこ	永岡書店	2003
67	ちいさいひよこの いないいないばあ	動物しかけ絵本		アナ・ララニャガ	主婦の友社	2004
68	たのしいね いないいないばあ	たのしいポップアップ絵本	さくらいひろし	山本のりこ	永岡書店	2004
69	ベビーブーの いないいないばあ	ディズニーのベビーブーえほん	（構成）渡辺京子	(デザイン)坂川事務所	講談社	2005

注：2005年4月現在。
　　表3の69冊のうち、2006年1月現在購入可能な26冊は、番号の欄を□で表示しています。

で最も多くなっています。

表7「〇・一歳児の絵本の読み聞かせについて、どのように思いますか」は、①大切だと思う（五一・七％）、②とても大切だと思う（四三・七％）で、ほとんどの人が重要性を認識しています。

表8「読み聞かせをするのは何か月くらいから？」は、①六か月から（二九・〇％）が最も多い。②三か月から、四・五か月、九か月からが一三・〇～一五・七％となっています。

表9は「どのくらい読み聞かせをしていますか」、①思いついた時（三五・四％）、②毎日と二・三日に一回が二〇～二二％であり、「乳児保育」では、毎日何回も絵本を読み聞かせている実態と比較すると差異がみられます。

また、七割ちかくは母親による読み聞かせであることが**表10**からわかります。

表11「絵本の情報をどのように得ていますか」では、①書店で見て（四六・九％）、②パンフレットで読んで（一八・〇％）となり、実物を確かめて購入していることがわかります。

表12「絵本を選ぶ時の基準」は、①絵本の雰囲気が好き（一七・八％）、②絵が好き（一六・一％）、③子どもが好む（一四・五％）が主な理由となり、「自分が好きだった」、「長年読み継がれている」、などの理由が少ないことは意外でした。

本調査から得られた家庭の乳児の絵本の読み聞かせの実態は、保護者が子どもと絵本の関わりを大切に考えている健全な子育ての状況をうかがうことができます。

「愛情体験」と「共感体験」で育まれるもの

乳児保育は、愛と信頼の保育であり、親しい保育者（母親）に護られ、

表６　乳児保育で活用している絵本

（82冊）

1	●もこ　もこもこ	52
2	●ねないこだれだ	44
2	のせてのせて	44
4	●がたんごとんがたんごとん	42
5	くつくつあるけ	39
5	たまごのあかちゃん	39
7	おててがでたよ	36
8	●くだもの	32
8	にんじん	32
10	ぎゅっぎゅっぎゅっ	29
10	どうぶつのおやこ	29
12	ぞうくんのさんぽ	28
13	●きんぎょがにげた	27
13	●はらぺこあおむし	27
15	いやだいやだ	26
16	●おつきさまこんばんは	24
17	●いないいないばあ	20
17	おおきなかぶ	20
19	がちゃがちゃどんどん	19
19	●ごあいさつあそび	19
21	ころころころ	18
22	しろくまちゃんのほっとけーき他	17
23	あなたはだあれ	16
23	ずかんじどうしゃ	16
25	いないいないばああそび	15
26	どうぶつのおかあさん	14
26	いただきますあそび	14
28	どんどこももんちゃん	13
28	ぶーぶーじどうしゃ	13
30	もけらもけら	12
31	３びきのやぎのがらがらどん	11
32	いただきまあす	10
33	おつむてんてん	9
33	やさい	9
33	ねこがいっぱい	9
36	おにぎり	8
36	ノンタンおしっこしーしー	8
38	いぬがいっぱい	7
38	おひさまあはは	7
38	ひとりでうんちできるかな	7
38	じゃあじゃあびりびり	7
38	てぶくろ	7
43	おっぱいおっぱい	6
44	ぴょーん	4
45	はけたよはけたよ	3
45	もうおきるかな	3
47	はねはねはねちゃん	2
47	おんなじおんなじ	2
49	ぴよぴよぴよ	1
49	いないいないばあ	1

表５　母親の好きな絵本

（回答者733人）

1	●いないいないばあ	197
2	●ノンタンシリーズ	95
3	●はらぺこあおむし	75
4	●しろくまちゃんのほっとけーき他	61
5	●ぐりとぐら	57
6	●もこ　もこもこ	43
7	●がたんごとんがたんごとん	33
7	●うずらちゃんのかくれんぼ	33
9	●ねないこだれだ	32
10	●ミッフィー	27
10	●おつきさまこんばんは	27
12	●いいおかお	25
13	●くだもの	20
14	うしろにいるのだあれ	19
14	●いただきますあそび	19
16	●きんぎょがにげた	17
17	●ごあいさつあそび	15
18	●アンパンマンシリーズ	14
18	のせてのせて	14
20	いやだいやだ	13
20	おふろでちゃぷちゃぷ	13
20	じゃあじゃあびりびり	13
23	しまじろう	12
23	たまごのあかちゃん	12
23	どうぶつの絵本	12
26	おてて がでたよ	11
26	ぎゅっぎゅっぎゅっ	11
26	もうねんね	11
29	あーんあん	10
29	おつむてんてん	10
31	ブルーナの絵本	9
31	にんじん	9
31	おさじさん	9
34	おきておきて	8
34	ひとりでうんちできるかな	8
34	くつくつあるけ	8
37	がちゃがちゃどんどん	7
37	ねずみくんのチョッキ	7
37	ぴょーん	7
37	かおかおどんなかお	7
37	そらまめくんのベッド	7
42	ももんちゃんシリーズ	6
42	ごぶごぶごぼごぼ	6
44	ママだいすき	5
44	おひさまあはは	5
44	どうぶつのおやこ	5
47	ぎゅっ	4
47	ぐるんぱのようちえん	4
47	ぞうくんのさんぽ	4
47	ありのあちち	4

表４　子どもの好きな絵本

（回答者952人）

1	●いないいないばあ	278
2	●ノンタンシリーズ	119
3	●アンパンマンシリーズ	107
4	●はらぺこあおむし	72
5	どうぶつの絵本	68
6	しまじろう	58
7	●しろくまちゃんのほっとけーき他	46
8	●がたんごとんがたんごとん	45
9	●もこ　もこもこ	45
10	●うずらちゃんのかくれんぼ	44
11	のりもの絵本	34
12	●ミッフィーの絵本	30
12	●いただきますあそび	30
14	●おつきさまこんばんは	28
14	●ぐりとぐら	28
16	●ごあいさつあそび	27
17	●くだもの	26
17	●ねないこだれだ	26
19	●いいおかお	24
19	●きんぎょがにげた	24
19	ももたろう	24
22	ブルーナのうさこちゃん絵本	22
23	トーマス	21
24	３びきのこぶた	20
25	うしろにいるのだあれ	18
26	おつむてんてん	17
26	じゃあじゃあびりびり	17
26	プーさんシリーズ	17
29	たまごのあかちゃん	16
30	ぴよちゃんのかくれんぼ	13
31	あかずきんちゃん	12
31	いやだいやだ	12
31	ひとりでうんちできるかな	12
34	おてて がでたよ	11
34	どうぶつのおやこ	11
36	おひさまあはは	10
36	ぎゅっぎゅっぎゅっ	10
38	いいおへんじできるかな	9
38	おきておきて	9
38	ぴょーん	9
38	はたらくくるま	9
38	ぶーぶーじどうしゃ	9
38	もうねんね	9
44	ももんちゃんシリーズ	8
45	くつくつあるけ	7
45	のせてのせて	7
47	おおきなかぶ	6
47	がちゃがちゃどんどん	6
47	ぞうくんのさんぽ	6
47	あーんあん	6

表９　どのくらい読み聞かせをしていますか（複数回答）

ほとんど毎日	270	22.6％
２～３日に１回	253	21.1％
１週間に１回	104	8.7％
思いついたとき	424	35.4％
あまりできない	87	7.3％
ほとんどしていない	41	3.4％
その他	18	1.5％
合　計	1197	100.0％

表８　初めて読み聞かせをするのは何か月くらいから？

３か月	134	13.0％
４・５か月	161	15.6％
６か月	299	29.0％
９か月	152	14.7％
12か月	128	12.4％
15か月	24	2.3％
その他	50	4.8％
わからない	83	8.1％
合　計	1031	100.0％

表７　あなたは０・１歳児の絵本の読み聞かせについてどのように思いますか

とても大切だと思う	473	43.4％
大切だと思う	563	51.7％
あまり大切だと思わない	16	1.5％
大切ではない	0	0.0％
わからない	37	3.4％
合　計	1089	100.0％

表12　絵本を選ぶときの基準（複数回答）

絵が好き	458	16.1％
絵本の雰囲気が好き	506	17.8％
楽しく面白い	324	11.4％
評判がよい	187	6.6％
子どもが理解し発達に合う	282	9.9％
子どもが好む	410	14.5％
自分が好きだった	210	7.4％
20～30年間読みつがれている	97	3.4％
作者が好き	75	2.6％
価格がちょうど良い	113	4.0％
友達に薦められて	52	1.8％
知人にもらった	123	4.3％
合　計	2837	100.0％

表11　どのように情報を得ていますか（複数回答）

書店で見て	746	46.9％
図書館で見て	174	10.9％
友人に薦められて	101	6.4％
保育者に薦められて	166	10.4％
パンフレットで読んで	286	18.0％
インターネットで見て	59	3.7％
その他	58	3.6％
合　計	1590	100.0％

表10　主に誰が読み聞かせをしますか（複数回答）

お母さん	1022	67.2％
お父さん	233	15.3％
おばあさん	143	9.4％
おじいさん	25	1.6％
兄姉	78	5.1％
その他	19	1.3％
合　計	1520	100.0％

表13　アンケートの自由記述より（抜粋）

○子どもが好きな絵本を見せると、嬉しそうに笑って絵本を触ったり、叩いたりします。最近では、自分でページをめくりたがり、私から絵本を奪い取ります。

○小さいときには、黙って聞いていましたが、喋れるようになると、話を覚えていて上手に絵本をめくりながら話していました。とてもびっくりした瞬間でした。

○気に入った絵本は、何回も何回も読むのを催促してきます。毎日読み聞かせをしているうちに、絵を見て言葉が出てくるんですね。それも感情を込めて…。これには驚きました。簡単な文章を覚えて、私に読んでくれます。

○大好きな絵本は何べん読んでも楽しいらしく、絵本の言葉を覚えてしまうほど読み聞かせた本もあります。寝る前などに、話を覚えている本を見ないで物語を聞かせ、続きをつくって話すと子どもが結構喜び、物語の世界に入ってきてとても楽しいです。

○絵本の読み聞かせは、親にとっても幸せな時間です。子どもと一緒に絵本の世界にどっぷり入り、登場人物になりきって、共に笑い、怒り、恐れ、喜ぶのです。ですから、私が機嫌の悪いときは、絶対に読みません。というより、読めないのです。

○１歳の子どもが上の子の絵本の読み聞かせをじっと聞いているのは、親の声を聞きたいと思っているのでしょうか。親の好みで絵本を買ってくるのに、「このほん、だいすき」「また、よんでね」と言われると心の深い部分で繋がっている喜びでいっぱいになります。

可愛がられて子どもは育ちます。さらに、乳児保育は乳児と大人が向き合う個別保育が中心となり、大人と心を通い合わせて喜びを分かち合い、感じ合う「共感体験」をするのです。乳児は絵本の読み聞かせにより、大人に抱かれたり、膝の上に座ったりして、「目を見交わしながら、優しく快い言葉を語りかけてもらう」。これは大人の体の温もりを感じて、〝愛されている〟と思える「愛情体験」のひとときであり、親と子どもが絆を深めていきます。乳幼児期に、この「愛情体験」と「共感体験」を積み重ねていくことは、将来、豊かな人間性が育まれる素地となるでしょう。

冒頭に述べた、乳児の絵本の読み聞かせにおける、発達の特徴をふまえた「絵本の要件」「読み手の関わり方」が適切になされることによって、「愛情体験」と「共感体験」が十分できるのです。

いまひとつ、絵本は絵を中心に構成されている特色を持ち子どもが絵本を開けるとパッと絵が現れてくる魔法の箱のように面白いものなのです。乳児の絵本の読み聞かせを、「こんな小さい赤ちゃんが絵本に興味をもつのか」と多くの人が考えますが、今回のアンケートの自由記述欄に見られる母親の感想や意見には、乳児の絵本の読み聞かせによる、わが子の反応に感動する「愛情体験」が熱っぽく綴られています。また、子どもの反応に呼応して「何度も繰り返し、読み聞かせてしまう」などの「共感体験」の事例も多く見られます。それはまさに「親育ち」の姿そのものだといえます（**表13**）。

乳児の絵本の読み聞かせが、「乳児の育ち」を助けると共に、「母親自身の育ち」に繋がるのですから、「乳児の絵本の読み聞かせの楽しさ」を情報発信していくことが大切な課題となります。最近、盛んに行われているブックスタート運動では、一定の成果が報告されています。地域に開かれた保育施設としての保育所でも、「子育て支援事業」において、保育者が地域の親子に読み聞かせを実演指導し、その楽しさを共有していくことが重要になります。

さらに、「赤ちゃん絵本」の情報発信について、子どもの本専門店や大型書店において「赤ちゃん絵本」のガイドが常駐することで「絵本選びに迷う人」への助けになります。また保育所などの「子育て支援の場」や保健センターの健康診査において「赤ちゃん絵本のガイドブック」や絵本の無料配付も有効な方法と考えられます。

（**福岡貞子**）

引用文献

（1）福岡貞子他「『いないいないばー』絵本の一考察」『四條畷学園短期大学研究紀要』二〇〇四年。
（2）福岡貞子他「乳児の絵本の読み聞かせに関する一考察」『神戸親和女子大学福祉臨床学科紀要』二〇〇六年。
（3）福岡貞子他「『いないいないばあ』絵本の一考察」『日本保育学会第五八回大会研究論文集』二〇〇六年。

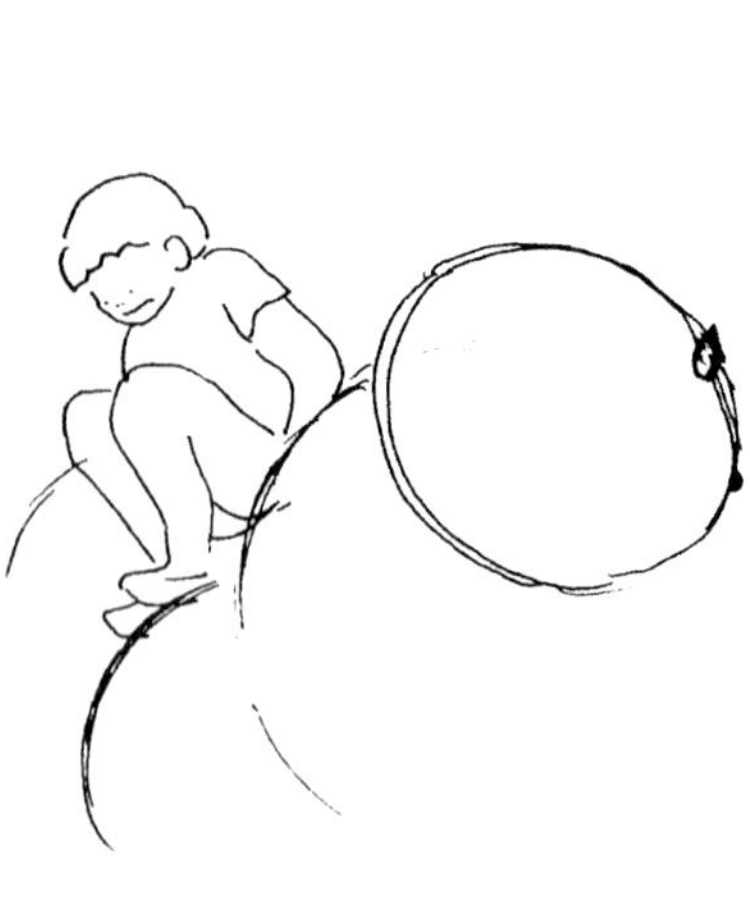

⑷ 絵本文庫「えぱみなんだす」の一年間

「絵本が好きで息子たちに読んでやりたい」と思った二十年ほど前、「こんなに面白いのに、自分だけじゃもったいない。みんなと一緒に楽しまなくちゃ！」と、一九九〇（平成二）年に仲間と公民館に何度も相談に行き、地域文庫を始めました。

文庫のお誕生日

文庫のお誕生日は五月。二〇〇九年で満十九歳になります。絵本を読んだり、お話を聞いたりしたあとは、ケーキの代わりにヨモギだんごでお祝いします。**『よもぎだんご』**（12-39）は、読むだけでも楽しい絵本ですが、絵本のように実際に作って食べると忘れられない体験になります。

　ヨモギは葉っぱの裏に銀色のうぶげがはえているから、それを目安に見つけます。準備開始。ヨモギをよく洗って、沸騰したお湯でゆでて、水にさらしてから、しっかり絞って、ジョキジョキ切って、すり鉢でつぶします。だんご粉をこねて、ヨモギをよく混ぜ、小さなだんごをたくさん作ります。沸騰したお湯に入れ、浮いてきたら出来上がり。みどりのだんごにきな粉をまぶして食べます。みんなで食べるとおいしい。文庫の常連さんも新入児もお互いに心を開いて仲良しになります。読んでもらった絵本を借りたり、それぞれ話をして、なごんでいると、文庫を卒業していった小学生達が「まにあった！」と駆け込んできて、ちゃっかり残りのヨモギだんごをおいしそうに食べます。楽しいこと、変化のあることが大好きな子どもにとって、文庫のお誕生日は、新しい子ども達が仲間入りするいいきっかけになるのです。さて、『よもぎだんご』の主人公のばばばあちゃんは何歳になったのでしょう。

風にのって

五月の終わり、風が心地よい季節になりました。今日の文庫は「しゃぼん玉大会」です。みんなでしゃぼん玉を飛ばしましょう。

写真絵本**『しゃぼんだまとあそぼう』**（10-37）には、しゃぼん玉液の作り方や飛ばし方がくわしく描かれていて、やりたい気持ちをくすぐります。絵本を読んだ後は公園でしゃぼん玉飛ばしに挑戦します。ストローのかわりに、泡だて器、うちわのほね、針金の輪などや、自分の手でわっかをつくっても飛ばせます。ストローは小さい子が吸うと危ないので、かわりにダンボールを切ったものを使います。すると、まるでぶどうのようにブクブクしゃぼん玉が出てきてみんな大喜びです。大会に間に合わない高学年の子どものお母さんが「娘に頼まれてたので、しゃぼん玉液をください」と、やってくることもあります。

しゃぼん玉をとばす幼児

身近な野菜を知る

スーパーの野菜売り場にエンドウやソラマメが並ぶ季節になりました。子ども達も新しい生活に慣れて、小さな石や花びらをお土産にくれます。

恒例の「マメの会」で**『ずら～りマメ　ならべてみると…』**（12-20）を読みました。「マメってこんなにたくさんあるの、大きさや色もいろ

いろ。おへそもあるよ」五歳の涼くんは「みんなに見せたい！」と、おばあちゃんの畑から、さやつきのエンドウマメとソラマメを持ってきました。私が絵本を読み終えると、さやのページを開いて、私に持たせ、持ってきたソラマメのさやを開いて、絵本のさやと重ね「おんなじじゃろ」と見せてくれました。

「マメは種だよ。みんなも、大根の種を育ててみる?」と私が言うと、「ぼくたちもやってみたい」と、子ども達はプラスチックのコップに綿を敷いて、貝割れ大根の種をまきました。翌週の文庫では、自分で育てた貝割れ大根を「おみそしるにいれたよ」「サラダにいれたら、ちょっとにがかった」など、にぎやかな報告がありました。

毎日食べている野菜のことをどのくらい知っていますか。野菜の断面を影絵、色つき、丸ごとの順に描いた『**やさいのおなか**』(10-25)は野菜をいろいろな方向から見るクイズ仕立ての絵本です。幼児の絵本ですが、大人も「えっと〜」と考える。そしてよく知っているのに見ていない自分に気づきます。特にトマトとキュウリが難しい。子ども達はすぐ答えるのに、お母さん達は毎日料理していてもわからないのです。子どもの観察力に感服するばかりです。野菜を切って、ペタペタ押して楽しむ『**やさいでぺったん**』(12-38)のように実際やってみることをお薦めします。

自然と友達

子ども達が大好きな生き物はたくさんありますが、中でもザリガニが一番！大きなはさみを持っているのは雄、小さいのは雌で、雌は生んだ卵をお腹にくっつけて育てます。今年生まれたザリガニは薄茶色で体も爪も小さい。六歳のてっちゃんはザリガニが大好きで、何でも知っています。『**ざりがに**』(10-7)を読むと「ザリガニつりにどうしても行きたい」という気持ちが抑えられなくなります。

文庫のおばあちゃんの家の池に手作りの釣竿を持って出かけました。池をそっとのぞくと睡蓮《すいれん》の茎のまわりや底にいっぱいザリガニがいます。糸の先に煮干をくくりつけて水の中に垂らし、ザリガニがつかむとそおっと上げて飼育箱へ入れます。この日は大収穫で大興奮でした。

ザリガニを釣る、てっちゃん

庭で見かけるダンゴムシも子ども達に大人気です。ポケットに手を入れて文庫にやってきたゆうくんは、大事そうにそっと丸まったダンゴムシを手に載せて見せてくます。「あら、丸くなってる」と言って、一緒に観察しました。ダンゴムシは落ち葉が大好物ですが、石やコンクリートも食べます。だから、家の近くに住みつくのです。脱皮って知っていますか?ダンゴムシの脱皮は、私たちがセーターとズボンを脱ぐように前半分を先に後半分を後から脱皮します。そして、ひとまわり大きくなります。名前は虫とついていますが、カニやエビの仲間です。だから体が硬くて丸くなるんですね。『**ぼく、だんごむし**』(10-20)は、ちぎり絵で描かれています。写真絵本『**ダンゴムシ**』(10-9)もお薦めです。

〈おだんごつくろ　おむすびにぎろ　どろのあんこをこってりつけろ〉
〈かわいたつちを　さらさらまぶそ　くるくるまわして　ぱらぱらまぶそ　おだんごごろごろ　ぎゅっぎゅっにぎろ　おむすびころころ　うん

うんにぎろ〉これは『**どろだんご**』(10-40)でどろだんごの絵に添えられた言葉です。この通りに声に出しながら作るとうまく出来上がります。小さな芯を作り、後はひたすら乾いた土をまぶして、にぎり、まぶしてにぎるのくり返しです。

　数年前の夏に、『**光れ！泥だんご**』(10-45)の著者の加用文男先生のご指導で大人も子ども一緒にどろだんごを作りました。全工程は四時間。ずっとしゃがんで作り続けました。子ども達が一生懸命作る理由がよくわかりました。大人も夢中になります。丸く大きく美しく、こんなに上手にできました。

私が作ったどろだんご

食べることも、ウンチをすることも大切

〈あさ　おきたら　まず　いくところ、おでかけまえに　いくところ、ねるまえにも　いくところ、いきたくなったら　いくところ、がまんしないで　いくところ、ひとりきりで　いくところ〉さて、どこでしょう？　答えは「トイレ」。就園前の子ども達にとって、切実で大切なことです。『**なぞなぞえほん　1のまき**』(9-42)では、こうした楽しいなぞなぞがいっぱいです。

　のぶくんはお母さんと一緒にお兄ちゃんを迎えに幼稚園に行きます。幼稚園のトイレで家と同じようにズボンを全部脱いで、おしっこをしようとすると、幼稚園のお兄さん達に「おしり、おしり」と、からかわれました。のぶくんはびっくりしました。その日から、おしっこのたびにズボンをちょっと下ろす練習をしました。ズボンが少しぐらいぬれても平気です。幼稚園に入る頃には、お兄ちゃんと一緒にズボンをちょっと下ろして、おしっこができるようになりました。

　二歳のあやちゃんは『**うんちがぽとん**』(3-24)がお気に入りです。〈きれいなおむつ〉〈おしっことうんちのついたおむつ〉〈でたかな？まだまだ〉〈でたかな？まだまだ〉は、あやちゃんとお母さんで呪文のようにくり返します。お母さんは、お気に入りの絵本に合わせて、おまるを買ってきました。ちょうど夏です。オムツをとっちゃおう！あやちゃんがおまるに座ると「でたかな？まだまだ」「でたかな？まだまだ」と声をかけて、夏の終わりにはトイレットトレーニングを完了しました。トイレを済ませたあやちゃんに「きょうのうんちは？」と尋ねると「あのね、はじめはバナナウンチ、そのあとはたこやきウンチだったよ」と、健康なウンチが出たことを報告してくれました。

おねえちゃんになること

　三歳のうたちゃんがおばあちゃんとやってきました。うたちゃんは、妹が生まれたので、お母さんと一緒に実家に里帰りしています。書架の上に並べた絵本から、『**いたずらかいじゅうビリー！**』(12-2)を見つけました。かいじゅうビリーとは、やんちゃな弟のこと。お姉ちゃんが遊んでいると、なんでも〈ぼくも、やりたーい〉と泣いたり、暴れたりします。おばあさんもおじいさんもお母さんもお父さんまで〈やらしてあげなさい。まだ、ちいさいんだから〉をくり返します。私はうたちゃんとこの絵本を二回読みました。うたちゃんは何も言いません、じっと見ています。その後、おばあちゃんにも読んでもらいました。するとビリーの様子を見て「かじってる〜」「こわしてる」とつぶやき、最後に「おねえちゃん、おこんないね」と言ったのです。うたちゃんはこの絵

本を大事そうに借りて帰りました。そして、夜寝る前にお母さんに読んでもらって、どんな話をしたのでしょう。

突然やってきた弟に〈ないていないときは、おっぱいのんでるか、うんちしてるかのどっちか。かわいくなんかぜんぜんない〉とストレートに気持ちをぶつけるお姉さん。**『ごきげんなすてご』**（5－9）は、新しくできたきょうだいを受け入れるまでの上の子の気持ちをていねいに描いています。赤ちゃんに手を取られ、そっちに気持ちが向きがちの親に、「こっちをむいて」と自己主張をするけなげさがなんとも可愛らしい。すてごになったお姉ちゃんに〈わたしたちは、このおさるのおねえさんになってくれるこをさがしています。もしよかったらなってくれませんか〉と両親が頼みます。なんて愛情とユーモアにあふれた素敵な両親でしょう。お兄ちゃんやお姉ちゃんに、そして、保護者にお薦めの一冊です。

秋のはじめ

空が青く、高くなり、夜空に月がくっきり見える頃になりました。今日は文庫の「お月見会」です。

「♪おつきさまはえらいの　かがみのようになったり　くしのようになったり　はる　なつ　あき　ふゆ　にほんじゅうをてらす♪」とわらべうたで始めました。二回くり返すと、ゆめちゃんが立ち上がって「おどれるよ。ようちえんでおどっとる」と涼くんの手を取って二人で踊りを披露してくれました。一緒に来ているお母さんからパチパチと拍手が…。赤ちゃんも「なにがおきたの？」と周りを見ながら、小さな手で拍手をしています。

「今日は満月。一年中で一番お月様がきれいです。みんな、夜、お月様をみてね」と話して、**『パパ、お月さまとって！』**（4－44）を読みました。大きく見えた月と遊びたい。〈パパ、お月さまとって！〉と娘に頼まれて、長い長いはしごを高い山に立て、月まで登って行きます。月が小さくなって、ちょうどいい大きさになると、パパは月を持って娘のところに帰りました。娘のモニカは月とたっぷり遊びます。その間も月は小さくなり続け、ある日消えてしまいます。読み終えると、みんなから「ふー」とため息がもれ、「わたしもいっしょにのぼっておつきさまにあいたい」「あんなおとうさんいいなあ」低学年の誰かがつぶやきました。この絵本の魅力は娘の気持ちに一生懸命応えようとする父親にあるのだと実感しました。

もう一冊、月の味を知りたいと動物たちが力を合わせて、月を食べる**『お月さまってどんなあじ？』**（11－26）も子ども達が大好きな絵本です。動物がかじった月のかけらはどんな味がしたのでしょう。

言葉をまるごと遊ぶ

大好きな人に声をかけてもらう。好きな本を読んでもらう。お母さん、お父さん、先生の声も読み方も大好き。言葉をたくさん知っていて、上手に使えたらこんなに楽しい。

『いっぽんばしわたる』（9－5）は、いろいろな動物が橋を渡る絵本です。ウサギは〈ぴょんぴょん〉、ヘビは〈からんで〉、ライオンは〈はらはら〉渡ります。この絵本を読んだとき、子ども達が「もう一回」とリクエストをしました。もう一度読みはじめると、ページをめくるごとに、子ども達が絵に合わせて「ぴょんぴょんわたる」「か

らんでわたる」「はらはらわたる」と大合唱。最後の「げんきにおちる」ではみんな手をあげて、転がるのです。そして「もう一回、もう一回」と要求します。ページをめくるだけで、子どもたちが読んでくれるのです。そろそろおしまいかなと思っていると、誰かが「へビはニョロニョロじゃ」と言い、「ライオンはビクビクよ」と新しい表現も出てきて、読み手も聞き手も一緒になって充分に楽しんだ絵本です。

長い物語が落ちついて聞けるようになると、子ども達は、なぞなぞや反対言葉、かぞえうた、唱え歌などを面白がるようになります。**『へんしんトンネル』**（9-46）は、タイトルどおり、言葉が変身します。かっぱが〈かっぱかっぱ〉と言いながらトンネルに入ると…、〈ぱかっぱかっ〉と元気な馬になって出てきました。今度は時計が〈とけいとけい……〉とトンネルをくぐると〈けいと〉に変身！「ぼたん」に「えりちゃん」と続きます。途中でうまく変身できない言葉もさりげなく出てきて、子ども達は変身できる言葉に法則があることに気づきます。異年齢の子ども達に読むと、五歳ぐらいから面白がります。言葉の意味をきちんと体の中で消化して、次にどうなるか予測ができると一層楽しくなります。小学生やお母さんも思わず声が出て、参加してしまう絵本です。

子どもと育つ

赤ちゃんはお母さんのお腹の中で、おへその穴から見ている、聞いている、におっている、赤ちゃんは自分の誕生を心待ちにしている家族のことをちゃんと知っています。**『おへそのあな』**（3-12）は生まれてくる赤ちゃんを心待ちにしている家族とその家族の一員に早くなりたい赤ちゃんを描いたほのぼのとした幸せを感じる絵本です。

息子と留守番をすることになったお父さんが二人でおにぎりを作り、庭でミニキャンプをする**『かばくんとおとうさん』**（4-33）は、自然体で息子にかかわっている父親の姿とはじめ不安そうだったかばくんがどんどんご機嫌になっていく過程が楽しい絵本です。

〈わたしたちは、弟のなぞをときあかそうとしています。弟のなまえは、トビアス。まだ、あかちゃんです〉弟のなぞとは、ダウン症のこと。きょうだいは末っ子トビアスが生まれた時、両親から弟の障害について知らされ、障害児について考えはじめます。そして、トビアスに会って、ひとめで好きになります。**『わたしたちのトビアス』**（7-48）は、障害がある人とない人が一緒に暮らしてわかり合うことがどんなに大切か、編者のスベドベリ一家の姉の目を通して伝えています。

新しい年の始まり

一年の最後を締めくくる文庫では、新年を迎えるお話をします。「みんなの干支《えと》はなんですか？教えて」と子ども達に尋ねると、「ひつじ」「さる」とすぐに答える子もいますが、わからない子が結構います。「みんなが生まれた年に動物の名前がついとんよ。十二支の話を聞いてね」と**『十二支のはじまり』**（11-41）を動物お手玉を使いながら語ります。「ね、うし、とら…」順番がどうしてついたか、ねこがねずみを追いかける訳など、大人も「ふーん」と納得のお話です。

十二支の動物達がおせち料理を作って、年越しをする**『十二支のお節料理』**（11-40）は日本の文化を伝承する絵本です。

登場する動物達はきちんと役割があり、大掃除と餅つきから始まって、食材の調達、道具調べ、料理の下ごしらえ、調理、盛り付け、年越しそば、後片付けまでがわかりやすく、版画で描かれています。

一夜明ければ、お正月。鏡餅が飾られ、お座敷にはお膳が準備されています。そして、十二支の動物が勢ぞろいして羽織、袴と振袖の晴れ着

を着て、新年のご挨拶を待っています。

一月に行われた「父と子の会」で、「十二支のはじまり」を語りました。お父さんの中でわが子の干支を知らない方もいて、時代の移り変わりを感じます。年越しやお正月など日本の文化や慣習を子ども達に伝えていくことは文庫活動をしている私達の役目なのかもしれません。

ともだち

〈ともだちって　いっしょに　かえりたくなるひと〉、毎週火曜日の二時すぎには、幼稚園の仲良しさんたちが文庫にやってきます。来るときも帰るときも必ず一緒。文庫で待ち合わせて、一緒に帰る親子。『**ともだち**』（5-38）は一冊まるごと友達について書いてあります。小学校の図書館で読んだとき、ページをめくって、読み進めるとしーんと聞き入り、読み手の私が驚いたほどです。子ども達の気持ちに添う言葉が出ている絵本です。

つりひものボタンがとれているクマのぬいぐるみ、コールテンくんをリサは〈あたし、あなたのこと　このままでもすきだけど、ひもがずりおちてくるのは、きもちわるいでしょ〉とひざに乗せて、ボタンをつけてくれます。デパートで売られているぬいぐるみ『**くまのコールテンくん**』（5-29）は、自分を丸ごと好きといってくれる友達と自分にぴったりのベッドを見つけました。友達について、森絵都は、物語『**宇宙のみなしご**』（12-6）で、ぼくらはみんな宇宙のみなしご。ばらばらに生まれてばらばらに死んでいく。一番しんどいことはひとりで切りぬけるしかない。だからこそ、ときどき手をつなぎ、心の休憩ができる友達が必要だと読み手に語りかけます。

体験が培うもの

十年前の夏、私は郊外に引っ越しました。お彼岸の頃になると、家の近くの土手にぽつぽつと赤いヒガンバナが伸びてきて、四、五日で見事に真っ赤になったのを鮮明に覚えています。

ヒガンバナはふしぎな植物です。絵本を読んでみると、花の咲き方、球根の増やし方、名前の多さに驚かされます。「この絵本をどうしても読みたい」と翌週の文庫で『**ひがんばな**』（12-30）を読みました。私の思いとは裏腹に子ども達はざわざわし、「どうしてかなあ」と疑問が残りました。冬になって、『**ひやしんす**』（12-31）を読んだときに、その理由がわかりました。どちらも球根から育つ花の一年間が描かれた科学の絵本ですが、ヒヤシンスは子ども達が食い入るように見ています。育て方についてもよく知っているのです。子ども達は幼稚園で自分のヒヤシンスを水栽培していたのです。子ども達の生活の中で、体験や小さな感動の積み重ねが本を読むことを充実させます。手で触ったり、匂いをかいだり、じっと耳をすまして聞いたり、感じたり、もちろん見たり、五感をフル活動させることが大切です。絵本やお話がストンと体の中に入るのには、体験が後押ししているのです。

私達の文庫は、岡山市の中心部にあって、子ども達はカタツムリを見ることも、カエルの鳴き声を聞くこともほとんどありません。文庫では「子ども達は実体験が大切」と、ヨモギだんご、初夏のしゃぼん玉、七夕、お月見会、秋の実りを喜ぶ会、お正月、節分など季節を身近に感じる小さな行事をたくさん取り入れています。絵本を読み、わらべうたを歌い、紙芝居や工作、それに食べることをくり返し行っています。

『**おおきくなるっていうことは**』（11-48）で作

者が言っているように子どもが大きくなるっていうことは「ひとつひとつ、実感できること」です。それを文庫でお手伝いしたいと考えています。

文庫は子ども達にとって「お話の世界」という特別な時間が流れている特別な場所です。そこでは子どもの心は自由に空を飛ぶのです。「お話の世界」への入り口、出口は大切にしなければなりません。それは昔話を語るときの「むかしむかし」で入って、「どんとはらい」で出てくるのと同じです。文庫の扉を開いたら、入り口は季節、テーマのわらべうたや詩が迎えてくれます。それから、おはなしを楽しんで、そのあとはいつもの決まりの言葉で出口へ。そのような手続きが大切だと思い、毎回工夫して続けています。

最後に「さよなら　あんころもち　また　きなこ」これで、文庫のお話はおしまいです。

（岡山市／地域文庫「えぱみなんだす」・伊丹弥生）

(5) ブックスタート活動 ―「北海道恵庭市」の実践を通して

赤ちゃんとコミュニケーションをとる方法として、わらべうたや手遊びをはじめいろいろな方法が考えられます。しかし、近年、絵本の読み聞かせが特に注目されるようになりました。その背景として、ブックスタートの全国的普及があります。ここでは、わが国におけるブックスタート活動について、全国でもいち早く当事業を導入した北海道恵庭市の取り組みから見てみます。

ブックスタートとは

①わが国のブックスタート

ブックスタートは、行政・図書館・保健センター・ボランティアなどが連携し、絵本を介して親子が楽しいひと時を共有することを応援するプロジェクトです。乳児健診に来た赤ちゃん一人ひとりに図書館員や保健師が、説明の言葉を添えて、下段の**写真**のようなブックスタート・パック（絵本二冊、イラスト・アドバイス集、絵本リスト、子育て情報冊子など。以後パックと呼ぶ）を手渡すものです。

イギリスで一九九二（平成四）年に始まり、日本では二〇〇〇（平成十二）年の「子ども読書年」を契機に紹介されました。翌年、ブックスタート支援センター（現、特定非営利活動法人ブックスタート）が設立され、一二の自治体で始まったのが、二〇〇九（平成二一）年二月末現在、六八七の自治体（全国市区町村の三八・一％）で実施されている一大プロジェクトになっています。

②ブックスタートの特徴

発祥国であるイギリスと日本では、ブックスタートが生まれた背景に違いが見られます。イギリスでは、就学後も本の取り扱いがわからない子どもがいたことや、近年、急速に多民族国家への道をたどっていることからくる識字率の低下を背景に発案され、現在九割近くの自治体で実施されています。パック配付の効果として、赤ちゃんのうちから本の時間を習慣として持ってきた家庭では、絵本や図書館への関心が高まり、子どもの成長とともにより豊かな本の時間が継続して持たれていることが明らかにされました。また、知的側面や学力面からも検討され、子どもの言語面、計数面双方の考え方にも良い影響を与えることなども報告されています[1]。

一方、日本のブックスタートは、イギリスとは文化や社会環境などの違いがあるため、その目的は、早期教育や学力保障にあるのではなく、赤ちゃんと保護者が絵本を介してゆっくり心が触れ合うひと時を持つきっかけを作ることです。言いかえれば、絵本を通して親子がよりよい絆を作るための育児支援なのです[2]。

このように、両国で違いが見られますが、近年では、イギリスも日本も絵本を「読む」（read books）のではなく、大好きな人と一緒に、楽しいひと時を「分かちあう」（share books）ことに重点が置かれています。

③ブックスタートのポイント

ブックスタートを実施するには、いくつかの大切なポイントがあります[3]。

ブックスタート・パック（恵庭市の場合）

①布製の袋、②絵本２冊、③あかちゃんのすきなものしってる？、④赤ちゃんのすきな「えほんガイド」、⑤子育て支援機関紹介マップ、⑥図書館利用者カード交付申込書、など（④〜⑥は、各自治体により異なる）。

おもなものをあげてみます。

まず、第一に、赤ちゃんとその保護者にプレゼントするのは、絵本でなくてもたとえば、おもちゃでも良いのではないか、トイスタートでも可能ではないかと考える人もいるのではないかと思います。なぜ、絵本なのでしょうか。それは、絵本を開くとそこには絵があり、リズムのある言葉があふれ、赤ちゃんに語りかける要素がたくさんあるからです。絵本は、誰もがごく自然に、赤ちゃんのとなりで優しい言葉を語りかけることができるツールだからです。

第二は、乳児健診時たとえば、自治体によって四か月、七か月、九か月等々パック配付の時期はさまざまですが、健診を受けにきた赤ちゃんすべてに絵本が無料でプレゼントされます。赤ちゃんのいる家庭の中には、絵本がない家庭もあります。絵本そのものをプレゼントすることで、どの家庭でもすぐに絵本を開いて、赤ちゃんと楽しい時間を持つことができる具体的なきっかけを作りたいからです。

第三は、保護者に絵本をただ配るだけではなく、図書館員や保健師が直接向かい合って、説明の言葉を添えて手渡します。そして、図書館の司書や地域ボランティアの方々が、絵本の読み聞かせも行います。赤ちゃんの反応を見ながら、絵本を開く時間の楽しさを一緒に体験してもらうことで、家庭でもそうした時間を持つきっかけにしたいからです。また、その体験を通して、地域からの温かいメッセージも伝わります。このように、ブックスタートは、さまざまな機関や人々の連携が大切で、充実した継続にはとても重要なことなのです。

ブックスタートの効果と課題

①恵庭市の取り組み

恵庭市は、札幌市と新千歳空港のある千歳市のほぼ中間にあり、人口約六万八千人で、昔から農業・酪農を営む地域、商業地域、新興住宅地の三つに大きく分けられます。実施主体である恵庭市立図書館は、駅から少し離れた住宅地に位置しています。特に、児童の図書館利用率の低迷があり、改善策として児童対象の各種催し物の企画、学校への団体貸し出し、市保健センターでの育児教室や妊婦教室への司書の派遣による読み聞かせの指導を行ってきました。しかし、大きな成果はみられませんでした。こうした中で、ブックスタートに出合ったわけです。二〇〇一（平成一三）年四月、試験実施を経て本格的に事業がスタートし、九・十か月児と保護者を対象に、パックが配付されました。

実施に当たって、配付会場となる保健センターや市内の読み聞かせサークルともすでに相互理解や協力体制ができていたことから、スムーズに取り組みがなされました。関係予算は、毎年約六〇〇人の新生児が誕生するので、一人当たり一六〇〇円程かかり、年間百万円くらいになります。

ブックスタート導入後は、図書館の絵本を含む児童書の貸し出し数も

「恵庭市 保健センター」の乳児健診での
ブックスタート・パック配付

着実に伸び、保健センターでの九・十か月健診時の受診者数も同様に増えています。また、当事業をフォローアップするために組織されたボランティアによる活動も活発で、ブックスタートを通して、連携しているそれぞれの機関が持つ個別の目的が達成され複合的効果もあげています。

前ページの写真は、恵庭市保健センターで実施された九・十か月健診時のブックスタート・パック配付会場の様子です。図書館の司書は青色、保健師は黄色、ボランティア（恵庭ゆりかご会）は赤色のエプロンをして、それぞれ活動しています。下の写真は、司書に絵本を読んでもらって真剣に絵本を見ている赤ちゃんです。お母さんも司書も、自然に笑みがこぼれます。

②ブックスタートの効果

ブックスタートの効果を、パックが配付された九・十か月児のいる家庭を対象にした調査結果から見てみます[4]。

配付されたパックの中では、特に二冊の絵本と赤ちゃん絵本が紹介されている赤ちゃん絵本ガイドに関して、母親の満足度がとても高いことがわかりました。また、ほとんどの母親が、今後もパック配付を希望しました。

さらに、パック配付後、「もらった絵本を見るようになった」「家にある絵本を見るようになった」「親が絵本に興味をもつようになった」「図書館の読み聞かせの会等の催しに興味をもつようになった」「他のきょうだいも絵本を見る機会が増えた」と答えた母親がとても多くいました。つまり、配付がきっかけになり絵本に対する興味関心が増し、実際に読み聞かせをする家庭が増える傾向が強くなっていることがわかりました。

また、こうした項目に比べると数は少ないのですが、「父親が絵本の読み聞かせをするようになった」や「父親が育児に参加するようになった」と答える母親もいました。この結果は、パック配付が、父親の育児参加を促すきっかけにもなるのではないかと考えられ、育児支援面での大きな効果が期待できるものと思われます。

③ブックスタートの課題

わが国では、子育ての負担が母親にかたよっていて、母親の「育児不安」や「育児ストレス」が問題になっています。家庭内の養育機能の回復には、父親がキーパーソンになることは明らかで、父親が子育てにもっと参加することが必要です。母親が一人孤軍奮闘する子育てに、父親が積極的に関わることは、母親の育児不安やストレスを軽減し、夫婦関係においても望ましい影響を及ぼすことが考えられます。つまり、父親が間接的な役割を担うだけでなく、もっと直接的に子育てに参加することが大切なのです。

こうした状況を考えると、パック配付をきっかけにして、父親による絵本の読み聞かせをはじめとする他の育児行為の参加をどのように高めていくのかが、今後の大きな課題と言えるでしょう。それには、母親だけでなく父親も気軽に参加でき、子育ての楽しさを実感できる支援策を具体的に示していくことが重要です。

例えば、パックに父親向けの子育てに関するガイドブックや、赤ちゃんとの触れあいあそびを紹介した資料などを入れることも良いでしょう。そして、何よりも父親にも子どもの成長・発達にもっと関心をもってもらい、ブックスタートの趣旨を直接的に理解してもらうために、パック配付時の保健センターでの健診に、夫婦がそろって出向くことができるような体制を社会的に整備していくことも必要です。

予防策としてのブックスタート

子どもの年齢が低ければ低いほど、どのようにかかわったら良いのかわからない親が多い中で、絵本の読み聞かせは、子どもの性別や年齢を気にせず誰でもが気軽にかかわることができるものです。子育てで最も困難なことが多い乳児期の子どもと、絵本を介して親子のコミュニケーションを持つことにより、子育ての楽しさを知るきっかけが生まれ、父親による他の育児行為へのかかわりを促すことも考えられます。

わが国では、子育て支援策が講じられ十数年が経過し、さまざまな取り組みがなされています。しかし、対症療法的な対応は充実してきていますが、その根本的な解決や予防法的な措置は、ほとんどなされていないという指摘もあります(5)。つまり、失われた養育機能の回復には、現在の子育て中の親が直面している問題の解決だけでは不十分で、問題発生予防の観点からの施策の充実にも目を向けることが重要です。

イギリスでは、「予防に優る治療薬はない」という考え方が大切にされています。今、わが国では、子どもや家族の問題が発生してしまってから個別に対処する従来のやり方ではなく、問題が起きる前のごく普通の一般の家庭の生活を支持し、力をつけることで問題発生を事前に減らすことにも目を向けることが求められています。ブックスタートは、その役割を担うことができるのではないでしょうか。言いかえれば、子どもにとっての発達を最大限に保障することや、夫婦が子育ての楽しさを見出す事のできる環境を保証し、問題発生を予防する効果を、ブックスタートに期待することができるのではないかということです。

ブックスタートは、健診を受けたすべての家庭に説明の言葉を添えて絵本を配付するという性格から、子育て支援に積極的にかかわってこない家庭をもカバーできる利点があります。先にあげた課題を早急に解決し、また、自治体間でも情報交換を積極的に行っていく中で、地域の人々にもより理解されたブックスタートになるものと思われます。

注

（1）佐藤いづみ『別冊太陽「人生ではじめて出会う絵本一〇〇」』No.一一六、二〇〇二年、一三六-一四一頁。

（2）秋田喜代美・横山真貴子・ブックスタート支援センター「ブックスタートプロジェクトにおける絵本との出会いに関する親の意識—（1）四ヶ月時でのプロジェクトの効果」日本保育学会第五五回大会発表論文集、二〇〇二年、一六四-一六五頁。

（3）特定非営利活動法人ブックスタート『ブックスタートハンドブック実施編第5版』二〇〇八年、五頁を参考にした。

（4）梶浦真由美「北海道恵庭市におけるブックスタート（その1）—取り組みと成果—」日本保育学会第五五回大会発表論文集、二〇〇二年、一六二-一六三頁。

（5）金田昭三・松川秀夫編著『家族援助論』同文書院、二〇〇三年、一〇五頁。

（札幌市／梶浦真由美）

⑹ 「絵本で子育て」センターの活動

「絵本で子育て」センターは、「絵本の読み聞かせ」が現代の子育て家庭において、シンプルで魅力的な子育てツール（道具）であることに注目し、「ほるぷフォーラム」の支援を受けて、二〇〇四（平成十六）年に兵庫県芦屋市で産声をあげました。一年後にはＮＰＯ法人に改組し、子育てに携わる母親および子育てを支援する人に対し、最適で良質な絵本の提供、絵本の読み聞かせ方、活用法、子育てに関する知識を広く伝える事業を行い、子どもの健全育成を図る活動をしています。

主な活動には、(a)「絵本講師・養成講座」による人材育成、(b)絵本講師の親睦組織「はばたきの会」の支援、(c)「ほるぷこども図書館」をはじめとした良質な絵本の普及、(d)絵本で子育て情報紙『絵本フォーラム』発行、(e)ホームページ開設などがあります。

「絵本講師・養成講座」のスタート

会員には、子どもへの絵本の読み聞かせが母親自身の子育ての助けとなり、家族をつなぎ、人格づくりに有意義だったという原体験をもつ人、子育てにおける絵本の「読み聞かせ」の必要性を知る人などが増えつつあります。また、地域でボランティアやサークルなどで読み聞かせ活動に取り組む保育・教育関係者の会員も増えてきています。育児における絵本の「読み聞かせ」の必要性が広く認知され、それらの話題は、新聞、雑誌、個人ブログなど多彩なメディアを通して広く発信されています。

「子育てに、なぜ絵本が必要とされるのか？」「意義は何か？」「絵本と子育ての意義を体系的に学び伝えたい」「世の中に情報があふれすぎ、何がよいのかわからない」などの多くの声を受けて、二〇〇四（平成十六）年より「絵本講師・養成講座」をスタートしました。

当初、会場は、センターのある兵庫県芦屋市のみでしたが、全国各地からの受講希望者が多いため、順次東京、福岡と増やし、全国三会場で開講しています。第五期となる二〇〇八（平成二十）年度は、全会場で一七四名の受講生になりました。中でも希望者が多い芦屋会場では抽選にもれた人が多く、反響の大きさに驚くと同時に、「絵本講師」の存在の意義を確認することができました。「絵本講師・養成講座」は、一般的なカルチャースクールとは大きく異なり、子育てにおいて、いかに絵本の読み聞かせが必要かを学び、それを語り伝えることができる人材（＝絵本講師）を育成するものです。読み方の技法や講座開催の方法をこと細かに学ぶ場ではなく、修了後に自ら得た知識や技能の社会への還元をめざしたもので、受講生はスクーリングとリポート提出を行います。

スクーリングは、「絵本で子育て」センター顧問でもある中川正文氏を始めとした絵本作家、小児科医、出版関係者、劇団主宰者など幅広い分野の講師を招聘し、グループディスカッションで講義を振り返り、学びを深めていきます。

ほるぷこども図書館

ほるぷこども図書館は、1967（昭和42）年に、岩崎ちひろ、椋鳩十、松谷みよ子ほか絵本作家・児童文学者・教育者など34名の選定委員が、日本で刊行されている全児童図書を総点検し、日本の主要児童書出版社の垣根を越えた年齢コース別の絵本・児童書体系として誕生しました。

これは、人間としての生き方を学ぶ土台づくり、文学的・美的に優れたもの、子どもの成長と発達に合わせた選書、二度と同じ過ちを起こさないために語り継ぐもの、という方針に沿って選ばれた本を、さらに成長に合わせて年齢別コースにしたものです。

【絵本講座カリキュラム例】

第1編　絵本講座・基礎編①「絵本について」
　絵本とは何か？絵本の種類、他
　　＜開講式・オリエンテーション＞
　　＜講演＞センター顧問
第2編　絵本講座・基礎編②「読み聞かせについて」
　絵本の読み聞かせの意義、他
　　＜講演＞絵本批評家、絵本作家
第3編　絵本講座・基礎編③「絵本講座について」
　絵本講座について、講師の果たす役割、他
　　＜講演＞作家・劇団主宰者、大学教授（小児科）
第4編　絵本講座・応用編「絵本講座の組み立て方」
　基礎的な話法、講座内容の組み立て方、他
　　＜講演＞児童文学家
　　＜修了生との経験交流＞
第5編　絵本講座・実践編「絵本講座をやってみよう」
　　＜講演＞センター理事長
　　＜修了生との経験交流＞
第6編　絵本講座・総括編「私の絵本講座の作成」
　　＜閉講式（修了証書授与）＞
　　＜講演＞絵本作家

絵本講師の会「はばたきの会」

絵本講師は、第一期修了生五十人が誕生して以来、期を重ねるごとに仲間が増え、第四期生終了時点では全国で合計五百人にまで達しました。

センターは、会員に特に仕事を斡旋することはしないので、絵本講師としての活動のしかたはさまざまです。チャレンジ精神旺盛なメンバーは、その人脈を生かして、さっそく自治体主催の子育て世代向け講座や保育園・幼稚園などで「絵本講座」を開催します。一方で、なかなか一歩が踏み出せず、模索しながら一から自分の世界を創っていく人もいます。また、現職の保育士、教員などは保育・教育の場で実践できます。

会員から、絵本講師やセンターとの情報交換の場が欲しい、引き続き学び、よりよい講座を開催したい、という要望に応えるべく賛助会が発足しました。一人ひとりの力は小さくとも、全国各地で大きな風を巻き起こす確かな羽ばたきをする蝶をめざし「はばたきの会」と名づけられました。

二〇〇八（平成二十）年度現在、約二百名が登録し、幹事を中心に企画・運営をしています。会場ごとに交流会を開催、活動報告やミニ絵本講座などを発表し切磋琢磨する一方、家族参加型のイベントも開催しています。なお、交流会などに参加できないメンバーも多く、会報紙を通じての情報発信も行っています。

一般向けの情報発信活動

絵本講師のみでなく、広く一般の方々の子育て支援をめざした情報発信もしています。一つはホームページですが、もう一つは、子育て支援ネットワーク「絵本フォーラム」（年六回）の発行です。

「絵本フォーラム」の内容は、連載コラム「絵本・わたしの旅立ち」や批評家の連載に加え、保育士や小中学校の教員などからの投稿の場である「子育ての現場から」、各家庭の絵本にまつわるエピソード「わたしの絵本体験記」などがあります。

絵本講座の活動

「絵本講座」は、全国各地の保育所、幼稚園、小・中・高校・大学、公民館などで開催し、積極的に「絵本で子育て」の趣旨を伝えています。

「読み聞かせ」は、妊娠中からスタートするのが理想です。それは、絵本をそろえたり読み聞かせることが生活の一部になり、心身ともに余裕のない出産後も、スムーズに「読み聞かせ」の楽しさを子育てに取り入れやすいからです。予定の参加者が「講師が読み聞かせている『**もこもこもこ**』（1-47）に、〇歳児までが食い入るように反応している姿に驚きました。絵本って、すごい！赤ちゃんにもわかるんですね。私も今日から楽しもうと思います」と、笑顔で話されることがあります。

小学生になっても、子どもが求めれば「親子の絵本タイム」をコミュニケーションのひとつとして続けることが大切です。

ただ講座で「絵本はいいよ！」と伝えても、読み手になるはずの大人が楽しんでいなければ、絵本の楽しさは子どもに伝わりません。まずは、大人が好きな絵本を読むことからスタートし、無理をしないことが大切です。

講座の主な対象は、大人です。親や祖父母など子（孫）育て中の方はもちろんですが、ボランティア、保育士、教員の方々の参加も少なくありません。現場の保育、教育関係者が改めて学び、子どもの読み聞かせに生かしています。また、日頃接する保護者の方にもそのマインド（精神・考え方）を伝えることができるのです。

①絵本講師チームを結成する

ある絵本講師の講座を聴講した公民館担当者から、ボランティア向けの連続絵本講座の依頼を受け、三か所の公民館で計十七回の連続講座を実施しました。「はばたきの会」の九人の絵本講師が連携・協力して乗り切ることができました。一人では難しいことも、チームワークのよい仲間がいることは心強いものです。

書店での絵本講座風景

②書店の絵本コーナーの絵本講座

絵本・児童書が充実したある書店でのことです。ボランティアによる毎月の読み聞かせ会では、子どもを置いてその間ショッピングに行ってしまう親が多いことがわかりました。子どもは絵を見て楽しむことができ、さらに大人が読んであげることで想像の世界を広げ、膨らますことができますが、せっかく書店での読み聞かせの場で子どもが絵本に興味をもっても、身近な親が理解しないと続かず、けっきょく読書にもつながりません。高価な電子ゲームは買うが、絵本は一冊千円前後でも価格が高いというイメージを持つ人も多い、など、書店の店員と話すと、私達絵本講師と共通の思いがあると感じました。

そこで、親をはじめとした大人に絵本の良さ、楽しさをわかってもらう手伝いがしたい、と絵本講座を企画・提案し、たくさんの絵本に囲まれた空間で、「大人も絵本を楽しもう」をテーマにした絵本講座を開催することにしました。

③参加者の子育ての悩みを聞く

当日の講座では、理想どおりにはいかない子育ての悩みや失敗談などをまじえながらお話を進めました。絵本の読み聞かせと子どもが字を読めることとは別のもの。読み聞かせの声に大人自身が癒されること、身近な人の声による読み聞かせはどんなプロの朗読にも負けないこと。直接伝えにくい大切なこと、例えば障害のある人のこと、いのちや平和の大切さも絵本の読み聞かせを通して伝えられること。図書館などでたくさんの絵本と接することも良いが、やはり自分の絵本に囲まれ、いつでも手に取ることのできる環境はなにものにも代えがたく、何度も持ってくる本は子どもにとって「宝物」となる絵本なので手元において欲しいこと、などです。

また、良い絵本のひとつの例としてブックスタートなどで知られている『いないいないばあ』（1・3）を取り上げました。大人には単純なくり返しに見えても、子どもの発達に合った内容に

連載エッセイ（第1回）

子育てジャングル☆ 絵本で La♡La♡La♡

「はじめまして、かあちゃんです」の 巻

はじめまして。私は、つい子どもにガミガミしては「また、やっちゃったぁ。」、「うはっ、みんなも同じ？」と一喜一憂の日々を過ごしている**住之江区のかあちゃん**です。
「子育てって楽しいけど、何が起こるかわからないジャングルみたい！」、そんな日々を**住之江のヒトや身近な絵本の力に助けられつつ**、「少しは目標の“おおらかな母”に近づいているかな・・・！？」。
そんなかあちゃんの子育てや絵本の読み聞かせの世界に、しばしお付き合い下さい～。

あれは6年前の育児スタート時点、「近くに知人なし」「夫は深夜まで仕事」と、絵に書いたような孤独感マンマンの中、新米かあちゃんは子どもの体調不良で途方にくれたり、今なら笑えるデキゴト（地元のヒトには当たり前の光景）にもカルチャーショックを受けたりと、肩に力が入りキョロキョロ、トボトボ、ドキドキの日々でした。

やがて、保育所ママ、ご近所ママ、“※ふぁみさぽ”などのおかげで、だんだんヤワラカ頭に・・。

※大阪市ファミリー・サポート・センター事業 ＝ 事前登録制で、会員相互の臨時的、緊急時の保育など、子育て相互援助の事業。事前登録制。利用料負担あり。（会員種別は、提供・依頼・両方会員の３タイプ）

もうひとつ、**絵本タイム（読み聞かせ）も、子育ての強い味方**になっています！
一緒に過ごす時間の割には、メールや用事をしながら接したり・・・で、じっくり子どもと向かい合う時間って、意外と少ないですよね？わが家では、イライラやガミガミモードで親子とも嫌な雰囲気漂う日も、就寝前の絵本タイムを。自然に「ごめんねっ」と謝り合えることも多く、読み聞かせが子育ての強い味方になってくれています！

～親子で一緒に楽しんでみませんか？読み聞かせおすすめ絵本のご紹介～
『ねえ、どれがいい？』（ジョン・バーニンガム/評論社）
「もしもだよ」のひと声が魔法となり、大人も“子ども心”に戻れる絵本。
ぜひ声に出して、迫り来る究極の選択を、お子さんとお楽しみ下さい。

おっと、かあちゃん　そろそろジャングルに帰らねば！
また来月お会いしましょう～。
高梨　香寿子　　（NPO法人「絵本で子育て」センター　絵本講師）

情報誌『しおかぜ』より

なっていることや、大人は字を追って読み聞かせるが、赤ちゃんは絵を読む力をもっていることなどを話します。

小学一年生の私の娘が古くて黄ばんだ表紙の『いないいないばあ』を取り出してきた時、彼女にその本が初版本であることや、父親が祖母から読んでもらっていたことを話してやった時のエピソードも入れました。父親にも自分と同じような子ども時代があったことに驚いたことを話し、良い絵本は四十年経っても宝物であることを伝えました。

開催場所が書店だけに、通常の絵本講座に比べると、すでに絵本自体への関心をもつ参加者が多いのが特色です。家庭での読み聞かせを子育ての味方にするためには、しつけや教育を目的にしないことや、義務感をもたず負担に感じる日は途中までにして、続きの読み聞かせは明日に、など柔軟に対応することが大切と、アドバイスをします。

子育て中の母親の「小学生の子どもに今から始めても遅くないか？」「子育てのヒントや楽しんで絵本を読んであげようという気持ちをもらった」「（自分のことを棚に上げ、何とかグリンピースを食べさせようと、あの手この手で交換条件を持ちかける一生懸命なママと、反抗している娘のやりとりが楽しい）ナンセンス絵本**『ちゃんとたべなさい』**（12－21）には、大笑いをしました。絵本の読み聞かせは、勉強やしつけではなく、親子で楽しむという、今までのやり方でよかったとホッとしました」という声が聞かれました。

また、読み聞かせをしている父親からは「大人が忘れてしまったものを、絵本を読むことで思い出していきたい」、年配の男性からは、孫に読み聞かせる絵本を、これまでは文章の多い少ないばかりを気にしていたが、楽しみながら読めばいいとわかって安心したこと。書店での開催のため、紹介されて興味のある絵本を、その場ですぐ購入できるのが魅力的。など、期待以上の反応がありました。

④定期的な絵本講座

定期的に開催される絵本講座（継続開催）の参加者は、ほどよい距離感、緊張感を保ちながら、個人的な問題についても積極的に話し合うことができます。参加者から出された具体的な悩みや課題などは、ケース・スタディ（事例研究）として全員の中で話し合われていく中で、解決へと導かれていくこともあります。

また、このような講座は、聴講される方のさまざまなニーズを捉えて、常に内容をリニューアル（更新）していくことが大切、と考えています。たとえば、そのテーマのひとつとして、「親子で外出する時に、カバンの中に絵本を入れて行こう！」と呼びかけ、長時間の乗り物の中や時間待ちの時などでも、絵本の読み聞かせを親子で楽しめることを伝えます。

ある時は、方言で書かれている**『きつねやぶのまんけはん』**（12－15）を紹介しました。最初は地味なトーンの絵本にとまどい気味だった参加者でしたが、だんだん関西弁（やまと言葉）のリズムに乗り「見るだけでなく、耳で聴く楽しさに引き込まれました。子どもと一緒に方言のおもしろさを味わいたいです」などの声が聞かれ、方言や言葉遊びの絵本をテーマに取り入れることにしました。

⑤「紙上絵本講座」の折り込み

講座に参加ができない人達にも、絵本講師としての思いを少しでも届けたい。そのためには、ホームページではなく、アナログがいい。テーマも共感して楽しめる子育てもの…。そこで思いついたのが、地元新聞販売店から毎月一日に折り込まれる情報誌です。幸い、子育て中の担当者の共感を得て、絵本の読み聞かせをしながら楽しく（ドタバタ）子育てしている「かあちゃん」の立場でエッセイをスタートしました。

「忘れている大切なことを思い出させてくれる」「同じ子どもを持つ身として共感できる」「子どもに読み聞かせをしているので、絵本の紹介を楽しみにしている」「孫はママの読み聞かせが大好き」、小学生を持つ母親からは「私も祖母から戦争の話を聞かされた。子どもにちょっとずつ大切なことを伝えないといけないと思った」など、感想が多く寄せられています。

また、ある中学校教員から、「最近は、学力はあるが日常の会話がスムーズにいかない子どもが増えている。私は現場（中学校）でも頑張っているが道は険しく、やはり、幼い頃から親子のコミュニケーションを育む絵本の読み聞かせの影響は大きいと思う。ぜひ、多くの人に絵本の力を語ってください」というメッセージをもらいました。

これからも、さまざまな方法で子育て中の人にさりげなく寄り添いながら、絵本講師としての活動を、細く長く続けたいと考えています。

「絵本で子育て」センターの絵本講師は、「絵本で子育て」する魅力、楽しさを伝える役割や使命の大きさを自覚し、日々研鑽を積み重ねる努力をしていくことが大切だと思っています。そして、子育て中のお父さん、お母さん、また、子育て支援をしている人たち、さらに子育てに関するさまざまな機関・団体などと積極的に協力していきたいと願っています。

（「絵本で子育て」センター・高梨香寿子）

おわりに

いよいよ編集作業も大詰めとなり原稿を確認すると、「保育課題絵本の実践例」が少ないことに気づきました。計画では、メンバーそれぞれが一例ずつ実践を担当すればよいと考えていました。しかし、本書の実践例は、どの絵本でもよいのではなく、「保育課題絵本」の実践なのです。急遽、以前編者が訪れたことのある園に原稿依頼をしたところ、八園のうちの七園から執筆の快諾を得られました。中には、一週間後に素晴らしい実践原稿がパソコンのデーターと一緒に送付されてきました。

実践事例を読んで「なんと、すごい実践」と感歎したのは、保育者の「子どもを見る目」の確かさ、「一冊の絵本を読み聞かせる適期」をキャッチする保育力でした。保育者の子ども達へ問いかける「ひと言」は、どれも生き生きと輝いています。そして子どものほうも保育者の問いかけに呼応し、自分の思いを実現しようとして、どうすればよいか主体的に行動していく展開は、読む者を引き込んでいくワクワクするような実践となっています。

リスト(3)〜(11)の「保育課題絵本」の読み聞かせは、まず保育者が子どもの感動や知的好奇心を受けとめて、①「これを読み聞かせたいと思う絵本を選択する」、次に、②「いつ、どのように読み聞かせればよいかの適期（レディネス）を捉える」、③「自分の伝えたい思いを込めて語りかける」ことが大切になります。そこで初めて、子どもと保育者（大人）が相互に絵本を自分のものにする（読み合う）ことができるのだと思います。

絵本は、子どもの育ちに必要なツール（道具）だと言われます。また、「絵本は、大人が子どもに読んで聞かせるもの」で、「今ここに生きる喜びを、絵本の世界の楽しさを通して子どもと共有したい」と思います。日々の保育活動の中で「この絵本を読み聞かせたい」と感じたり、「このことを育てたい、気づかせたいので適当な絵本はないだろうか」と思ったとき、本書は重宝なガイドとなることでしょう。

最後に、ここで紹介している絵本のほとんどは、地域の図書館にあります。二週間の貸出し手続きを更新すれば四週間もの間、子ども達と存分に楽しむことができます。実際に研究会のメンバーや実践例の協力園は、地域図書館のお得意様で、私達も図書館のラベルの付いた絵本を手に勉強をしました。

まるで嵐が通り抜けるような勢いで編集作業を行い、編集方針が二転、三転する中を、メンバーにはひたすら協力をお願いし、とりわけ池川正也氏のパソコンに助けられて完成に到りました。また、ミネルヴァ書房の音田潔氏、堺由美子氏に、大層お世話になりましたことを感謝申しあげます。

二〇〇九年四月

編者　福岡貞子
　　　礒沢淳子

保育課題絵本リスト索引

＊左端の番号は各課題リストの番号に対応しています。
＊ガイド・リストでとりあげているページはゴチック体で表示しています。

(1) 子どもがはじめて出会う本

1 あーんあん 21
2 いただきまあす 21
3 いない いない ばあ（松谷・瀬川） 2, 18, 21, 64, 106, 110, 116, 117, 136
4 いない いない ばあ（中川・村上） 21
5 いないいないばー Peek-a-boo 3, 21
6 いぬがいっぱい 2, 21
7 いやだいやだ 2, 21
8 おはよう 21
9 おたんじょうび 3, 19, 21
10 おつきさまこんばんは 19, 20, 21
11 おっぱい 3, 21
12 おててがでたよ 21
13 おんなじおんなじ 21
14 がたんごとん がたんごとん 3, 21, 101
15 くだもの 3, 19, 21, 92
16 くだもの・やさい 20, 21
17 くつくつあるけ 19, 20, 21
18 こいぬ 21
19 こちょ こちょ 21
20 このおてでだあれ？ 21
21 ごぶごぶ ごぼごぼ 18, 21
22 ころころころ 3, 18, 21
23 じどうしゃ 2, 21, 92
24 じゃあじゃあびりびり 2, 21, 101
25 ずかん・じどうしゃ 21
26 だあれかな 21
27 だっこして 21
28 ちいさなねこ 20, 21
29 どうぶつ 21
30 どうぶつのおかあさん 21
31 どうぶつのこどもたち 2, 21
32 とっとこ とっとこ 19, 20, 21
33 ととけっこうよがあけた 2, 21, 110
34 ともだち（オクセンバリー） 21
35 にんじん 21
36 ねこがいっぱい 21
37 のりもの いっぱい 3, 21
38 ばい ばい 21
39 ひとつ・ふたつ・みっつ 21
40 ひよこ 2, 19, 21, 54
41 ぴよぴよぴよ 21
42 ぴょーん 18, 20, 21
43 ぶーぶーじどうしゃ 3, 21
44 ブルーナの０歳からの本２ たべもの おもちゃ 3, 21
45 ブルーナの０歳からの本３ どうぶつⅠ どうぶつⅡ 21
46 ママだいすき 20, 21
47 もこ もこもこ 2, 18, 21, 101, 111
48 やさい 19, 20, 21
49 やさいだいすき 21
50 りんご 20, 21, 111

(2) １・２歳児の絵本

1 あおくんときいろちゃん 25
2 あか あお きいろ 25
3 あかちゃん 25
4 あかちゃんのいちにち 5, 25
5 あっちゃんあがつく たべものあいうえお 23, 24, 25
6 いちご 5, 25
7 いないいないばあ こいぬのえほん 22, 25
8 いぬ 25
9 うたえほん 23, 24, 25
10 うんちがぽとん 4, 22, 25
11 おいしいおとなあに？ 5, 25
12 おおきなかぶ 5, 22, 25
13 おとうさん あそぼう 24, 25
14 おにぎり 25
15 おやすみなさいコッコさん 25
16 かささしてあげるね 5, 25
17 がたごと なにかな？ 25
18 ぎゅっ 30, 25
19 きんぎょがにげた 4, 25
20 くっついた 25
21 ぐりとぐら 4, 22, 23, 25, 70
22 ごあいさつあそび 5, 25
23 ごちそう 25
24 これなあに 25
25 こんにちはどうぶつたち 4, 22, 25, 111
26 さあ おでかけ 4, 25
27 しっこっこ 25
28 しろくまちゃんのほっとけーき 5, 22, 25, 67, 92
29 すてきなぱんつ 25
30 ぞうくんのさんぽ 22, 24, 25
31 たまごのあかちゃん 24, 25
32 ちいちゃんのさんぽ 25
33 たんたんぼうや 24, 25
34 てぶくろ 22, 25
35 どろんこ どろんこ！ 25
36 ねぇ だっこして 25
37 ねこねこ こねこ 25
38 ねんころりん 24, 25
39 ねんね 4, 25
40 のせてのせて 25
41 はけたよはけたよ 4, 22, 25, 66
42 はなちゃんおふろ 24, 25
43 はらぺこあおむし 5, 25, 72, 92
44 はねはねはねちゃん 25
45 はるにれ 4, 22, 25
46 まり 24, 25
47 みんなうんち 22, 25
48 めのまどあけろ 5, 25
49 もうおきるかな 25
50 もけら もけら 4, 25

(3) いのち・からだ・びょうきに関する絵本

▼ いのち

1 あかちゃんてね 6, 29,
2 赤ちゃんのはなし 29
3 あかちゃんのゆりかご 29
4 あなたが うまれた ひ 29
5 あやちゃんのうまれたひ 6,

26, 29
6 うちにあかちゃんがうまれるの 29
7 おかあさんがおかあさんになった日 29
8 おじいちゃん 29
9 おじいちゃんの ごくらく ごくらく 28, 29
10 おたんじょうびのひ 29
11 おばあちゃん 29
12 おへそのあな 6, 29, 127
13 かわいそうなぞう 29
14 こいぬがうまれるよ 28, 29
15 こころ からだ いのちのえほん おかあさん 27, 28, 29
16 こころ からだ いのちのえほん おとうさん 27, 29
17 ずーっと ずっと だいすきだよ 29
18 つながってる！ いのちのまつり 29
19 ぼくのいのち 29
20 レアの星－友だちの死 29
▼ からだ
21 あしにょきにょき 29
22 うんこ日記 27, 29
23 うんこのえほん―うんぴ・うんにょ・うんち・うんご 27, 29
24 うんちがぽとん 29, 125
25 うんちしたのはだれよ！ 28, 29
26 うんちっち 29
27 うんちのえほん 29
28 おしり しりしり 29
29 おっぱい 27, 29
30 おっぱい おっぱい 29
31 おっぱいのひみつ 28, 29
32 おへそまる 29
33 おへそに きいてごらん 29
34 からだのなかはどうなってるの？ 29
35 せかいのこどもたちのはなし はがぬけたらどうするの？ 29
36 ちのはなし 6, 29
37 でこちゃん 29
38 はなのあなのはなし 29
39 へそのお 29
40 まあちゃんのながいかみ 27, 29
41 みんな うんち 6, 29
▼ びょうき
42 あたしも びょうきに なりたいな！ 29
43 おにいちゃんがいてよかった 28, 29
44 元気になってね フェンディ 29
45 げんきになるって！―リサがびょういんへいったとき 28, 29
46 どうぶつえんの おいしゃさん 6, 29
47 はははのはなし 28, 29
48 ほうたいだいすき 29
49 むしばはどうしてできるの？ 29
50 わにさんどきっ はいしゃさん どきっ 6, 29

(4) おかあさん・おとうさんに関する絵本

▼ おかあさん
1 あおいこねことおさらいっぱいのクッキー 33
2 おかあさん 33
3 おかあさんがおかあさんになった日 33
4 おかあさんになったりすのちび 33
5 おかあさんのむかしむかし 33
6 おかあさんの目 33
7 おやすみのキッス 32, 33
8 かあさんとじてんしゃにのって 32, 33
9 かあさんのいす 7, 31, 33
10 カンガルーの子どもにも かあさんいるの？ 32, 33
11 きょうはなんのひ？ 7, 33
12 こころ からだ いのちのえほん おかあさん 33
13 こぶたのオリバー 33
14 サムならきっとできるから 33
15 しまうままーくん 31, 32, 33
16 しりたがりやのふくろうぼうや 33
17 せんたくかあちゃん 7, 33
18 だいすきっていいたくて 33
19 だっこだっこねえだっこ 33
20 だめよ、デイビッド！ 30, 33
21 ちびっこジョーイ 33
22 ちょっとだけ 7, 33
23 ふうちゃんの詩 33
24 ぼく おかあさんのこと… 33
25 ママがおうちにかえってくる！ 33
26 ママはやくかえってきて 32, 33
27 よるくま 33
▼ おとうさん
28 あかちゃんのゆりかご 33
29 あまがさ 33
30 おとうさんといっしょに 31, 33
31 おとうさんのえほん 7, 33
32 おとうさん・パパ・おとうちゃん 32, 33
33 かばくんとおとうさん 32, 33, 127
34 かばさん 33
35 こころ からだ いのちのえほん おとうさん 33
36 すきすき ちゅー！ 30, 33
37 スモールさんはおとうさん 32, 33
38 たすけて！クマとうさん 33
39 とうさんのちちしぼり 33
40 とうさんまいご 7, 33
41 ねえとうさん 7, 33
42 ねえ、まだつかないの？ 33
43 ねこのオーランドー 33
44 パパ、お月さまとって！ 7, 33, 113, 126
45 パパ、ちょっとまって！ 33
46 パパとぼく 33
47 パパとママのたからもの 33
48 パパにはともだちがたくさんいた 7, 33
49 ぼくのおとうさんははげだぞ 31, 32, 33
50 わたしのパパ 33

(5) きょうだい・ともだちに関する絵本

▼ きょうだい
1 あかちゃんてね 37

2 あさえとちいさいいもうと 8, 37
3 あたしもびょうきになりたいな！ 8, 34, 37
4 アントニーなんかやっつけちゃう 37
5 いもうとのにゅういん 37
6 おにいちゃんがいてよかった 37
7 きつねのかみさま 8, 37
8 けんかしちゃだめ！かんじゃだめ！ 37
9 ごきげんなすてご 36, 37, 126
10 ザザのちいさいおとうと 37
11 すきときどききらい 34, 37
12 ソフィはとってもおこったの！ 37
13 たまごにいちゃん 34, 37, 92
14 ティッチ 37
15 にいさんといもうと 37
16 はしって！ アレン 8, 37
17 パパとママのたからもの 34, 37
18 ピーターのいす 36, 37
19 ひみつのばしょみつけた 34, 37
20 ぼく、きょうだけいえでする！ 37
21 ボッラはすごくごきげんだ！ 37

▼ **ともだち**

22 あらしのよるに 35, 37
23 エンとケラとプン 36, 37
24 おともだちになってね 37
25 からすたろう 36, 37
26 きみたちきょうからともだちだ 37
27 きみなんかだいきらいさ 8, 34, 37
28 キャベツくん 36, 37
29 くまのコールテンくん 8, 37, 128
30 くろくんとふしぎなともだち 37
31 けんかのきもち 34, 37
32 コッコさんのともだち 36, 37
33 しんせつなともだち 37
34 たいせつなたいせつなぼくのともだち 35, 37
35 たろうのともだち 37, 92
36 てがみをください 36, 37
37 とくべつないちにち 8, 37
38 ともだち（谷川・和田） 36, 37, 128
39 と・も・だ・ち 37
40 ともだちいっぱい 37
41 ともだちからともだちへ 37
42 ともだちがほしいの 37
43 ともだちになろうよ 34, 37
44 ともだちや 8, 34, 37, 104
45 とんことり 34, 36, 37
46 ないた 37
47 ぽんたのじどうはんばいき 37, 68
48 やあ、ともだち！ 37
49 よもぎのはらのおともだち 8, 37
50 ろくべえまってろよ 35, 37

(6) おじいちゃん・おばあちゃんに関する絵本

▼ **おじいちゃん**

1 いいからいいから 9, 41
2 うちのおじいちゃん 40, 41
3 エルマーとエルドーおじいちゃん 41
4 おじいさんと10ぴきのおばけ 40, 41
5 おじいさんならできる 41
6 おじいちゃん 39, 41, 62
7 おじいちゃんがおばけになったわけ 9, 41
8 おじいちゃんとおばあちゃん 41
9 おじいちゃんと日の出を見たよ 41
10 おじいちゃんのおじいちゃんのおじいちゃんのおじいちゃん 38, 41
11 おじいちゃんの木 41
12 おじいちゃんの ごくらく ごくらく 41
13 おじいちゃんのどうぶつえん 41
14 おじいちゃんのはたけ 41
15 おじいちゃんのまち 9, 41
16 おじいちゃんわすれないよ 41
17 ざぼんじいさんのかきのき 41
18 じいじのさくら山 9, 41
19 じいちゃんとないしょないしょのやまのぼり 41
20 ジオジオのかんむり 41
21 じったん ばあたん 41
22 たいこじいさん 41
23 だいじょうぶ だいじょうぶ 39, 41
24 ちょっぺいじいちゃん 41
25 ぼくとおじいちゃん 41
26 ぼくは孫 40, 41
27 みててね、おじいちゃん 40, 41

▼ **おばあちゃん**

28 あめふり 41
29 あらまっ！ 41
30 いちごばたけのちいさなおばあさん 41
31 上のおばあちゃん下のおばあちゃん 41
32 エマおばあちゃん 41
33 おばあさんのすぷーん 40, 41
34 おばあちゃん 9, 41
35 おばあちゃんがいるといいのにな 9, 41
36 おばあちゃんがちいさかったころ 41
37 おばあちゃんすごい！ 9, 38, 41
38 おばあちゃんといつもいっしょ 40, 41
39 おばあちゃんの日 41
40 かこちゃんのひなまつり 41
41 きらきらやさん 41
42 こんとあき 9, 41
43 たいへんなひるね ばばばあちゃんのおはなし 41
44 だってだってのおばあさん 38, 41
45 ばあちゃんのえんがわ 41
46 ばあちゃんのなつやすみ 9, 41
47 ぼく おばあちゃんのこになってあげる 40, 41
48 ぼくのおばあちゃんのてはしわしわだぞ 40, 41
49 もったいないばあさん 38, 41
50 わたしのおばあちゃん 41

(7) 障害のある人にかかわる絵本

1 あいちゃんのそら 45
2 あつおのぼうけん 45
3 あっちゃん 45
4 ありがとうシンシア 45, 95
5 雨のにおい星の声 45
6 いのちは見えるよ 45
7 えらいぞサーブ！ 主人をたすけた盲導犬 45
8 オチツケオチツケこうたオチツケ 44, 45
9 おとうさんといっしょに 10, 45
10 介助犬ターシャ 44, 45
11 かっくん 44, 45
12 きょう のぶに あったよ 42, 45
13 クイールはもうどう犬になった 45
14 こわいことなんかあらへん 10, 45
15 さっちゃんのまほうのて 43, 45, 94
16 さわってごらん いまなんじ？ 45
17 さわってごらん だれのかお？ 10, 45
18 さわってごらん ナンノハナ？ 45
19 14の心をきいて 10, 45
20 たっちゃん ぼくがきらいなの 10, 45
21 チーちゃんのくち 45, 98
22 ちえちゃんの卒業式 44, 45
23 聴導犬ものがたり ジェミーとペッグ 45, 95
24 手であそぼう ゆびであいうえお 45
25 てではなそう きらきら 45
26 となりのしげちゃん 42, 45
27 どんなかんじかなあ 44, 45, 95
28 なっちゃんとぼく 45
29 のんちゃんはおとうばんです 45, 98
30 はせがわくんきらいや 43, 45, 98
31 ペカンの木のぼったよ 10, 45
32 ベルナもほいくえんにいくよ！ 10, 45
33 ぼくがベルナのめになるよ 45
34 ぼくのおにいちゃん 10, 45
35 ぼくたちのコンニャク先生 42, 45
36 ぼくのだいじなあおいふね 44, 45
37 ぼくは海くんちのテーブル 44, 45
38 ボスがきた 45
39 みえないってどんなこと？ 10, 45
40 見えなくてもだいじょうぶ？ 43, 45
41 耳がきこえない エイミーのねがい 45, 95
42 みんなみんなぼくのともだち 43, 45
43 もうどうけんドリーナ 45
44 ゆいちゃんのエアメール 45
45 ゆめのおはなしきいてェなあ 45, 95
46 わたしいややねん 44, 45
47 わたしたち手で話します 45
48 わたしたちのトビアス 45, 127
49 わたしの足は車いす 43, 45, 98
50 わたしのおとうと、へん…かなあ 44, 45

(8) 世界の人々（異文化理解）に関する絵本

1 あかてぬぐいのおくさんと7にんのなかま 49
2 あふりかの音 49
3 あふりかのたいこ 49
4 アンナの赤いオーバー 11, 49
5 アルザスのおばあさん 49
6 うさぎのみみは なぜながい 49
7 えほん 北緯36度線 48, 49
8 おおきな おおきな おおきなかぶ 49
9 川をはさんでおおさわぎ 49
10 かさどろぼう 49
11 巨人のはなし 49
12 くろいちょうちょ 48, 49
13 こどもがはじめてであう せかいちず絵本 11, 49
14 このよでいちばん大きな男の子 49
15 ゴリラとあかいぼうし 11, 49
16 サーカス！ 49
17 しっー！ぼうやがおひるねしているの 48, 49
18 ジブヤとひとくいドラ 49
19 スーホの白い馬 11, 49
20 すべての子どもたちのために 48, 49
21 世界あちこちゆかいな家めぐり 11, 49
22 せかいいちうつくしいぼくの村 46, 49
23 せかいいちうつくしい村へかえる 11, 46, 49
24 せかいのこっきえほん 49
25 世界のことばあそびえほん 46, 48, 49
26 せかいのこどもたちのはなし はがぬけたらどうするの？ 49
27 せかいのパン ちきゅうのパン 48, 49
28 せかいのひとびと 11, 49
29 せかいはひろし 49
30 セルコ 49
31 ソリちゃんのチュソク 48, 49, 77
32 ソルビム―お正月の晴れ着 46, 49, 77
33 だいすきなもの 11, 49
34 旅の絵本Ⅰ・Ⅱ・Ⅲ・Ⅳ・Ⅴ 49
35 棚田を歩けば 49
36 ちきゅう 11, 49
37 ちきゅうはみんなのいえ 47, 49
38 ともだちはみどりいろ 49
39 とんでったらあふりか 49
40 はじめて手にする世界地図 イエティを探せ 48, 49
41 ひつじかいとうさぎ 49
42 平和へ 46, 49
43 へらない稲たば 49, 77
44 ぼくがラーメンたべてるとき

49, 60
45 ぼくのいもうとがうまれた 49
46 魔法のことば 49
47 まるいちきゅうのまるいちにち 47, 49
48 メキシコのいちば 49
49 ヤンメイズとりゅう 49
50 わらのうし ウクライナの昔話 49

(9) ことば・もじ・かずに関する絵本

▼ ことば・あいうえお・かず・マークなど

1 あいうえおうさま 52, 53
2 あいうえおと aiueo があいうえお 53
3 あいうえおの絵本 あひるがいちわ 52, 53
4 1から100までのえほん 52, 53
5 いっぽんばしわたる 12, 50, 53, 78, 126
6 かずのえほん 53
7 かぞえておぼえる かずのえほん 12, 53
8 かぞえてみよう 12, 53
9 ことばがいっぱい言葉図鑑① うごきのことば 12, 53
10 ことばのえほん あいうえお 12, 50, 53
11 しーらんぺったん 13, 53
12 しごとでおぼえる カタカナのえほん 51, 52, 53
13 すみません あいさつの絵本2 12, 50, 53
14 世界のことばあそびえほん 53
15 高畠純の あいうえお 12, 53
16 手であそぼう ゆびであいうえお 53
17 てではなそう きらきら 53
18 とけいのえほん 12, 53
19 となりのイカン 13, 53
20 にっぽんのちずえほん 53
21 発見する喜びが芽生える みぢかなマーク 13, 51, 53
22 話す力が身につく あいうえおのほん 12, 53
23 はやい―おそい たかい―ひくい はんたいのほん 52, 53
24 もじあそび 53

▼ ことばあそび・生活の音や声など

25 あがりめ さがりめ―おかあさんと子どものあそびうた 13, 51, 53
26 あそびえかきうた ぼうが一ぽんあったとさ 13, 50, 51, 53
27 あっちゃんあがつく たべものあいうえお 51, 53
28 1ちゃんいちにち 53
29 絵本ことばあそび 53
30 おっと合点承知之助 51, 53
31 かさぶたってどんなぶた 13, 53
32 きっときってかってきて 53
33 きょだいなきょだいな 53
34 くろいはかげさ 53
35 これはのみのピコ 53
36 ころころラッコ こラッコだっこ 13, 53
37 こんにちワニ 13, 53
38 しりとりあそびえほん 13, 53
39 しりとりのだいすきなおうさま 52, 53
40 じゅげむ 51, 53, 80
41 すっぽんぽん 52, 53
42 なぞなぞえほん 1のまき 2のまき 3のまき 52, 53, 125
43 なつのいなかの おとのほん 52, 53
44 なにも なくても 53
45 ばしん! ばん! どかん! 53
46 へんしんトンネル 53, 127
47 めのまどあけろ 53
48 もけら もけら 53
49 りんご ごーごー 53
50 わんわん わんわん 53

(10) しぜん・かがくに関する絵本

▼ 動物・虫・植物など

1 おじいちゃんのはたけ 57
2 おたまじゃくし 57
3 くいしんぼうのはなこさん 57
4 くも 14, 57
5 ゴリラとあかいぼうし 57
6 こんにちはどうぶつたち 57
7 ざりがに 57, 86, 124
8 地面の下のいきもの 14, 57
9 ダンゴムシ 57, 85
10 ちびっこかたつむり 14, 57, 124
11 どうぶつのおかあさん 14, 57
12 とべバッタ 14, 57
13 トマトのひみつ 57
14 どんぐり 57
15 にわさきのむし―しゃがんでみつけた 57, 85
16 にわとりとたまご 57
17 のはらのずかん 野の花と虫たち 57
18 はじめてのかり 14, 57
19 162ひきのカマキリたち 57
20 ぼく、だんごむし 14, 54, 57, 84, 124
21 ポットくんとわたげちゃん 56, 57
22 みのむし 57
23 ミミズのふしぎ 56, 57
24 むしのうんこ 14, 57
25 やさいのおなか 57, 124
26 雪の上のなぞのあしあと 14, 57
27 わたしのだいすきなどうぶつは… 56, 57

▼ 自然とかがく

28 あっ!じしん 15, 57
29 雨、あめ 15, 57
30 海 57
31 おおきなきがほしい 57, 90
32 かげ 57
33 かわ 56, 57
34 かぜのひのおはなし 56, 57
35 かみひこうき 56, 57
36 しょうたとなっとう 55, 57
37 杉山きょうだいの しゃぼんだまとあそぼう 15, 57, 123
38 棚田を歩けば 15, 57
39 地球―その中をさぐろう 56, 57
40 どろだんご 56, 57, 125
41 なつのあさ 15, 57
42 にじ 15, 57
43 はるかぜのたいこ 54, 57
44 はるののはらで 56, 57

45 光れ！泥だんご 57, 125
46 水のぼうけん 15, 57
47 森のはるなつあきふゆ 15, 57
48 ゆきのひ 15, 57
49 ゆげ 57
50 よわいかみ つよいかたち 57

(11) 園行事にかかわる絵本

1 きみたちきょうからともだちだ 58, 61
2 ともだち（谷川・和田） 61
3 ほいくえんのいちにち 16, 61
4 おたんじょうびのひ 16, 61
5 たんじょうび 60, 61
6 げんきにおよげ こいのぼり 60, 61
7 ワニぼうの こいのぼり 61
8 いーはとあーは 60, 61
9 むしばはどうしてできるの？ 61
10 たなばたプールびらき 61
11 たなばたものがたり 60, 61
12 しんちゃんのはなび 16, 61
13 祇園祭 新版 61
14 10ぴきのかえるのなつまつり 60, 61
15 はなびのはなし 61
16 ばあちゃんのなつやすみ 59, 61
17 青いかいじゅうと赤いかいじゅう 61
18 おしっこぼうや 16, 61
19 せかいいちうつくしい村へかえる 61
20 そして、トンキーもしんだ 61
21 ぼくがラーメンたべてるとき 60, 61
22 おじいちゃんの ごくらく ごくらく 59, 61
23 だいじょうぶ だいじょうぶ 59, 61
24 もったいないばあさん 61
25 だんじりまつり 61
26 お月さまってどんなあじ？ 60, 61, 126
27 14ひきのおつきみ 16, 61
28 つきのぼうや 58, 61
29 パパ、お月さまとって！ 61, 126
30 ともちゃんとこぐまくんのうんどうかい 60, 61
31 むしたちのうんどうかい 58, 61
32 ようい どん 61
33 よーいどんけついっとうしょう 16, 61
34 あめのひのえんそく 16, 61
35 ぐりとぐらのえんそく 61
36 ぼくのえんそく 58, 61
37 いもほり 61, 83
38 さつまのおいも 61, 83
39 ねずみのいもほり 61, 82
40 十二支のお節料理 61, 127
41 十二支のはじまり（岩崎・二俣） 60, 61, 127
42 てのひらむかしばなし 十二支のはじまり 61
43 ソルビム—お正月の晴れ着 61
44 もうすぐおしょうがつ 59, 61
45 おなかのなかに おにがいる 61
46 おにはうちふくはそと 59, 61
47 一年生になるんだもん 16, 61
48 おおきくなるっていうことは 58, 61, 74, 128
49 おめでとうのいちねんせい 61
50 ぐりとぐらの１ねんかん 16, 58, 61

(12) その他の絵本

1 ありがとう、フォルカーせんせい 43, 62
2 いたずらかいじゅうビリー！ 62, 125
3 いぬとくまいつもふたりは 35, 62
4 いもほりきょうだい ホーリーとホーレ 62, 83
5 うさぎのユック 62, 98
6 宇宙のみなしご 62, 128
7 えんやらりんごの木 62, 111
8 おうちがふたつ 47, 62
9 おおかみと七ひきのこやぎ 62, 112
10 おおきなおおきなおいも 62, 83
11 おねえさんになるひ 62, 103
12 おんぶはこりごり 31, 62
13 かいじゅうたちのいるところ 62, 104, 113
14 かわいい かわいい わたしのぼうや 62, 103
15 きつねやぶのまんけはん 62, 138
16 ごろごろ にゃーん 62, 102
17 三びきのこぶた 62, 96
18 三びきのやぎのがらがらどん 62, 112
19 十二支のはじまり（やまち・荒井） 62, 97
20 ずら～り マメ ならべてみると… 62, 123
21 ちゃんとたべなさい 62, 137
22 ちへいせんのみえるところ 62, 102
23 月夜のみみずく 59, 62
24 どんどこ ももんちゃん 62, 93
25 にゅーっ するする する 62, 102
26 ニワトリの絵本 54, 62
27 ノエルのおさんぽ 62, 98
28 はくしゅぱちぱち 62, 65
29 ばばばあちゃんのやきいもたいかい 62, 83
30 ひがんばな 62, 128
31 ひやしんす 62, 128
32 プレゼント 62, 98
33 みっぷちゃっぷやっぷ うみにいく 55, 62
34 やきいもの日 62, 83
35 やぎのしずかシリーズ１ こやぎがやってきた 62, 88
36 やぎのしずかシリーズ２ しずかのけっこん 62, 88, 89
37 やぎのしずかシリーズ３ しずかおめでとう 62, 88, 89
38 やさいでぺったん 62, 124
39 よもぎだんご 62, 123
40 WHAT COLOR？ 62, 111

絵本名（五十音順）索引

＊ガイド・リストでとりあげているページはゴチックで表示しています。

あ

あーんあん　21
あいうえおうさま　52, 53
あいうえおと aiueo があいうえお　53
あいうえおの絵本 あひるがいちわ　52, 53
あいちゃんのそら　45
青いかいじゅうと赤いかいじゅう　61
あおいこねことおさらいっぱいのクッキー　33
あおくんときいろちゃん　25
あか　あお　きいろ　25
あかちゃん　25
あかちゃんてね　6, 29, 37
あかちゃんのいちにち　5, 25
赤ちゃんのはなし　29
あかちゃんのゆりかご　29, 33
あかてぬぐいのおくさんと７にんのなかま　49
あがりめ　さがりめ—おかあさんと子どものあそびうた　13, 51, 53
あさえとちいさいいもうと　8, 37
あしにょきにょき　29
あそびえかきうた ぼうが一ぽんあったとさ　13, 50, 51, 53
あたしもびょうきになりたいな！　8, 34, 29, 37
あっ！じしん　15, 57
あつおのぼうけん　45
あっちゃん　45
あっちゃんあがつく たべものあいうえお　23, 24, 25, 51, 53
あなたが うまれた ひ　29
あふりかの音　49
あふりかのたいこ　49
あまがさ　33
雨、あめ　15, 57
雨のにおい星の声　45
あめのひのえんそく　16, 61
あめふり　41
あやちゃんのうまれたひ　6, 26, 29
あらしのよるに　35, 37
あらまっ！　41
ありがとう、フォルカーせんせい　43, 62
ありがとうシンシア　45, 95
アルザスのおばあさん　49
アントニーなんかやっつけちゃう　37
アンナの赤いオーバー　11, 49
いいからいいから　9, 41
いーはとあーは　60, 61
いたずらかいじゅうビリー！　62, 125
いただきまあす　21
１から100までのえほん　52, 53
いちご　5, 25
いちごばたけのちいさなおばあさん　41
一年生になるんだもん　16, 61
１ちゃんいちにち　53
いっぽんばしわたる　12, 50, 53, 78, 126
いない　いない　ばあ（中川・村上）　21
いない　いない　ばあ（松谷・瀬川）　2, 18, 21, 64, 106, 110, 116,117,136
いないいないばー Peek-a-boo　3, 21
いないいないばあ こいぬのえほん　22, 25
いぬ　25
いぬがいっぱい　2, 21
いぬとくまいつもふたりは　35, 62
いのちは見えるよ　45
いもうとのにゅういん　37
いもほり　61, 83
いもほりきょうだい ホーリーとホーレ　62, 83
いやだいやだ　2, 21
上のおばあちゃん下のおばあちゃん　41
うさぎのみみは なぜながい　49
うさぎのユック　62, 98
うたえほん　23, 24, 25
うちにあかちゃんがうまれるの　29
うちのおじいちゃん　40, 41
宇宙のみなしご　62, 128
海　57
うんこ日記　27, 29
うんこのえほん—うんぴ・うんにょ・うんち・うんご　27, 29
うんちがぽとん　4, 22, 25, 29, 125
うんちしたのはだれよ！　28, 29
うんちっち　29
うんちのえほん　29
えほん 北緯36度線　48, 49
絵本ことばあそび　53
エマおばあちゃん　41
えらいぞサーブ！ 主人をたすけた盲導犬　45
エルマーとエルドーおじいちゃん　41
エンとケラとプン　36, 37
えんやらりんごの木　62, 111
おいしいおとなあに？　5, 25
おうちがふたつ　47, 62
おおかみと七ひきのこやぎ　62, 112
おおきくなるっていうことは　58, 61, 74, 128
おおきな おおきな おおきなかぶ　49
おおきなおおきなおいも　62, 83
おおきなかぶ　5, 22, 25
おおきなきがほしい　57, 90
おかあさん　33

おかあさんがおかあさんになった日　29, 33
おかあさんになったりすのちび　33
おかあさんのむかしむかし　33
おかあさんの目　33
おじいさんと10ぴきのおばけ　40, 41
おじいさんならできる　41
おじいちゃん　29, 39, 41, 62
おじいちゃんがおばけになったわけ　9, 41
おじいちゃんとおばあちゃん　41
おじいちゃんと日の出を見たよ　41
おじいちゃんの ごくらく ごくらく　28, 29, 41, 59, 61
おじいちゃんのおじいちゃんのおじいちゃんのおじいちゃん　38, 41
おじいちゃんの木　41
おじいちゃんのどうぶつえん　41
おじいちゃんのはたけ　41, 57
おじいちゃんのまち　9, 41
おじいちゃんわすれないよ　41
おしっこぼうや　16, 61
おしり しりしり　29
おたまじゃくし　57
おたんじょうび　3, 19, 21
おたんじょうびのひ　16, 29, 61
オチツケオチツケこうたオチツケ　44, 45
おつきさまこんばんは　19, 20, 21
お月さまってどんなあじ？　60, 61, 126
おっと合点承知之助　51, 53
おっぱい　3, 27, 21, 29
おっぱい おっぱい　29
おっぱいのひみつ　28, 29
おててがでたよ　21
おとうさん　あそぼう　24, 25
おとうさんといっしょに　10, 31, 33, 45
おとうさんのえほん　7, 33
おとうさん・パパ・おとうちゃん　32, 33
おともだちになってね　37
おなかのなかに おにがいる　61
おにいちゃんがいてよかった　28, 29, 37
おにぎり　25
おにはうちふくはそと　59, 61
おねえさんになるひ　62, 103
おばあさんのすぷーん　40, 41
おばあちゃん　9, 29, 41
おばあちゃんがいるといいのにな　9, 41
おばあちゃんがちいさかったころ　41
おばあちゃんすごい！　9, 38, 41
おばあちゃんといつもいっしょ　40, 41
おばあちゃんの日　41
おはよう　21
おへそに きいてごらん　29
おへそのあな　6, 29, 127
おへそまる　29
おめでとうのいちねんせい　61
おやすみなさいコッコさん　25
おやすみのキッス　32, 33
おんなじおんなじ　21
おんぶはこりごり　31, 62

か

かあさんとじてんしゃにのって　32, 33
かあさんのいす　7, 31, 33
かいじゅうたちのいるところ　62, 104, 113
介助犬ターシャ　44, 45
かげ　57
かこちゃんのひなまつり　41
かささしてあげてね　5, 25
かさどろぼう　49
かさぶたってどんなぶた　13, 53
かずのえほん　53
かぜのひのおはなし　56, 57
かぞえておぼえる かずのえほん　12, 53
かぞえてみよう　12, 53
がたごと　なにかな？　25
がたんごとん　がたんごとん　3, 21, 101
かっくん　44, 45
かばくんとおとうさん　32, 33, 127
かばさん　33
かみひこうき　56, 57
からすたろう　36, 37
からだのなかはどうなってるの？　29
かわ　56, 57
かわいい かわいい わたしのぼうや　62, 103
かわいそうなぞう　29
川をはさんでおおさわぎ　49
カンガルーの子どもにも かあさんいるの？　32, 33
祇園祭 新版　61
きっときってかってきて　53
きつねのかみさま　8, 37
きつねやぶのまんげはん　62, 138
きみたちきょうからともだちだ　58, 37, 61
きみなんかだいきらいさ　8, 34, 37
キャベツくん　36, 37
ぎゅっ　30, 25
きょう のぶに あったよ　42, 45
きょうはなんのひ？　7, 33
巨人のはなし　49
きょだいなきょだいな　53
きらきらやさん　41
きんぎょがにげた　4, 25
クイールはもうどう犬になった　45
くいしんぼうのはなこさん　57
くだもの　3, 19, 21, 92,
くだもの・やさい　20, 21
くつくつあるけ　19, 20, 21
くっついた　25
くまのコールテンくん　8, 37, 128
くも　14, 57
ぐりとぐら　4, 22, 23, 25, 70
ぐりとぐらの１ねんかん　16, 58, 61
ぐりとぐらのえんそく　61

くろいちょうちょ　48, 49
くろいはかげさ　53
くろくんとふしぎなともだち　37
けんかしちゃだめ！かんじゃだめ！　37
けんかのきもち　34, 37
げんきにおよげ こいのぼり　60, 61
元気になってね フェンディ　29
げんきになるって！ーリサがびょういんへいったとき　28, 29
ごあいさつあそび　5, 25
こいぬ　21
こいぬがうまれるよ　28, 29
ごきげんなすてご　36, 37, 126
こころ からだ いのちのえほん おかあさん　27, 28, 29, 33
こころ からだ いのちのえほん おとうさん　27, 29, 33
ごちそう　25
こちょ　こちょ　21
コッコさんのともだち　36, 37
ことばがいっぱい言葉図鑑① うごきのことば　12, 53
ことばのえほん あいうえお　12, 50, 53
こどもがはじめてであう　せかいちず絵本　11, 49
このおててだあれ？　21
このよでいちばん大きな男の子　49
ごぶごぶ　ごぼごぼ　18, 21
こぶたのオリバー　33
ゴリラとあかいぼうし　11, 49, 57
これなあに　25
これはのみのピコ　53
ごろごろ にゃーん　62, 102
ころころころ　3, 18, 21
ころころラッコ こラッコだっこ　13, 53
こわいことなんかあらへん　10, 45
こんとあき　9, 41
こんにちはどうぶつたち　4, 22, 25, 57, 111
こんにちワニ　13, 53

さ

さあ　おでかけ　4, 25
サーカス！　49
ザザのちいさいおとうと　37
さっちゃんのまほうのて　43, 45, 94
さつまのおいも　61, 83
ざぼんじいさんのかきのき　41
サムならきっとできるから　33
ざりがに　57, 86, 124
さわってごらん いまなんじ？　45
さわってごらん だれのかお？　10, 45
さわってごらん ナンノハナ？　45
三びきのこぶた　62, 96
三びきのやぎのがらがらどん　62, 112
じいじのさくら山　9, 41
じいちゃんとないしょないしょのやまのぼり　41
しーらんぺったん　13, 53
ジオジオのかんむり　41
しごとでおぼえる カタカナのえほん　51, 52, 53
しっー！ぼうやがおひるねしているの　48, 49
しっこっこ　25
じったん ばあたん　41
じどうしゃ　2, 21, 92
ジブヤとひとくいドラ　49
しまうままーくん　31, 32, 33
地面の下のいきもの　14, 57
じゃあじゃあびりびり　2, 21, 101
十二支のお節料理　61, 127
十二支のはじまり（岩崎・二俣）60, 61, 127
十二支のはじまり（やまち・荒井）62, 97
14の心をきいて　10, 45
14ひきのおつきみ　16, 61
じゅげむ　51, 53, 80
10ぴきのかえるのなつまつり　60, 61
しょうたとなっとう　55, 57
しりたがりやのふくろうぼうや　33
しりとりあそびえほん　13, 53
しりとりのだいすきなおうさま　52, 53
しろくまちゃんのほっとけーき　5, 22, 25, 67, 92
しんせつなともだち　37
しんちゃんのはなび　16, 61
ずーっと ずっと だいすきだよ　29
スーホの白い馬　11, 49
ずかん・じどうしゃ　21
すきすき ちゅー！　30, 33
すきときどききらい　34, 37
杉山きょうだいの しゃぼんだまとあそぼう　15, 57, 123
すっぽんぽん　52, 53
すてきなぱんつ　25
すべての子どもたちのために　48, 49
すみません あいさつの絵本2　12, 50, 53
スモールさんはおとうさん　32, 33
ずら～り マメ ならべてみると…　62, 123
世界あちこちゆかいな家めぐり　11, 49
せかいいちうつくしいぼくの村　46, 49
せかいいちうつくしい村へかえる　11, 46, 49, 61
せかいのこっきえほん　49
世界のことばあそびえほん　46, 48, 49, 53
せかいのこどもたちのはなし はがぬけたらどうするの？　29, 49
せかいのパン ちきゅうのパン　48, 49
せかいのひとびと　11, 49
せかいはひろし　49
セルコ　49
せんたくかあちゃん　7, 33
ぞうくんのさんぽ　22, 24, 25
そして、トンキーもしんだ　61
ソフィはとってもおこったの！

37
ソリちゃんのチュソク　48, 49, 77
ソルビム—お正月の晴れ着　46, 49, 61, 77

た
だあれかな　21
たいこじいさん　41
だいじょうぶ だいじょうぶ　39, 41, 59, 61
だいすきっていいたくて　33
だいすきなもの　11, 49
たいせつなたいせつなぼくのともだち　35, 37
たいへんなひるね ばばばあちゃんのおはなし　41
高畠純の あいうえお　12, 53
たすけて！クマとうさん　33
だっこして　21
だっこだっこねえだっこ　33
たっちゃん　ぼくがきらいなの　10, 45
だってだってのおばあさん　38, 41
棚田を歩けば　15, 49, 57
たなばたプールびらき　61
たなばたものがたり　60, 61
旅の絵本Ⅰ・Ⅱ・Ⅲ・Ⅳ・Ⅴ　49
たまごにいちゃん　34, 37, 92
たまごのあかちゃん　24, 25
だめよ、デイビッド！　30, 33
たろうのともだち　37, 92
ダンゴムシ　57, 85
たんじょうび　60, 61
だんじりまつり　61
たんたんぼうや　24, 25
ちいさなねこ　20, 21
チーちゃんのくち　45, 98
ちいちゃんのさんぽ　25
ちえちゃんの卒業式　44, 45
ちきゅう　11, 49
地球—その中をさぐろう　56, 57
ちきゅうはみんなのいえ　47, 49
ちのはなし　6, 29
ちびっこかたつむり　14, 57, 124
ちびっこジョーイ　33
ちへいせんのみえるところ　62, 102
ちゃんとたべなさい　62, 137
聴導犬ものがたり ジェミーとペッグ　45, 95,
ちょっとだけ　7, 33
ちょっぺいじいちゃん　41
つきのぼうや　58, 61
月夜のみみずく　59, 62
つながってる！ いのちのまつり　29
ティッチ　37
てがみをください　36, 37
でこちゃん　29
手であそぼう ゆびであいうえお　45, 53
てではなそう きらきら　45, 53
てのひらむかしばなし 十二支のはじまり　61
てぶくろ　22, 25
と・も・だ・ち　37
とうさんのちちしぼり　33
とうさんまいご　7, 33
どうぶつ　21
どうぶつえんの おいしゃさん　6, 29
どうぶつのおかあさん　14, 21, 57
どうぶつのこどもたち　2, 21
とくべつないちにち　8, 37
とけいのえほん　12, 53
とっとこ　とっとこ　19, 20, 21
ととけっこうよがあけた　2, 21, 110
となりのイカン　13, 53
となりのしげちゃん　42, 45
とべバッタ　14, 57
トマトのひみつ　57
ともだち（オクセンバリー）　21
ともだち（谷川・和田）　36, 37, 61, 128
ともだちいっぱい　37
ともだちがほしいの　37
ともだちからともだちへ　37
ともだちになろうよ　34, 37
ともだちはみどりいろ　49
ともだちや　8, 34, 37, 104
ともちゃんとこぐまくんのうんどうかい　60, 61
どろだんご　56, 57, 125
どろんこ　どろんこ！　25
どんぐり　57
とんことり　34, 36, 37
とんでったらあふりか　49
どんどこ ももんちゃん　62, 93
どんなかんじかなあ　44, 45, 95

な
ないた　37
なぞなぞえほん 1のまき 2のまき 3のまき　52, 53, 125
なっちゃんとぼく　45
なつのあさ　15, 57
なつのいなかの おとのほん　52, 53
なにも なくても　53
にいさんといもうと　37
にじ　15, 57
にっぽんのちずえほん　53
にゅーっ するする する　62, 102
にわさきのむし—しゃがんでみつけた　57, 85
にわとりとたまご　57
ニワトリの絵本　54, 62
にんじん　21
ねぇ　だっこして　25
ねえ、まだつかないの？　33
ねえとうさん　7, 33
ねこがいっぱい　21
ねこねこ　こねこ　25
ねこのオーランドー　33
ねずみのいもほり　61, 82
ねんころりん　24, 25
ねんね　4, 25
ノエルのおさんぽ　62, 98
のせてのせて　25
のはらのずかん 野の花と虫たち　57
のりもの　いっぱい　3, 21
のんちゃんはおとうばんです

45, 98

は

ばあちゃんのえんがわ　41
ばあちゃんのなつやすみ　9, 59, 41, 61
ばい　ばい　21
はくしゅぱちぱち　62, 65
はけたよはけたよ　4, 22, 25, 66
はしって！　アレン　8, 37
はじめてのかり　14, 57
はじめて手にする世界地図　イエティを探せ　48, 49
ばしん！　ばん！　どかん！　53
はせがわくんきらいや　43, 45, 98
発見する喜びが芽生える　みぢかなマーク　13, 51, 53
話す力が身につく　あいうえおのほん　12, 53
はなちゃんおふろ　24, 25
はなのあなのはなし　29
はなびのはなし　61
はねはねはねちゃん　25
パパ、お月さまとって！　7, 33, 61, 113, 126
パパ、ちょっとまって！　33
パパとぼく　33
パパとママのたからもの　34, 33, 37
パパにはともだちがたくさんいた　7, 33
ばばばあちゃんのやきいもたいかい　62, 83
はははのはなし　28, 29
はやい―おそい　たかい―ひくい　はんたいのほん　52, 53
はらぺこあおむし　5, 25, 72, 92
はるかぜのたいこ　54, 57
はるにれ　4, 22, 25
はるののはらで　56, 57
ピーターのいす　36, 37
光れ！泥だんご　57, 125
ひがんばな　62, 128
ひつじかいとうさぎ　49
ひとつ・ふたつ・みっつ　21
ひみつのばしょみつけた　34, 37
162ひきのカマキリたち　57
ひやしんす　62, 128
ぴょーん　18, 20, 21
ひよこ　2, 19, 21, 54
ぴよぴよぴよ　21
ふうちゃんの詩　33
ぶーぶーじどうしゃ　3, 21
ブルーナの０歳からの本２　たべもの　おもちゃ　3, 21
ブルーナの０歳からの本３　どうぶつⅠ　どうぶつⅡ　21
プレゼント　62, 98
平和へ　46, 49
ペカンの木のぼったよ　10, 45
へそのお　29
へらない稲たば　49, 77
ベルナもほいくえんにいくよ！　10, 45
へんしんトンネル　53, 127
ほいくえんのいちにち　16, 61
ほうたいだいすき　29
ぼく　おかあさんのこと…　33
ぼく　おばあちゃんのこになってあげる　40, 41
ぼくがベルナのめになるよ　45
ぼくがラーメンたべてるとき　49, 60, 61
ぼく、きょうだけいえでする！　37
ぼくたちのコンニャク先生　42, 45
ぼく、だんごむし　14, 54, 57, 84, 124
ぼくとおじいちゃん　41
ぼくのいのち　29
ぼくのいもうとがうまれた　49
ぼくのえんそく　58, 61
ぼくのおとうさんははげだぞ　31, 32, 33
ぼくのおにいちゃん　10, 45
ぼくのおばあちゃんのてはしわしわだぞ　40, 41
ぼくのだいじなあおいふね　44, 45
ぼくは海くんちのテーブル　44, 45
ぼくは孫　40, 41
ボスがきた　45
ポットくんとわたげちゃん　56, 57
ボッラはすごくごきげんだ！　37
ぼんたのじどうはんばいき　37, 68

ま

まあちゃんのながいかみ　27, 29
魔法のことば　49
ママがおうちにかえってくる！　33
ママだいすき　20, 21
ママはやくかえってきて　32, 33
まり　24, 25
まるいちきゅうのまるいちにち　47, 49
みえないってどんなこと？　10, 45
見えなくてもだいじょうぶ？　43, 45
水のぼうけん　15, 57
みっぷちゃっぷやっぷ　うみにいく　55, 62
みててね、おじいちゃん　40, 41
みのむし　57
耳がきこえない　エイミーのねがい　45, 95
ミミズのふしぎ　56, 57
みんなうんち　6, 22, 25, 29
みんなみんなぼくのともだち　43, 45
むしたちのうんどうかい　58, 61
むしのうんこ　14, 57
むしばはどうしてできるの？　29, 61
メキシコのいちば　49
めのまどあけろ　5, 25, 53
もうおきるかな　25
もうすぐおしょうがつ　59, 61
もうどうけんドリーナ　45
もけら　もけら　4, 25, 53
もこ　もこもこ　2, 18, 21, 101, 111
もじあそび　53

もったいないばあさん　38, 41, 61
森のはるなつあきふゆ　15, 57

や

やあ、ともだち！　37
やきいもの日　62, 83
やぎのしずかシリーズ１　こやぎがやってきた　62, 88,
やぎのしずかシリーズ２　しずかのけっこん　62, 88, 89
やぎのしずかシリーズ３　しずかおめでとう　62, 88, 89
やさい　19, 20, 21
やさいだいすき　21
やさいでぺったん　62, 124
やさいのおなか　57, 124
ヤンメイズとりゅう　49
ゆいちゃんのエアメール　45
雪の上のなぞのあしあと　14, 57
ゆきのひ　15, 57
ゆげ　57
ゆめのおはなしきいてェなあ　45, 95
ようい どん　61
よーいどんけついっとうしょう　16, 61
よもぎだんご　62, 123
よもぎのはらのおともだち　8, 37
よるくま　33
よわいかみ つよいかたち　57

ら

りんご　20, 21, 111
りんご ごーごー　53
レアの星－友だちの死　29
ろくべえまってろよ　35, 37

わ

わたしいややねん　44, 45
わたしたち手で話します　45
わたしたちのトビアス　45, 127
わたしのおとうと、へん…かなあ　44, 45
わたしのおばあちゃん　41
わたしのだいすきなどうぶつは…　56, 57
わたしのパパ　33
わたしの足は車いす　43, 45, 98,
わにさんどきっ はいしゃさんどきっ　6, 29
ワニぼうの こいのぼり　61
わらのうし　ウクライナの昔話　49
わんわん わんわん　53

欧

WHAT COLOR？　62, 111

高梨 香寿子　（たかなし かずこ）ＮＰＯ法人「絵本で子育て」センター絵本講師。大学卒業後メーカーに勤務，仕事と育児の傍ら「絵本講師資格取得」。2007年に退職後，本格的に活動をスタートした。好きな絵本『子うさぎましろのお話』（小学１年担任の先生の読み聞かせに感動）。／４章－⑹ 執筆

谷口 ナオミ　（たにぐち なおみ）近大姫路大学助手。幼い頃は泥団子に熱中。好きな絵本『わたしとあそんで』，『ちからたろう』，『わたしのおふねマギーＢ』。保育者の専門性について研究している。／１章－⑷，２章－⑷，３章－⑵ 執筆

馬場 耕一郎　（ばば こういちろう）大阪府門真市，おおわだ保育園理事長・園長，四條畷学園短期大学非常勤講師。幼稚園・保育園での担任経験を活かし新しい保育を模索しながら，保育士養成にも力を注ぐ。／１章－⑼，２章－⑼－②③ 執筆

福岡 貞子　（ふくおか さだこ）前・四條畷学園短期大学教授，現在非常勤講師。見て癒される絵本は，『棚田を歩けば』。声に出して楽しいのは，しりとりあそび絵本やうたあそび絵本，『かさぶたってどんなぶた』。／はじめに，１章－⑴⑵，２章－⑴⑵，２章－⑶－①，２章－⑼－①，２章－⑿－③，４章－⑶，おわりに 執筆：編者

藤井 康子　（ふじい やすこ）埼玉県，優々の森保育園園長。優々保育園子育て支援センターで子育て支援を５年間担当する。子ども達に絵本の読み聞かせをしたとき，子どもの目がきらきら輝いていてその表情を見るのが楽しく，嬉しい。／３章－⑽ 執筆

藤澤 彩　（ふじさわ ひかり）千葉県八千代市，八千代わかば幼稚園，認定こども園若葉ナースリースクール・若葉高津保育園園長。乳幼児保育や子育て支援の実践を通して，幼稚園，保育園のあり方を探る。子どもと一緒に絵本を楽しめる時間は宝物。『100万回生きたねこ』の白猫は素敵。／３章－⑷ 執筆

堀 千代　（ほり ちよ）大阪市こども青少年局子育て支援部保育指導担当・保育士。夫と３人の娘と暮らす。初めて担当した３歳児クラスの子ども達と『しょうぼうじどうしゃじぷた』をくり返し楽しむ。好きな絵本は，『しんせつなともだち』，『ともだちや』。／１章－⑻，２章－⑻，３章－⑺⒂ 執筆

正置 友子　（まさき ともこ）前・聖和大学教授，現在関西学院大学非常勤講師。絵本学研究所主宰。絵本学の確立にエネルギーを注ぐ。吹田市千里で青山台文庫を35年主宰し現在に至る。主著『*A History of Victorian Popular Picture Books*』（英文，風間書房，2006）。子ども３人，孫６人。／４章－⑵ 執筆

陸奥田 尚子　（むつだ たかこ） 大阪府池田市，箕面市の私立幼稚園教諭を経て，現在，豊中みどり幼稚園主任，保育歴23年。趣味は歌をうたったり，楽器を弾いたりすること。イベント合唱団に所属。いもとようこの絵本が好き。／３章－⑶ 執筆

村崎 千津子　（むらさき ちづこ）富山市立保育所勤務。自然物，絵本，音に興味があり保育に取り入れて子ども達と楽しんでいる。子ども達の発想，パワーが何よりの刺激となり，充電となっている。趣味は花を生けること。／３章－⑴ 執筆

守 里恵　（もり りえ）千葉県八千代市，八千代わかば幼稚園非常勤講師。10年の幼稚園教諭経験の後，出産・子育てのため退職。2003年より復職。子育て支援や援助の必要な子どもの指導にあたる。優しさがつまっている絵本で心温かく穏やかになれる。好きな絵本は『おふろだいすき』。／３章－⒄ 執筆

上月 素子　（こうづき もとこ）神戸常盤大学短期大学部幼児教育学科教授。保育内容「表現」「児童文化」「保育内容総論」「乳児保育」等を担当。帰国子女教育及び幼児期を海外で育つ子どもについて研究活動をしている。「海外子女教育振興財団」海外通信教育，幼児の「かんがえる」コース監修。／１・２・３・４章の中扉，93・105・122・129・133ページのカット 描画

カバー写真協力：大阪・六反南保育園／富山市立呉羽保育所

執筆者紹介（五十音順／執筆分担：２章の①＝解説・②＝ガイド・③＝リスト）

安部 富士男　（あべ ふじお）横浜市，安部幼稚園園長。子どもと教師から学んだことを仮説的に理論化。日本体育大学女子短期大学，東京大学，横浜国立大学，山梨大学，青山学院女子短期大学などで学生に伝え，多くの著書にまとめる。著書『感性を育む飼育活動』（あゆみ出版，1989）で日本保育学会賞受賞。／２章－⑽－① 執筆

池川 正也　（いけがわ まさや）兵庫県，伊丹ひまわり保育園主任。「絵本研究会」に参加して数年になるが，絵本は奥が深くて毎回が新鮮である。好きな絵本は『ぼちぼちいこか』のかばくんの前向きさにひかれる。趣味は落語とフォークソング。／１章－⑶⑽，２章－⑶－②③，２章－⑽－②③，３章－⑾ 執筆

伊丹 弥生　（いたみ やよい）就実大学非常勤講師・司書教諭課程で「読書と豊かな人間性」を担当。文庫「えぱみなんだす」代表（岡山市）。共著『あかちゃんの絵本箱』（吉備人出版，2001）。子ども達と絵本を読むのが大好き。夫と２人暮らし＋亀２匹。／４章－⑷ 執筆

磯沢 淳子　（いそざわ じゅんこ）常磐会短期大学教授。「子育て支援」を研究テーマにゼミでは親子の関わりを深めるツールとして絵本の楽しさを学生と共有している。今，一番癒される絵本はターシャ・テューダーの描く田舎の自然や子ども達。／はじめに，１章－⑺⑾，２章－⑺⑾，おわりに 執筆：編者

梶浦 真由美　（かじうら まゆみ）前・北海道文教大学短期大学部幼児保育学科准教授。専攻「家族援助論」，「乳児保育」，「児童文化」など。主な著書『家族援助論』（共著，同文書院，2003），『折り紙ハンドブック』（同文書院，2004）他。現在，「子育て支援」「赤ちゃんの遊び」を中心に研究している。／４章－⑸ 執筆

樫野 弘子　（かしの ひろこ）元・豊川保育園保育士，横浜市，安部幼稚園教諭。そこでの実践を関東学院大学，湘北短期大学等で学生に伝えている。『子どもらに強くやさしく生きる力を』（文化書房博文社，1984），『感性を育む飼育活動』（あゆみ出版，1989）などを分担執筆。／３章－⒀⒁ 執筆

蒲池 房子　（かまち ふさこ）長崎県島原市，清華保育園園長，ＮＰＯ法人「まあや」理事，長崎玉成短期大学非常勤講師。年長児に「お話タイム」での読み語りを始めて20年余り，年間600冊ほどの絵本やお話を語ったり，言葉遊びを共に楽しんでいる。／３章－⑻⑼ 執筆

川越 恵美子　（かわごし えみこ）大阪府，豊中みどり幼稚園副園長。女の子２人，男の子１人の母親として子育てに奮闘中。好きな絵本は『ちいさいおうち』，『きょうはなんのひ』など。／２章－⑸－①，３章－⑸ 執筆

川越 佳子　（かわごし よしこ）大阪府，豊中みどり幼稚園園長，四條畷学園短期大学非常勤講師。好きな絵本は斎藤隆介の『花さき山』や林明子の『はじめてのおつかい』，『あさえとちいさいいもうと』など。／１章－⑸，２章－⑸－②③ 執筆

小板橋 康利　（こいたばし やすとし）群馬県，大泉保育福祉専門学校卒業後，埼玉県熊谷市なでしこ保育園の保育士。クラス担任や障害のある子どもの保育に関わり11年になる。／３章－⑿ 執筆

合志 薫　（ごうし かおる）神戸市，千鳥が丘親和保育園保育士。幼稚園４年，保育園６年の勤務経験がある。特技・趣味は合唱（合唱団 TERRA 所属），バレエ，ダンス。／３章－⒃ 執筆

阪上 節子　（さかうえ せつこ）兵庫県，伊丹市立保育所所長。週１回，子育て支援事業「みんなの広場」を実施，地域の親子に絵本の楽しさを伝えたいと「絵本の貸し出し」も行っている。子どもは独立し，夫と２人暮らし，野菜や果物類は自家栽培。／３章－⑹ 執筆

佐々木 宏子　（ささき ひろこ）鳴門教育大学名誉教授，前絵本学会会長。主著『絵本の心理学』，『絵本は赤ちゃんから』（新曜社）など。絵本の心理学，特に最近は赤ちゃんの絵本を中心に研究している。／私の薦める課題絵本（２章－⑷⑸⑹⑺⑻⑽⑾），４章－⑴ 執筆

曽田 満子　（そた みつこ）大阪市，六反南保育園園長，大阪城南女子短期大学非常勤講師。園周辺にはわずかに田んぼや野原があり，つくし摘み，虫とりやザリガニ釣り，土手滑りなど時間を見つけて子ども達と楽しんでいる。好きな絵本は，『だいじょうぶだいじょうぶ』，『ばあちゃんのなつやすみ』。／１章－⑹，２章－⑹ 執筆

保育者と学生・親のための
乳児の絵本・保育課題絵本ガイド

2009年8月10日　初版第1刷発行　検印廃止
2010年2月10日　初版第2刷発行

定価はカバーに
表示しています

編著者　福岡貞子
　　　　礒沢淳子
発行者　杉田啓三
印刷者　中村知史

発行所　株式会社　ミネルヴァ書房
607-8494　京都市山科区日ノ岡堤谷町1
電話代表　075-581-5191
振替口座　01020-0-8076

中村印刷・藤沢製本

ISBN978-4-623-05359-9
Printed in Japan